LIMITES DO CONSENSO

ORDENAMENTO TERRITORIAL, POVOS TRADICIONAIS E A CONSERVAÇÃO DA MATA ATLÂNTICA

Editora Appris Ltda.
1.ª Edição - Copyright© 2024 dos autores
Direitos de Edição Reservados à Editora Appris Ltda.

Catalogação na Fonte
Elaborado por: Dayanne Leal Souza
Bibliotecária CRB 9/2162

R696l
2024
	Rodrigues, Carmem Lúcia
	  Limites do consenso: ordenamento territorial, povos tradicionais e a conservação da Mata Atlântica / Carmem Lúcia Rodrigues. – 1. ed. – Curitiba: Appris, 2024.
	  243 p. : il. color. ; 23 cm. – (Coleção Sustentabilidade, Impacto, Direito, Gestão e Educação Ambiental).
	
	  Inclui referências.
	  ISBN 978-65-250-6741-4
	
	  1. Planejamento territorial. 2. Povos e comunidades tradicionais. 3. Mata Atlântica - Conservação. I. Rodrigues, Carmem Lúcia. II. Título. III. Série.
	                                                                  CDD – 333.72

Livro de acordo com a normalização técnica da ABNT

Appris editora

Editora e Livraria Appris Ltda.
Av. Manoel Ribas, 2265 – Mercês
Curitiba/PR – CEP: 80810-002
Tel. (41) 3156 - 4731
www.editoraappris.com.br

Printed in Brazil
Impresso no Brasil

Carmem Lúcia Rodrigues

LIMITES DO CONSENSO

ORDENAMENTO TERRITORIAL, POVOS TRADICIONAIS E
A CONSERVAÇÃO DA MATA ATLÂNTICA

FICHA TÉCNICA

EDITORIAL	Augusto Coelho
	Sara C. de Andrade Coelho
COMITÊ EDITORIAL	Marli Caetano
	Andréa Barbosa Gouveia - UFPR
	Edmeire C. Pereira - UFPR
	Iraneide da Silva - UFC
	Jacques de Lima Ferreira - UP
SUPERVISOR DA PRODUÇÃO	Renata Cristina Lopes Miccelli
REVISÃO	Katine Walmrath
PRODUÇÃO EDITORIAL	Daniela Nazario
DIAGRAMAÇÃO	Luciano Popadiuk
CAPA	Julie Lopes
REVISÃO DE PROVA	Jibril Keddeh

COMITÊ CIENTÍFICO DA COLEÇÃO SUSTENTABILIDADE, IMPACTO, DIREITO E GESTÃO AMBIENTAL

DIREÇÃO CIENTÍFICA Belinda Cunha

CONSULTORES

Dr. José Renato Martins (Unimep)

Maria Cristina Basílio Crispim da Silva (UFPB)

Dr. José Carlos de Oliveira (Unesp)

Iranice Gonçalves (Unipê)

Fernando Joaquim Ferreira Maia (UFRPE)

Elisabete Maniglia (Unesp)

Sérgio Augustin (UCS)

Prof. Dr. José Fernando Vidal de Souza (Uninove)

Prof. Dr. Jorge Luís Mialhe (Unesp-Unimep)

Hertha Urquiza (UFPB)

José Farias de Souza Filho (UFPB)

Talden Farias (UFPB)

Zysman Neiman (Unifesp)

Caio César Torres Cavalcanti (FDUC)

INTERNACIONAIS

Edgardo Torres (Universidad Garcilaso de la Veja)

Ana Maria Antão Geraldes (Centro de Investigação de Montanha (CIMO), Instituto Politécnico de Bragança)

Maria Amélia Martins (Centro de Biologia Ambiental Universidade de Lisboa)

Dionisio Fernández de Gatta Sánchez (Facultad de Derecho. Universidade de Salamanca)

Alberto Lucarelli (Università degli Studi di Napoli Federico II)

Luiz Oosterbeek (Instituto Politécnico de Tomar)

Para Adyr e João,
minha mãe e meu pai.

AGRADECIMENTOS

Lembrar-me de todas as pessoas que, direta ou indiretamente, contribuíram para que eu pensasse e redigisse este livro não é tarefa fácil. Algumas dessas pessoas já *partiram*, mas estarão sempre presentes em mim.

Agradeço ao meu professor e saudoso orientador de doutorado na Geografia da USP, Antonio Carlos Robert Moraes (Tonico); ao professor Antonio Carlos Diegues, que me inspirou e contribuiu com reflexões relevantes que fundamentaram esta obra; ao amigo e eterno mestre, o saudoso Carlos Rodrigues Brandão, por ter iluminado com delicadeza as discussões da antropologia que perpassam este trabalho; a Maria Inês Ladeira, pela generosidade e esclarecimentos sobre a presença indígena na Ilha do Cardoso; ao diretor do Parque Estadual da Ilha do Cardoso (PEIC) na época da pesquisa realizada, Marcos Campolim, por seu apoio durante meu trabalho de campo; ao amigo e pesquisador Lucas Milani, que de certa forma deu continuidade às reflexões que trago aqui.

Agradeço, especialmente, aos moradores caiçaras das diversas comunidades da Ilha do Cardoso que me acolheram calorosamente em suas casas, permitindo que eu conhecesse um pouco do mundo "deles" e "delas", em especial: Ezequiel e Iracema, Atalino e Vanilde, Dona Augusta, Feliciano e Dona Almerinda, Tereza, Seu Malaquias e Dona Erci, Jorge e Terezinha, Beth e Celestino.

À minha mãe, geógrafa prestigiada, Adyr Balestreri Rodrigues, por seu apoio generoso, incondicional, e constante estímulo profissional *desde que me entendo por gente*. Ao meu pai amoroso, João Antônio Rodrigues, o primeiro geógrafo da família, que partiu cedo demais e que me ensinou desde muito pequena que *viajar é preciso...*

Finalmente, à Fundação de Amparo à Pesquisa do Estado de São Paulo (Fapesp), pela bolsa de doutorado concedida entre os anos 1996 e 2001.

A Vida Não é Útil

a vida não é útil
a vida é uma fruição
é um dom.
eu reivindico a potência de seres humanos viverem a vida como uma
dança cósmica.
algumas tradições ainda possibilitam que coletivos inteiros cantem,
dancem e vivam
essa experiencia de fruição da vida.
mas nós estamos, cada vez mais, nos rendendo ao apelo de que a vida seja
utilitária.
por isso, eu não vou me cansar de dizer
que a vida não é útil.

a vida é uma experiência maravilhosa
é um bem comum, não é um privilégio e não é um mérito,
é um dom.

(Airton Krenak)

PREFÁCIO

É com satisfação que faço o prefácio do livro *Limites do consenso: ordenamento territorial, povos tradicionais e a conservação da Mata Atlântica*, tese de doutorado da Carmem Lúcia Rodrigues. O ponto focal é a experiência de planejamento participativo no Parque Estadual da Ilha do Cardoso, situado no extremo sul do litoral paulista, que em meados dos anos 1960 era habitado por inúmeras comunidades de caiçaras.

Eu pude assistir a expulsão de muitas dessas comunidades que deixaram seus sítios sem muita resistência após um simples aviso de um único guarda florestal desarmado, chamado guarda florestal Magalhães. As famílias que saíram não receberam nenhuma indenização por parte do governo e foram morar em bairros periféricos da cidade de Cananeia (SP).

As poucas comunidades que resistiram à expulsão foram as do sul da Ilha e do costão leste, que eram as maiores, muitas delas apoiadas pela Pastoral da Igreja Católica de Cananeia na pessoa do localmente chamado Padre João 30. Essas comunidades e seus líderes foram as bases de apoio do programa de planejamento participativo inovador iniciado pela Diretoria do Parque Estadual. Esse plano se baseava no pressuposto de que essas comunidades não seriam expulsas e que as decisões por elas tomadas seriam respeitadas pela Secretaria do Meio Ambiente e pelo Instituto Florestal, responsáveis pela gestão do Parque. Ao contrário das outras experiências da Secretaria do Meio Ambiente do Estado de São Paulo, que em geral tinham o predomínio de tecnocratas e biólogos na formação dos conselhos, na experiência exitosa da Ilha do Cardoso a diversidade dos participantes era maior e o pulso firme do diretor do parque fez com que as medidas tomadas pelo conselho fossem, em geral, respeitadas pelas autoridades da Secretaria do Meio Ambiente.

O trabalho da Carmem Lúcia se baseia, sobretudo, na análise das experiências do planejamento local e comunitário, na participação dos representantes das comunidades, suas propostas das roças tradicionais, que tinham sido proibidas anteriormente, das atividades pesqueiras e sobretudo das atividades do turismo.

A autora faz um trabalho de campo muito rico, seguido de uma análise meticulosa dos aspectos mais relevantes da vida comunitária das vilas e povoados mais importantes, ressaltando as limitações resultantes desse viver insular.

Antonio Carlos Diegues
Programa de Pós-Graduação em Ciência Ambiental (Procam)
Universidade de São Paulo (USP)

APRESENTAÇÃO

A pesquisa que deu origem a este livro buscou compreender possíveis formas de participação de grupos da sociedade civil em projetos de conservação ambiental. Tal escolha foi, certamente, influenciada por minha própria trajetória profissional, trilhada exclusivamente no "mundo das ONGs" até o meu ingresso no Programa de Pós-Graduação em Geografia Humana da Universidade de São Paulo. Assim, para situar as questões principais discutidas neste trabalho apresento, a seguir, um tipo de memorial deste estudo. Trata-se da história desta obra, que quer queira, quer não, está entrelaçada à minha própria história.

Desde que me formei em agronomia, em 1987, integrei várias equipes em projetos de desenvolvimento rural e de proteção ambiental conduzidos por ONGs. No Esplar, ONG no Ceará que assessora o movimento social no campo, pesquisávamos sistemas agrícolas sustentáveis adaptados à realidade social e ambiental da Caatinga. Vivi durante cerca de três anos na região semiárida do Ceará, no interior do município de Quixeramobim, trabalhando diretamente com grupos de sertanejos em "pesquisas participativas". O que buscávamos eram soluções tecnológicas simples e baratas de uso do solo, baseadas nos preceitos da agroecologia. Também promovíamos cursos de formação em agricultura alternativa para produtores rurais familiares, inspirados em algumas das ideias de Paulo Freire, ou seja, procurando estimular a troca de experiências e valorizando o conhecimento tradicional e prático dos agricultores e agricultoras.

Diretamente da Caatinga parti para estudar na Universidade de Flensburg no extremo norte da Alemanha, onde obtive uma bolsa de mestrado pela Capes. Tendo como base o trabalho desenvolvido no Ceará, realizei um estudo comparativo sobre a contribuição dos sistemas agroflorestais utilizados por comunidades tradicionais no Brasil e na Índia na sustentabilidade socioeconômica da agricultura familiar. E por que a Índia? A revisão bibliográfica realizada sobre o tema indicava aquele país como pioneiro em pesquisas sobre a Agrofloresta. Decidi realizar meu trabalho de campo no estado de Rajastão, região vizinha ao Paquistão, onde estava sendo implantado um projeto governamental de recuperação de áreas degradadas (*Wastelands Development*) coordenado por uma ONG em Udaipur: a Sewa Mandir. Durante três meses de trabalho de campo em Udaipur, as principais dificuldades enfrentadas pela equipe da ONG se distanciavam cada vez mais de soluções no âmbito técnico. Referiam-se, principalmente, à participação das comunidades tradicionais — e de determinadas castas dentro da mesma comunidade — no projeto governamental. Surgiram, então, perguntas para as quais não encontrei respostas possíveis na época. Eram elas: Por que algumas comunidades, ou castas, participavam mais ativamente do que outras? Qual a dinâmica de participação comunitária? Quais seus principais limites?

De volta ao Brasil, fiz parte de alguns projetos de uma ONG — Instituto Ecoar para a Cidadania — e passei a integrar a equipe do Projeto de Educ-Ação Ambiental (Procav), financiado pela prefeitura de São Paulo para realizar atividades de educação ambiental em áreas de canalização de córregos. Procurávamos desenvolver uma metodologia participativa baseada na *pesquisa-ação* para trabalhar com grupos de bairro e escolas visando criar uma rede de comunicação e alternativas de geração de renda para essas populações. O Projeto fomentou uma série de questões, especialmente a respeito das *metodologias participativas* e de formas locais de organização social, que, certo tempo depois, retomei na pesquisa realizada para a elaboração deste livro.

Ao objetivo inicial do presente trabalho — analisar o discurso participativo em projetos ambientais contraposto à praxis das instituições proponentes — somaram-se novas questões relacionadas à problemática enfrentada por comunidades tradicionais que hoje habitam as chamadas unidades de conservação (UCs): parques, reservas, estações ecológicas... Devo ao professor Antonio Carlos Diegues, a quem conheci quando ministrava uma disciplina no Programa de Pós-Graduação em Ciência Ambiental (Procam) da USP, a perspectiva de incorporar outras visões de conservação da natureza neste estudo.

Já no curso de pós-graduação em Geografia Humana na USP, o universo das humanidades estimulou-me bastante e foi com evidente avidez que iniciei minha travessia para as "novas áreas de conhecimento". A análise de representações espaciais da cultura caiçara, contrapostas àquelas comumente utilizadas pelas "ciências ambientais", apontou aspectos que considero relevantes para a reflexão sobre o ordenamento territorial da Mata Atlântica.

Finalmente, após ter acompanhado durante um longo período o trabalho do Comitê de Apoio à Gestão Ambiental da Ilha do Cardoso, analiso determinados aspectos que, na minha leitura, foram determinantes para o êxito daquela experiência de gestão ambiental participativa, conhecida e elogiada em todo o Brasil.

SUMÁRIO

NOTAS INTRODUTÓRIAS

PRIMEIRA CENA

Às 10h30 do dia 25 de novembro de 1999 reúnem-se, na escola da comunidade de Pontal do Leste, os membros do Comitê de Apoio à Gestão do Parque Estadual da Ilha do Cardoso (Peic) para a realização da 26.ª reunião mensal ordinária, sob coordenação do diretor do Peic, com a presença dos seguintes personagens: um membro da Organização Não Governamental (ONG) Gaia Ambiental; um técnico do Instituto Brasileiro do Meio Ambiente e dos Recursos Naturais Renováveis (Ibama); um representante da prefeitura de Cananeia; um funcionário do Instituto de Pesca; uma técnica da ONG SOS Mata Alântica; o padre da paróquia de Cananeia representando a Pastoral dos Pescadores; a secretária do Peic e quatro representantes das seguintes comunidades caiçaras da Ilha: Itacuruçá, Camboriú, Marujá e Enseada da Baleia. Presentes, também, pessoas que não são membros efetivos do Comitê: três membros da Associação dos Moradores do Marujá (Amomar), um membro da Associação de Defesa Ecológica da Ilha do Cardoso (Adeic), uma moradora local e eu, na época, pesquisadora da Universidade de São Paulo (USP), autora deste livro.

A cena tem início com o coordenador alertando sobre o descrédito da comunidade do Pontal em relação ao Comitê, uma vez que "só está presente um único morador local à reunião". Ao mesmo tempo, penso:

- O que leva as pessoas a se mobilizarem para participar de um processo coletivo de ordenamento do território?
- Qual é o papel das *metodologias participativas*, muito difundidas nos projetos ambientais em andamento no Brasil?
- Como levar em conta a correlação entre grupos étnicos e territórios em propostas de conservação ambiental das *áreas protegidas* no Brasil? Em outras palavras, como os valores culturais de povos tradicionais imprimem um *significado territorial* numa determinada área de interesse geral de proteção ambiental?
- Nas formas particulares de organização e de uso do espaço de povos tradicionais, que vivem até hoje em áreas remanescentes

da Mata Atlântica, estariam contidas informações importantes quanto à conservação e preservação da natureza? Tais informações estão sendo contempladas pelos planos de gestão ambiental (PGAs) ora implantados?

- Como promover um consenso em busca da sustentabilidade ecológica da Mata Atlântica? Quais os principais obstáculos à participação desses grupos locais nos projetos?
- E mais: Quais seriam as contribuições da Geografia para pensar a relação territorialidade e identidade no contexto deste trabalho?

PAUSA

A cena até este momento transcorre num clima de tensão.

Passado o constrangimento inicial, a secretária inicia a leitura da ata da reunião anterior para ser conferida e, depois das devidas correções, aprovada pelos membros oficiais do colegiado presentes na reunião.[1]

CENÁRIO PRINCIPAL

A crise ambiental mundial encontra-se entre os principais desafios a serem enfrentados na contemporaneidade, tendo em vista um futuro melhor para todos. Todavia, ainda que as fronteiras das injustiças sociais alarguem-se assustadoramente, vezes sem fim, o limite da sustentabilidade ecológica em nível planetário pode, certamente, chegar a um ponto intransponível, ameaçando a própria sobrevivência da vida na Terra. Nesse contexto, pergunta-se: O que leva as pessoas a se sentirem motivadas a participar de projetos de conservação ou de proteção ambiental?

No período da Conferência das Nações Unidas sobre Meio Ambiente e Desenvolvimento (Cnumad) (ou Rio-92), Paulo Freire Vieira discutia os desafios que deveriam ser enfrentados pelas estratégias de desenvolvimento sustentável nos anos então por vir:

> Vinte anos após Stockholm, a idéia-força do ecodesenvolvimento pode ser considerada como indutora de um processo de planejamento pensado como 'espaço de aprendizado social' para a arquitetura de um novo projeto de sociedade inspirado na democracia participativa. Contrasta nesse sentido com um estilo

---

[1] O texto acima foi baseado na Ata da 26.ª reunião do Comitê de Apoio à Gestão do Peic — datada de 25/11/1999 — com inclusão de detalhes fictícios.

que se caracteriza pela insistência em manter uma concepção reducionista das finalidades da dinamização econômica e uma tecnoburocracia dos processos envolvidos no planejamento.[2]

Já naquela época, se evidenciava uma forte tendência mundial à implantação de estratégias voltadas à criação e ampliação dos espaços de participação da sociedade civil na melhoria da qualidade de vida. A *participação* continuou sendo evocada por muito tempo, tanto nas esferas públicas como privadas. O discurso participativo tornou-se aparentemente consensual, homogêneo e, pode-se até dizer, hegemônico.

Mas o que se entende mesmo por *participação*? Quais as bases teórico- metodológicas das chamadas *metodologias participativas*, intensamente propaladas em projetos ambientais em todo o Brasil? Qual seria o significado da *participação*, tomado do ponto de vista processual, em negociações coletivas entre sujeitos de diferentes áreas de conhecimento, ou mesmo entre membros de diferentes culturas?

VELHOS E NOVOS PERSONAGENS

Desde a Conferência das Nações Unidas sobre o Meio Ambiente e Desenvolvimento, realizada na cidade do Rio de Janeiro em 1992 (a Rio-92), entidades civis, denominadas genericamente ONGs, adquiriram grande visibilidade no Brasil e em todo o mundo por sua atuação importante a favor da sustentabilidade da vida no planeta, seja através do questionamento do modelo de desenvolvimento vigente, seja buscando alternativas, tanto no plano técnico quanto no político. Além disso, em países como o Brasil, caracterizado por uma longa história de autoritarismo e de injustiças sociais, determinadas entidades civis aglutinavam ao final do século XX diferentes agentes sociais contribuindo para a dinamização do processo de democratização no país.

A sociedade civil brasileira, assim como em muitos outros países, organizava-se então em diversos movimentos e grupos suprapartidários e supraclassistas em torno de interesses comuns. Em muitos casos, esses diferentes atores buscavam alianças com outros grupos nacionais ou internacionais para garantir seus espaços de autonomia e de cidadania ampla. Mais especificamente no setor ambiental, multiplicavam-se as parcerias estabelecidas entre o poder público, as ONGs e as empresas privadas em várias regiões do país.[3]

---

[2] VIEIRA, P. F. *Planejamento, meio ambiente e desenvolvimento*. Florianópolis: [s. n.], 1992. p. 30. Mimeografado.

[3] Silvio Caccia Bava, presidente da Associação Brasileira de ONGs (Abong), apresenta vários exemplos no artigo "O terceiro setor e os desafios do estado de São Paulo para o século XXI". *In*: ASSOCIAÇÃO BRASILEIRA DE

Embora o lema dos ambientalistas fosse "pensar globalmente e agir localmente", somos agora, de certa forma, obrigados a "pensar e agir local e globalmente"[4] ao mesmo tempo. E nesse contexto, em que já se evidenciava uma relação dialética entre local e global, certas ONGs nacionais, coligadas a suas parceiras internacionais, faziam exigências a respeito do direcionamento de recursos para a proteção de ecossistemas brasileiros, tais como o caso da Mata Atlântica.[5]

Também as agências bi, multi e translaterais impunham novas diretrizes. Era o caso de bancos internacionais, da União Europeia e das demais instituições ligadas à Organização das Nações Unidas (ONU), todas responsáveis pelo financiamento de grandes projetos socioambientais no Brasil nos anos 1990. Entre as diretrizes/recomendações, destacavam-se a de interesse central nesta obra: o incentivo à *participação comunitária* em projetos ambientais. Este trabalho mostra que a maioria dos projetos desenvolvidos naqueles anos no Brasil incorporaram a diretriz participativa.

O fato é que a *participação* migrou do universo das ONGs para os setores governamentais e empresariais que, embora utilizando o mesmo discurso, nem sempre compartilham dos mesmos objetivos emancipatórios que inspiravam as iniciativas participativas latino-americanas dos anos de 1970.

O AMBIENTE SOB OUTROS OLHARES...

A crescente ampliação da participação cidadã no gerenciamento ambiental instiga a reflexão sobre quais seriam os principais atores, e onde se deveria iniciar o planejamento das intervenções ambientais. O *lugar*[6] seria uma dimensão privilegiada, por representar a esfera da convivência cotidiana dos principais sujeitos atingidos pela crise ambiental. Neste livro, se examina o porquê de se considerar o *lugar* um espaço prioritário de debate e de gestação de propostas alternativas ao modelo convencional de

---

ORGANIZAÇÕES NÃO GOVERNAMENTAIS. *Ongs, identidade e desafios atuais*. Campinas: Abong/Autores Associados, 2000. (Cadernos da Abong, n. 27).

[4] Conforme anunciado no Tratado de Educação Ambiental assinado por inúmeras entidades nacionais e internacionais durante o Fórum Global em 1992.

[5] Caso da inclusão da Mata Atlântica no Programa Piloto para a Proteção das Florestas Tropicais do Brasil, implantado pelo Governo Brasileiro com recursos do PPG7 (os sete países mais ricos do mundo, na época), que resultou da pressão de ONGs internacionais sobre as nações centrais após a articulação com importantes ONGs brasileiras — tais como a SOS Mata Atlântica.

[6] TUAN, Y. F. *Espaço e lugar*: a perspectiva da experiência. São Paulo: Difel, 1983.

conservação ambiental no Brasil — modelo esse que ainda vê a presença de moradores tradicionais nas Unidades de Conservação (UCs) como uma ameaça à sustentabilidade ecológica.

O TRABALHO DE CAMPO E AS PRIMEIRAS LEITURAS

A pesquisa de campo na Ilha do Cardoso foi realizada no espaço de tempo compreendido entre a primeira reunião preparatória para a elaboração do Plano de Gestão Ambiental (PGA) do Peic — fase 1 do PPMA —, realizada em abril de 1997, e a 38.ª reunião ordinária do Comitê de Apoio à Gestão Ambiental, de fevereiro de 2001. Nesse período de quase quatro anos estive no campo em diversas ocasiões.

Nas primeiras viagens exercitei meu "olhar distraído" desfrutando da relativa liberdade que se tem no início de uma pesquisa. Foi durante aquelas conversas descompromissadas com alguns moradores locais — na cozinha, depois das refeições; à noite antes de se recolherem ou nos frequentes dias de chuva quando os homens não saíam para pescar — que foram criados nossos primeiros laços afetivos.

Durante os meses de janeiro e fevereiro de 1999, permaneci o maior período em campo convivendo com as famílias caiçaras nas comunidades do Marujá, Pontal do Leste, Enseada da Baleia, Foles e Cambriú. Naquela temporada foi possível realizar um grande número de entrevistas livres — algumas gravadas, outras lembradas e anotadas posteriormente —, além de solicitar a alguns de meus interlocutores que desenhassem mapas mentais e calendários, os quais me serviram, entre outras coisas, para elaborar a etnografia sobre os territórios da pesca (capítulo 3) e subsidiar alguns recortes que acabei tendo que fazer para delimitar melhor o principal universo da pesquisa que originou este livro.

Em março de 2000 decidi aplicar cerca de 50 questionários e visitar praticamente todas as casas da comunidade do Marujá para coletar dados quantitativos e qualitativos referentes à influência do turismo na vida daqueles moradores — tarefa na qual fui auxiliada por três estagiários da Escola Superior de Agricultura Luiz de Queiroz (Esalq/USP) (ver foto a seguir).

Fotografia 1 – Entrevista com o saudoso Seu Ezequiel de Oliveira no Marujá, Ilha do Cardoso

Crédito: Carmem Lúcia Rodrigues (a autora)[7]

Assim, minha presença na Ilha oscilou entre períodos muito curtos — quando lá estive somente para participar das reuniões mensais do Comitê — e temporadas mais longas, como a que relato detalhadamente no "Álbum de Retratos". Em todas as viagens, carreguei comigo minha câmera fotográfica, o que me permitiu utilizar imagens para apresentar, neste trabalho, a *minha leitura* do que observei e vivi na Ilha do Cardoso. Com esse material também montei um pequeno audiovisual que apresentei nas comunidades da Ilha como uma forma singela de retribuição à atenção que me dedicaram.

A proposta inicial do trabalho era realizar um estudo crítico que contribuísse com subsídios para o planejamento ambiental das áreas protegidas na Mata Atlântica. Cheguei ao final do trabalho de campo consciente de que tal missão foi satisfatoriamente cumprida, mesmo tendo sido seduzida pelo convívio com as famílias caiçaras. Com as mulheres, com quem naturalmente tinha maior abertura, aprendi sobre os prazeres e as dificuldades da vida e do trabalho feminino naquelas famílias que, via de regra, são muito extensas e das quais os homens frequentemente se ausentam por longos períodos. Com alguns homens, tomei conhecimento de inúmeros detalhes

---

[7] Todas as fotografias apresentadas neste livro são de minha autoria.

sobre a pesca artesanal e da espacialização de hierarquias que envolvem tal atividade. Também ouvi as histórias dos mais velhos e apreciei, sobretudo, aquelas que contavam de seus antepassados indígenas. Junto às crianças, observei a vivacidade e criatividade de suas brincadeiras e jogos, o que não se nota mais nas crianças urbanas. Além disso, tive a oportunidade de participar de algumas de suas festas e tomei o cuidado para não me envolver nos conflitos internos, que logo percebi existirem nas comunidades visitadas.

No coroamento da pesquisa que originou este livro, dedico-me a analisar a importância da *convivência*. Da mesma forma que os laços inter-subjetivos criados foram cruciais durante todo o trabalho de campo, a convivência, vista numa dimensão muito mais ampla, foi fundamental para o êxito do processo coletivo de negociação, que envolveu sujeitos de diferentes culturas e profissionais de diversas áreas de conhecimento, comprometidos, como neste caso específico, com a gestão ambiental de uma área remanescente da Mata Atlântica.

CAPÍTULO 1

A *PARTICIPAÇÃO* COMO DISCURSO: LEITURAS SOBRE *PARTICIPAÇÃO* NA CONSERVAÇÃO AMBIENTAL

Fotografia 2 – Baía de Trapandré, Cananeia (SP), rumo à Ilha do Cardoso...

Crédito: a autora

As chamadas *abordagens participativas* foram especialmente incorporadas por um número cada vez maior de atividades de ordenamento do espaço público em todo o mundo nas décadas de 1990 e 2000. No Brasil, as várias questões que giram em torno do papel da *participação* da sociedade civil em programas de desenvolvimento e de proteção ambiental encabeçavam as pautas do dia na época, tanto em órgãos governamentais como em não governamentais.

Na universidade e em outras instituições de pesquisa, principalmente na área das ciências humanas, observava-se igualmente o resgate e a revisão de algumas das clássicas questões relacionadas à *pesquisa-participante*. Tais propostas, que pretendiam unir investigação coletiva e intervenção social, teriam proliferado nos anos 1970, na América Latina, a partir das ideias e métodos pedagógicos de alguns intelectuais de esquerda, tais como Paulo Freire e Orlando Fals Borda. A novidade era que na época a *participação* extrapolava o discurso e a práxis das esquerdas.

A ampliação dos espaços de *participação* da sociedade civil era então apontada como uma das diretrizes fundamentais em projetos de desenvolvimento sustentável e de conservação ambiental, constando entre as principais exigências do Banco Mundial e agências multilaterais de cooperação tais como o banco alemão KfW (Kreditanstalt für Wiederaufbau) e a Comunidade Europeia. Além disso, através da política de descentralização administrativa, legitimada pela Constituição Brasileira de 1988,[8] a *participação* no gerenciamento ambiental de áreas naturais protegidas passa a ser incentivada por meio de mecanismos vários, como é o caso da criação do Conselho Nacional do Meio Ambiente (Conama), e outras normas constitucionais.

Mas o que se entende por *participação*?

Participação é um conceito bastante genérico que costuma vir acompanhado por determinados adjetivos que procuram imprimir-lhe um significado mais ou menos particular: *participação comunitária, participação popular, participação cidadã, participação social, participação política*... Contudo, de forma geral, tal conceito quando agora utilizado raramente apresenta a mesma conotação que possuía nas décadas de 1960 e 1970 na América Latina. Assim como ocorre com *desenvolvimento sustentável*, os vários signi-

---

[8] BRASIL. Constituição da República Federativa do Brasil de 1988. *Diário Oficial [da] República Federativa do Brasil*, Brasília, DF, 1988. Disponível em: http://www.planalto.gov.br/ccivil_03/Constituicao/Constituiçao. htm. Acesso em: 5 jan. 2001.

ficados atribuídos à *participação* — e seus derivados *participativo, participante,* etc... — expressam uma ambiguidade do conceito.

Procurando situar as bases teóricas e metodológicas das abordagens participativas, a história da *pesquisa-participante* na América Latina será brevemente revisitada. Além disso, serão contextualizadas a gestação e proliferação de propostas participativas nos países centrais. Também serão apresentadas as principais ideias de alguns dos defensores das *metodologias participativas*, bem como pontos de vista mais críticos desse tipo de abordagem.

Devo esclarecer, de antemão, que esta análise leva em consideração, sobretudo, o *discurso* participativo que se identifica em projetos e programas de proteção ambiental no Brasil, mais especificamente, nas falas dos vários atores envolvidos e nos documentos difundidos — através da mídia e dos meios eletrônicos — pelas instituições que coordenam ou financiam os projetos. Contudo, a noção de discurso utilizada neste capítulo não é aquela comumente empregada pela lingüística. Parte de um ponto de vista mais restrito, como o que foi sugerido por Kay Milton.[9]

Como o tema *participação* não se esgota aqui, ao contrário, permeia todo este trabalho, sugiro, ao final do presente capítulo, eixos de reflexão procurando ampliar as dimensões de análise do principal universo deste estudo: o processo participativo de gestão ambiental no PPMA e, em particular, a experiência do Comitê de Apoio à Gestão Ambiental do Peic.

O MOVIMENTO DA *PESQUISA-PARTICIPANTE* NA AMÉRICA LATINA: UMA BREVE REVISITA

Estratégias participativas em pesquisa e em projetos de desenvolvimento não são recentes na região. Carlos Rodrigues Brandão considerou o questionário da enquete operária de Marx e o método de alfabetização de Paulo Freire como precursores das práticas político-pedagógicas conhecidas por *pesquisa-participante*, que teriam proliferado na América Latina no início dos anos 1970.[10] Negando estilos de pesquisa de base positivista que

[9] MILTON, K. *Environmentalism and cultural theory*: exploring the role of anthropology in environmental discourse. Londres: Routledge, 1996. p. 167. "Um discurso é uma área de comunicação definida puramente por seu tema. Neste sentido, o discurso ambiental é comunicação sobre o ambiente, e discurso ambientalista é comunicação sobre proteção do ambiente. Não há aqui nenhuma implicação do modo particular que o discurso está sendo usado, nem de uma forma particular de compreensão que está sendo gerada" (*Ibid.*, p. 166).
[10] "O questionário da enquete de Marx entre operários que, mais do que coletar dados sobre a sua condição, era um exercício de fazê-los pensar, enquanto respondiam" (BRANDÃO, C. R. *Repensando a pesquisa participante.* São Paulo: Brasiliense, 1982. p. 223).

teriam transformado as ciências sociais em meros instrumentos de controle social, intelectuais que propunham a pesquisa-participante não buscavam simplesmente conduzir uma pesquisa voltada para os interesses das classes populares. A nova proposta metodológica iria muito além disso...[11]

A exposição de Paulo Freire para educadores, na Tanzânia, em 1971, ilustraria bem alguns dos princípios gerais da *pesquisa-participante*:

> Simplesmente não posso conhecer a realidade de que participam a não ser com eles como sujeitos também deste conhecimento que, sendo para eles, um conhecimento de um conhecimento anterior (o que se dá ao nível da sua experiência quotidiana) se torna um novo conhecimento. Se me interessa conhecer os modos de pensar e os níveis de percepção do real dos grupos populares estes grupos não podem ser meras incidências de meu estudo.[12]

Do ponto de vista pedagógico, Paulo Freire haveria reiterado: "[...] fazendo pesquisa, educo e estou me educando com os grupos populares".[13]

O sociólogo colombiano Orlando Fals Borda é sem dúvida uma das principais referências quando se procura analisar os fundamentos de estratégias e instrumentos participativos. Da mesma forma que Paulo Freire, critica o mito da neutralidade e da objetividade da ciência e propõe o que chama de uma "ciência popular", que teria como base "o conhecimento empírico, fundado no senso comum, que tem sido uma característica ancestral, cultural e ideológica dos que se acham na base da sociedade".[14]

---

[11] Uma experiência presenciada por Brandão exemplificaria bem o processo de transição de uma pesquisa social compromissada com as lutas populares para uma efetiva prática de pesquisa-participante. Trata-se da história da Diocese de Goiás, no início da década de 1970, onde o antropólogo constata que a pesquisa-participante naquele contexto representaria, em termos gerais, um instrumento utilizado pelos agentes pastorais para a produção de conhecimentos que iriam servir de base para discussão e orientariam suas atividades ou programas de educação popular. Como salienta Brandão, aquele tipo de pesquisa estaria inserida em "trabalhos populares aos quais devia servir", como, por exemplo, na luta pelo uso e posse da terra, onde os trabalhadores continuavam sendo objeto da pesquisa, não seus agentes. Foi a partir daquela experiência que, dez anos após iniciado o trabalho pela Diocese, foi dado um passo decisivo naquela região para se fazer uma pesquisa com os trabalhadores, não sobre eles. A pesquisa em si passaria então a ser um instrumento de trabalho, não "para o trabalho, ou seja, separado dele. [...] o que é diferente de convocar sujeitos do povo a virem participar de pesquisas sobre ele próprio e seu mundo, dentro de nossos padrões tradicionais apenas estrategicamente 'popularizados'" (*Ibid.*, p. 238).

[12] FREIRE, P. Criando métodos de pesquisa alternativa: aprendendo a fazê-la melhor através da ação. *In*: BRANDÃO, C. R. (org.). *Pesquisa participante*. São Paulo: Brasiliense, 1981. 211p.

[13] *Ibid.*, p. 37.

[14] FALS BORDA, O. Aspectos teóricos da pesquisa participante: considerações sobre o significado e o papel da ciência na participação popular. *In*: BRANDÃO, C. R. *Pesquisa participante*. São Paulo: Brasiliense, 1981. 211 p.

Tendo como referencial o marxismo do ponto de vista metodológico, os idealizadores da pesquisa-participante teriam enfatizado o papel do cientista social (ou pesquisador) no processo. Este deveria assumir uma postura ativa e compromissada com as necessidades coletivas mais gerais, procurando incorporar, de forma gradativa e permanente, suas contribuições específicas ao saber popular.[15] O fruto desse novo tipo de conhecimento, enriquecido e ampliado por uma constante reflexão e ação, sobretudo em campo, estaria a serviço dos interesses, motivações, aspirações e necessidades das classes populares e categorias sociais mais subjugadas na América Latina — entre as quais Fals Borda[16] destacaria em seus escritos os operários, camponeses e indígenas.

No estudo de Marcela Gajardo,[17] uma característica comum às experiências latino-americanas de *pesquisa-participante* analisadas pela autora seria a crítica ao modelo de desenvolvimento capitalista e às injustiças sociais subjacentes aos regimes ditatoriais em curso na época no subcontinente. As estratégias de *pesquisa-ativa, pesquisa temática, pesquisa na ação, pesquisa-militante* — modalidades genericamente conhecidas por *pesquisa-participante* e diferenciadas por Gajardo — possuíam orientações diversas, muita vezes opostas. Por princípio geral, a *pesquisa-participante* procurava desenvolver um estilo de pesquisa que rompesse com a relação sujeito-objeto da pesquisa acadêmica tradicional, substituindo-a por uma relação sujeito-sujeito.[18]

Gajardo teria destacado duas principais vertentes da pesquisa-participante na época: uma vertente sociológica e uma educacional. A vertente sociológica reagiria "aos paradigmas dominantes de interpretação da realidade social". A pesquisa deveria ser condizente com a realidade dos países latino-americanos, distanciando-se, dessa maneira, dos modelos de pesquisa

---

[15] Inúmeros são os trabalhos nessa mesma linha da pesquisa-participante que discutem o papel e a postura do mediador (intelectual, agente pastoral, técnico de ONG ou qualquer indivíduo externo comprometido com o grupo popular). Aproxima-se da noção gramsciana de "intelectual orgânico". Nos textos, em geral, reafirma-se a especificidade de seu papel e condenam-se aqueles que pretenderam "disfarçar-se" de agricultor, índio ou operário assumindo uma postura basista, por melhores que tenham sido suas intenções. Nas palavras de Freire: "ao rejeitarmos a manipulação do educador autoritário, rejeitamos também a anulação do educador, contida em propostas ingenuamente libertadoras, segundo as quais o educador, em nome do respeito aos educandos, os deixaria entregues a si mesmos. Na verdade, não há por que deva o educador democrático ter vergonha de ser educador" (OLIVEIRA, R.; OLIVEIRA, M. D. Pesquisa Social e Ação Educativa: conhecer a realidade para poder transformá-la. *In*: BRANDÃO, C. R. *Pesquisa participante*. São Paulo: Brasiliense, 1981. p. 28).

[16] FALS BORDA, O. Aspectos teóricos da pesquisa participante: considerações sobre o significado e o papel da ciência na participação popular. *In*: BRANDÃO, C. R. *Pesquisa participante*. São Paulo: Brasiliense, 1981.

[17] GAJARDO, M. *Pesquisa participante na América Latina*. São Paulo: Brasiliense, 1986.

[18] *Idem*. Algumas propostas de ONGs têm ainda como pano de fundo as mesmas orientações políticas que as analisadas na década de 1980. Contudo, representam uma minoria entre as práticas participativas mais conhecidas.

sociológica "importados" dos países centrais. A vertente educacional da pesquisa-participante espelharia os preceitos dos programas de educação popular "possibilitando a aquisição dos conhecimentos, habilidades e aptidões para participar do poder social e da gestão coletiva dos meios de produção".[19] Assim, não visava somente à produção e à comunicação de conhecimentos junto aos setores mais populares da sociedade. Pretendia estudar essa realidade, modificando-a, tendo como orientação principal: "satisfazer os interesses e necessidades dos setores populares, incrementar sua capacidade de movimento e participação e apoiar o fortalecimento de suas organizações".[20] A autora, no entanto, colocaria várias interrogações a respeito da contribuição efetiva daquelas práticas, tanto nos processos de transformação social quanto no desenvolvimento teórico-metodológico.[21]

As bases teórico-metodológicas da *pesquisa-participante* clássica teriam, de certa forma, influenciado as chamadas *metodologias participativas* que proliferaram em inúmeros países do Sul, na década de 1980.[22] No início do século XX, porém, o ideal de emancipação social que movia aquelas práticas não era mais observado na maioria das experiências. Se na década de 1970, quase a totalidade dos exemplos agrupados por Carlos Rodrigues Brandão, em *Repensando a pesquisa participante*, estavam relacionados às pastorais da Igreja Católica que se colocariam "a serviço de projetos de construção de bases sociais do poder popular",[23] as *metodologias participativas*, salvo algumas raras exceções, vinte anos depois teriam um caráter muito mais funcional, cumprindo o papel de instrumentalizar processos de planejamento.[24]

A *PARTICIPAÇÃO* DESDE OS ANOS 1960: OS VÁRIOS SIGNIFICADOS

[19] GAJARDO, *op. cit.*, p. 14.

[20] BRANDÃO, C. R. *Pesquisa participante*. São Paulo: Brasiliense, 1981. p. 7. Nas palavras de Carlos Rodrigues Brandão: "A participação não envolve uma atitude do cientista para conhecer melhor a cultura que pesquisa. Ela determina um compromisso que subordina o próprio projeto científico de pesquisa ao projeto político de grupos populares cuja situação de classe, cultura ou história se quer conhecer porque se quer agir" (*Ibid.*, p. 12).

[21] BRANDÃO, 1981, p. 78.

[22] Robert Chambers faz um inventário das metodologias participativas em um artigo que será comentado adiante. No Brasil, a Abong em parceria com o Sactes publicaram, em 1995, textos de diferentes autores que relatam experiências na utilização das metodologias participativas na América Latina.

[23] BRANDÃO, C. R. *Repensando a pesquisa participante*. São Paulo: Brasiliense, 1982.

[24] Claro, deve-se levar em conta a influência das inúmeras transformações que ocorreram no mundo desde 1990, e suas consequências econômicas, políticas, sociais e comportamentais.

Além dos escritos dos precursores latino-americanos citados, há de se destacar, a título de reflexão sobre o tema, o trabalho dos ingleses Nici Nelson, Susan Wright e Robert Chambers. Contudo, raros são os autores que assumem uma posição crítica frente à legitimidade das chamadas *metodologias participativas*. É o caso do iraniano Majid Rahnema, que faz uma espécie de arqueologia do ideal da *participação*, trazendo contribuições interessantes a essa reflexão. Voltarei a ele adiante.

Nici Nelson e Susan Wright fazem um paralelo entre a origem do movimento participativo e as diferentes correntes políticas presentes na Europa na década de 1960. As orientações a favor da ampliação da *participação*, nos anos 1960 e 1970, eram bastante polarizadas na Inglaterra (e provavelmente na maioria dos países). De um lado, havia um intenso movimento nas universidades que propunha a *participação* como metodologia de pesquisa, procurando envolver as classes sociais populares na produção do conhecimento ao estimular sua emancipação.[25] Por outro lado, na mesma época, a *participação* também era uma estratégia utilizada naquele país como forma de legitimação dos planos nacionais de reforma estrutural através de instrumentos vários, tais como questionários, palestras e encontros públicos. Nesse sentido, segundo as autoras citadas, *participação* representava, antes de mais nada, cooptação pela órbita estatal.

Na década de 1980, novos significados de *participação* migraram aos países centrais advindos de países periféricos, onde tiveram sua trajetória ligada à oposição aos regimes políticos ditatoriais — caso dos ideais de Paulo Freire, que, segundo as autoras, inspiraram significativamente boa parte dos autores que tratam do tema. Apesar das propostas de Freire e de Fals Borda de fazer da *participação* um "fim", e não um "meio", a influência das esquerdas latino-americanas em âmbito mundial não foram tão impactantes, e teriam provocado uma simples revisão das estratégias convencionais de desenvolvimento de autoria de orgãos governamentais nos países centrais. A participação passou, então, a fazer parte dos programas de desenvolvimento, de forma a tornar as políticas desenvolvimentistas mais eficientes e mais econômicas.

No final dos anos 1980, uma nova onda de discussão sobre o que passa a ser chamado de *desenvolvimento participativo* é iniciada. Na Con-

---

[25] De certa forma, houve uma retomada de temas, tais como alienação e emancipação, anteriormente desenvolvidos pela escola de Frankfurt. A grande efervescência da época foi fermentada também pelos escritos de Foucault (FOUCAULT, M. *Microfísica do poder*. São Paulo: Graal, 1979) a respeito das formas de controle utilizadas pelo Estado que se oporiam ao poder do povo, este diluído em vários níveis e esferas da sociedade.

ferência de Arusha, na África, organizada pela Comissão Econômica das Nações Unidas em 1990, organizações de países do Sul fazem pressões para que sejam incorporadas estratégias visando "fazer do povo o ponto central no desenvolvimento através de crescimento econômico, equidade e 'participação popular'".[26]

No início dos anos 1990, diversas agências multilaterais de cooperação passam a utilizar métodos participativos de gerenciamento em projetos na Ásia — exemplo da Agência de Cooperação Técnica Alemã (GTZ) da Alemanha —, o que acaba pressionando o próprio Banco Mundial a adotar postura semelhante.

Robert Chambers[27] explica que o fenômeno de "renascimento da *participação*" nos anos 1990 teria várias origens: *primeiro*, pelo fato de grande parte do fracasso de políticas de desenvolvimento ser atribuído à imposição de "modelos prontos, do tipo de baixo para cima", aplicados indiscriminadamente em realidades muito diferentes, não se adequando às reais necessidades locais; *segundo;* por razões de ordem econômica, conforme a crença de que "quanto mais o povo do local participar, menores serão os custos dos projetos" (agências financiadoras afirmavam, na época, que a *participação* contribui para a sustentabilidade de grande parte dos projetos. Havia sido verificado que quanto maior é a *participação* local, maiores são as possibilidades de continuidade do projeto); *terceiro*, a participação teria sido fomentada devido a posições ideológicas de muitos dos profissionais envolvidos em projetos de desenvolvimento "que acreditam que os pobres devem ser fortalecidos e devem tomar o comando de suas próprias vidas".

Sinais que comprovam a existência do que esse autor chama de "boom da *participação*", na década de 90 do século XX, são vários, dos quais teria destacado a proliferação das chamadas *metodologias participativas*. Chambers identificou 29 tipos de metodologias desenvolvidas desde os anos 1970, que classificou em três grupos: metodologias participativas de extensão e pesquisa agronômica, de manejo local de recursos naturais, e de diagnóstico local.[28]

---

[26] NELSON, N.; WRIGHT, S. Participation and power. *In*: NELSON, N.; WRIGHT, S. (org.). *Power and participatory development*. Londres: Intermediate Technology Publications, 1995. p. 4.

[27] CHAMBERS, R. Paradigm shifts and the practice of participatory research and development. *In*: NELSON, N.; WRIGHT, S. (org.). *Power and participatory development*. Londres: Intermediate Technology Publications, 1995. p. 30-42.

[28] Na listagem a seguir sistematizada por Vitor Arai são apontadas as "metodologias participativas" inventariadas por Chambers e outros defensores das abordagens participativas desde a década de 1970. (CHAMBERS, R. Paradigm shifts and the practice of participatory research and development. *In*: NELSON, N.; WRIGHT, S. (org.). *Power and participatory development*. Londres: Intermediate Technology Publications, 1995. p. 30-42).

Como um dos principais difusores desse tipo de abordagem, Chambers conclui:

> A participação possui uma forte conotação de mudanças, não somente para um local ou povo específico. Trata-se de um paradigma — um modelo de idéias, valores, métodos e comportamentos — que podem ser aplicados em quase toda atividade social e expandir-se em todas as direções.[29]

O fato que considero mais relevante é nunca ter havido, ao longo da história, um significado único atribuído à *participação*. Em certos casos, *participação* é vista como *autogestão*, um corolário questionando a onipresença do Estado. Em outros, políticas de reformas estruturais são acompanhadas pela ênfase dada à *participação* das comunidades e da família — sendo que na década de 1980 valorizou-se em especial a *participação* das mulheres. De forma geral, a *participação* que nos anos 1960 e 1970 havia se espelhado nos ideais de emancipação popular é "desenraizada" de suas bases socioculturais originais. No contexto mais contemporâneo, segundo Majid Rahnema, "participar se reduz ao ato de compartilhar de mesmos objetivos de mercado e dos arranjos sociais necessários ao desenvolvimento econômico".[30]

O antropólogo Carlos Rodrigues Brandão, em 1982, faria várias ressalvas às estratégias participativas que, naquela época, eram entendidas como sinônimo de apoio às classes trabalhadoras. Questionaria os sentidos atribuídos à *participação*:

> Um dos atributos mais usuais das estratégias autoritárias é justamente o de convocar todos à participação. Conclamar as classes populares a 'um amplo processo de participação' para, depois, exercer sobre 'povo participante' projetos tutelares de controle e manipulação [...] Uma coisa é criar estratégias de participação popular e transformá-la em um exercício de manipulação populista, e outra coisa é fazer com que as práticas de mediação sejam, elas sim, participantes de situações e processos de produção e fortalecimento do poder popular.[31]

Brandão reconhece que, na maioria dos casos, há sempre uma relação desigual entre os agentes de mediação e os membros participantes que

---

[29] *Ibid.*, p. 42.

[30] RAHNEMA, M. Participation. *In*: SACHS, W. (org.). *The Development Dictionary*. Londres: Zed Books, 1992. p. 120.

[31] BRANDÃO, C. R. *Repensando a pesquisa participante*. São Paulo: Brasiliense, 1982. p. 249-250.

representam determinado setor popular da sociedade.[32] Ao mesmo tempo, mostra-se mais otimista quanto ao papel do "agente de fora" que conduz ou se encontra, de alguma forma, envolvido no *processo participativo*:

> [...] o trabalho do agente é útil ao povo porque é conjunturalmente desigual, ainda que no seu horizonte exista, na bruma da manhã, a aurora de um mundo onde a diferença que faz a liberdade não se estabeleça sobre a desigualdade que gera e preserva opressão. A questão fundamental é a de saber colocar a desigualdade a serviço.[33]

Outro aspecto a se considerar quando se debruça sobre o tema *participação* é o fato de o Banco Mundial ter priorizado, nas últimas duas décadas, o financiamento de projetos que envolvam segmentos sociais mais pobres. Nessa instituição existe um grupo de profissionais denominado *Participation Learning Group*, que se dedica exclusivamente a pesquisar o tema *participação*. Em um de seus relatórios, é apontado o que se entende por *participação*:

> [...] participação é um processo através do qual os marginalizados influenciam e dividem o controle de iniciativas de desenvolvimento, decisões e recursos que os afetam.[34]

Também o banco alemão KfW (*Kreditanstalt für Wiederaufbau*), responsável pelo financiamento de inúmeros projetos ambientais no Brasil no final dos anos 1990 (caso do PPMA em foco no presente trabalho), teria estimulado à utilização de um *método participativo* desenvolvido pela agência de cooperação internacional alemã GTZ, o Zopp.[35]

O papel de "regulador de conflitos e supressão da subjetividade e dos interesses individuais em prol do bem comum" que seus idealizadores conferem ao "método" Zopp lembra muito o papel do Estado na sociedade

---

[32] "Esta é uma ilusão que atrapalha porque mente. Supor que a participação está baseada em uma relação de troca constituída sobre uma suposta igualdade de poder e saber oculta o fato real de que, entre o agente de mediação (um intelectual não raro de 'nível superior') e a 'comunidade' (lavradores, subempregados, operários) há sempre uma desigualdade antecedente. Tal desigualdade não se resolve metodologicamente nem na relação de compromisso entre os dois lados, nem de modo específico, no interior de uma pesquisa participante. Constituída por relações desiguais da estrutura social de saber e poder, tal desigualdade é constitutiva da própria ação mediadora do agente a quem, não raro, gostamos de dar o nome de intelectual orgânico a serviço das classes populares" (*Ibid.*, p. 252).

[33] BRANDÃO, C. R. *Repensando a pesquisa participante*. São Paulo: Brasiliense, 1982. 231 p.

[34] WORLD BANK. *The World Bank Participation Sourcebook*. Washington, DC: World Bank, 1996. p. 72. Disponível em: https://documents1.worldbank.org/curated/en/289471468741587739/pdf/multi-page.pdf. Acesso em: 10 jan. 2001.

[35] O Zopp será analisado adiante. A principal referência sobre esse instrumento de planejamento é o artigo de Markus Brose, "Gerenciamento participativo e o método ZOPP da GTZ", In: KLAUSMEYER, A.; RAMALHO, L. (org.). *Introdução a metodologias participativas*: um guia prático. Recife: SACTES/DED; ABONG, 1995. p. 21-22.

contemporânea. Esse poder, no caso, personificado na figura do mediador ou facilitador do processo participativo, substituiria o poder do Estado em uma escala local. Poder-se-ia aferir que as funções atribuídas ao moderador do Zopp equivaleriam às que são de competência do Estado, ou até as extrapolam.[36]

De fato, essa semelhança não é casual. O conhecido mau uso das verbas públicas, no Brasil, é uma das principais razões que levaram as agências multilaterais de cooperação a exigir, de forma explícita, a inclusão da diretriz "participativa" entre seus principais requisitos para a aprovação dos projetos. Muitas das políticas de cooperação internacionais para o Brasil teriam priorizado financiamento de projetos não governamentais ou onde existia comprovada parceria entre governo e entidades da sociedade civil (ONGs e entidades de base popular) que promoveriam o controle do Estado de maneira a evitar eventuais problemas de corrupção existentes nos órgãos públicos. Além disso, o fortalecimento das ONGs ambientalistas transnacionais, nas últimas duas décadas, resultou na inclusão dessas organizações civis nos principais fóruns de debate e de tomada de decisão sobre o meio ambiente em âmbito mundial.[37]

Resta ainda uma questão um tanto quanto perturbadora que se encontra apenas na esfera das especulações. A transferência da responsabilidade do ordenamento do espaço público do Estado-Nação para entidades civis partiria de uma estratégia neoliberal mundial? Nesse caso, a proposta originada na esquerda teria sido apropriada pela direita!

PARA ALÉM DA IDEOLOGIA PARTICIPATIVA...

Majid Rahnema assume uma posição bastante crítica com relação aos métodos participativos. Segundo o autor, os conceitos *participação* e *participativo* teriam surgido pela primeira vez no jargão do desenvolvimento no final dos anos 1950. Baseado nessa crítica, passou-se a relacionar os

---

[36] Marilena Chauí analisa as funções do Estado no texto *Representação ou participação*: "Na versão hegeliana, o Estado não é mero regulador dos conflitos da sociedade civil (como o é na versão liberal), mas supressor objetivo e racional dos conflitos por sua finalidade interna que efetua a negação-superação das particularidades conflitantes na universalidade do bem comum" (CHAUÍ, M. *Cultura e democracia*. São Paulo: Cortez, 1997. p. 279).

[37] Matthias Finger traz inúmeras contribuições para se pensar no papel das ONGs ambientalistas transnacionais quanto ao delineamento de políticas ambientais para o contexto global em *Environmental NGOs in world politics*. Um dos exemplos citados pelos autores teria sido a pressão das ONGs sobre o Banco Mundial em 1983 para que fossem estabelecidos critérios de sustentabilidade nos projetos financiados pela instituição (PRINCEN, T.; FINGER, M. *Environmental NGOs in world politics*. Londres: Routledge, 1996. p. 6). O tema ONGs será discutido adiante.

insucessos dos projetos de desenvolvimento ao fato de que os povos eram mantidos fora do processo, desde o planejamento até a implementação. Tais projetos foram considerados inviáveis por serem realizados "de baixo para cima", e severamente criticados os próprios *experts* envolvidos nas organizações de desenvolvimento da época.[38]

Várias são as evidências de que a *participação* seria percebida como um instrumento para melhorar a eficiência de projetos econômicos nos quais os pobres surgem como uma nova fonte de investimento. O próprio Banco Mundial conclui em 1973 que "A sustentabilidade a longo prazo dos projetos é diretamente ligada à participação ativa e informal dos pobres".[39] Segundo Sheldon Annis, citado por Rahnema, "vários projetos provaram que os pobres são clientes mais confiáveis do que muitos ricos, especialmente quando são enquadrados em organizações locais e participativas".[40]

Rahnema[41] concorda que havia então um interesse sem precedentes pelas abordagens participativas por parte de governos e instituições ligadas ao desenvolvimento. Um dos principais aspectos para se explicar o fenômeno seria o fato de que a *participação* não representava mais um perigo para a política vigente, como nos anos 1960 e 1970. Muito pelo contrário, termos como "participação" e "participativo" tornaram-se um *slogan* politicamente atraente, sendo usado de forma arbitrária por não possuir conteúdo próprio. E mais, alerta para o fato de que o conceito poderia facilmente ser utilizado em processos de manipulação social.

A crítica de Rahnema às abordagens participativas é ainda mais profunda. Ele discorda dos defensores da ideologia participativa em seus princípios primordiais:

> Quando A considera essencial B ter mais poder, A acredita não somente que B não tem poder — ou não tem o tipo certo de poder — mas, admite que A tem uma fórmula secreta de poder no qual B deve ser iniciado. Na atual ideologia participativa essa fórmula é, de fato, nada mais do que uma revisão da versão do tipo de poder exercido pelo Estado...[42]

Para Rahnema existiriam *outras formas de poder* entre o povo, além de *outras formas de resistência* ao poder dominante, muitas vezes impercep-

---

[38] RAHNEMA, M. Participation. *In*: SACHS, W. (org.). *The Development Dictionary*. Londres: Zed Books, 1992.

[39] Informações consultadas no ano de 1973 no antigo site do Banco Mundial.

[40] ANNIS, 1992, p. 131 *apud* RAHNEMA, 1992, p. 119.

[41] RAHNEMA, M. Participation. *In*: SACHS, W. (org.). *The Development Dictionary*. Londres: Zed Books, 1992.

[42] RAHNEMA, M. Participation. *In*: SACHS, W. (org.). *The Development Dictionary*. Londres: Zed Books, 1992. p. 123.

tíveis aos agentes de fora. Critica, sobretudo, o pouco êxito das chamadas metodologias participativas ao longo dos anos, e mais, condena seus agentes por contribuírem para a desvalorização das formas tradicionais de poder. Conclui que a mudança da qual esses atores (principalmente membros de ONGs) se dizem agentes frequentemente é só uma projeção de um ideal de mudança predefinida, geralmente influenciada pelas suas próprias percepções do mundo e inclinações ideológicas. Nenhum tipo de panaceia participativa ou democrática teria o poder de trazer a um grupo social oprimido ou pessoas condicionadas o que elas individualmente não possuem: a liberdade.[43]

Sob tais considerações, uma pergunta a se fazer é se o fortalecimento do poder local, paradoxalmente, não representaria de alguma forma uma ameaça à democracia. Especialmente no Brasil, onde se tem uma sociedade historicamente marcada pela tradição conservadora de elites oligárquicas e do clientelismo político,[44] há que se refletir a respeito da relação entre descentralização da gestão ambiental e o poder local. Se por um lado o município representa a esfera de governo mais próxima do cidadão, por outro, a descentralização do poder, no Brasil, mostra-se como uma "faca de dois gumes". Antonio Carlos Robert Moraes aponta uma enorme diversidade entre os vários estados e municípios do país, sobretudo em relação às disparidades demográficas, contrastantes na capacidade produtiva e na capacidade gerencial-administrativa. Assim, assinala que a municipalização instituída através da Constituição Federal de 1988 não significa necessariamente democratização, já que pode vir a fortalecer oligarquias locais e, consequentemente, gerar redes de base local socialmente excludentes.[45]

Kay Milton também teria questionado a *participação* dos "beneficiários" em projetos ambientais:

---

[43] Segundo Mathias Finger, Rahnema seria um dos defensores da teoria do terceiro setor que será analisada nos capítulos finais deste livro. (FINGER, M. NGOs and transformation theory. *In*: PRINCEN, T.; FINGER, M. *Environmental NGOs in world politics*. Londres: Routledge, 1996. p. 56 e p. 127). Observação: Justiça seja feita aos principais idealizadores da pesquisa-participante na América Latina, que, ao contrário do que afirma Rahnema, se diziam contrários a qualquer tipo de manipulação por parte do pesquisador/educador. Os companheiros de Paulo Freire teriam escrito que: "A pesquisa como itinerário político-didático não deve ser a oportunidade para o pesquisador fazer o seu discurso, impor suas idéias, conduzir o grupo à posição que ele estima correta. Em primeiro lugar, porque isso seria inútil, além de autoritário e mistificador. Pretender persuadir ou convencer alguém de que sua consciência da realidade é uma atitude não só ingênua, como também paternalista e deve ser mudada" (OLIVEIRA, D. Pesquisa Social e Ação Educativa. *In*: BRANDÃO, 1982, p. 33).

[44] MARTINS, J. S. *O poder do atraso*: ensaios de sociologia da historia lenta. São Paulo: Hucitec, 1994.

[45] Em conversas minhas com o meu orientador, Antonio Carlos Robert Moraes da USP.

> Participação enquanto tomada de decisão 'em todos os níveis'
> não confere a oportunidade para optar por algo fora do
> projeto, ou mudar sua direção. Confere pouco mais do que
> a chance de decidir como ir ao encontro de objetivos pré-es-
> tabelecidos pelo centro, sob condições dadas pelo centro.[46]

Grupos locais costumavam ser os interlocutores prioritários da instituição responsável pelo projeto dito participativo — governamental ou não — em diferentes fases. Dependendo da fase em que novos atores são incluídos, é conferido um grau maior ou menor de *participação*. Raramente, no entanto, a sociedade civil é convocada para contribuir na escolha dos objetivos gerais desde o início de um projeto.

Outro pesquisador que pondera o papel das metodologias participativas utilizadas indiscriminadamente pelo Estado, nesse caso em áreas onde vivem comunidades tradicionais, é Antônio Carlos Diegues. O antropólogo pesquisou, durante anos, o modo de vida de povos tradicionais, que vivem até hoje nas áreas protegidas da Amazônia e da Mata Atlântica — parques nacionais e estaduais, reservas ecológicas e outras áreas genericamente denominadas "Unidades de Conservação" (UCs):

> [...] um dos problemas é que as autoridades responsáveis
> pelas unidades de conservação percebem as populações tra-
> dicionais como destruidoras da vida selvagem, desprezando
> oportunidades de incorporá-las no projeto de conservação.
> A chamada participação das populações tradicionais no esta-
> belecimento de parques e reservas, muitas vezes, não passa
> de cortinas de fumaça, para responder a certas demandas
> internacionais que consideram o envolvimento dessas popu-
> lações fator positivo para o êxito do empreendimento. Na
> realidade, geralmente, as autoridades governamentais nem
> sempre vêm com bons olhos a organização das populações
> que ainda se encontram em áreas de parques ou que foram
> reassentadas nos arredores.[47]

Diegues[48] propõe, em alguns de seus trabalhos, a etnoconservação como importante fonte de conhecimentos na busca de soluções dos principais problemas enfrentados nas áreas protegidas — sobretudo aqueles relativos à diversidade biológica e sociocultural. Nesse caso, segundo o autor, propostas

---

[46] MILTON, K. *Environmentalism and cultural theory*: exploring the role of anthropology in environmental discourse. Londres: Routledge, 1996. p. 195.

[47] DIEGUES, A. C. *O mito moderno da natureza intocada*. São Paulo: Hucitec, 1996. p. 20.

[48] DIEGUES, A. C. *O mito moderno da natureza intocada*. São Paulo: Hucitec, 1996.

de etnoconservação agregariam cientistas, populações tradicionais e ONGs nas investigações e ações coletivas em que se pretende combinar saberes e fazeres tradicionais com a ciência e tecnologia modernas. No entanto, ao envolver essa abordagem participativa na pesquisa, o desafio residiria, uma vez mais, em alguns aspectos subjacentes ao processo coletivo de construção do conhecimento, como, por exemplo:

1. Como incorporar o etnoconhecimento "às necessidades coletivas mais gerais, sem ocasionar a perda de sua identidade e seu teor específico"?[49]

2. Quais as qualidades exigidas por parte do pesquisador que conduz o processo de pesquisa coletiva?

3. Qual o uso que se fará das informações? Como garantir que não se faça "mau uso", ou se aproprie indevidamente desse tipo de conhecimento? (Como, por exemplo, patenteando informações baseadas no saber tradicional.)

4. Qual o interesse que moveria comunidades ou indivíduos a participar?

5. *Como articular o conhecimento teórico e a práxis numa base permanente?*[50]

Todas essas são questões que continuam em aberto...[51]

O QUE GRUPOS ORGANIZADOS DA SOCIEDADE CIVIL ENTENDEM POR PARTICIPAÇÃO?

Grupos organizados da sociedade civil, sobretudo aqueles que convencionalmente são denominados ONGs,[52] desempenham um papel deter-

---

[49] Trata-se de um dos dilemas levantados por Orlando Fals Borda em seu texto clássico *Aspectos teóricos da pesquisa participante* (In: BRANDÃO, C. R. *Pesquisa participante*. São Paulo: Brasiliense, 1981) quando se pretende resgatar e valorizar o que o autor chama de ciência popular.

[50] Outra indagação clássica de Fals Borda quando se realiza um trabalho participativo.

[51] Diegues e outros autores de várias áreas de conhecimento contribuem para a reflexão do papel das chamadas populações tradicionais na conservação e proteção ambiental da natureza na coletânea: DIEGUES, A. C. *Etnoconservação*: novos rumos para a proteção da natureza nos trópicos. São Paulo: Hucitec, 2000a. A temática será retomada adiante.

[52] Utilizo genericamente o termo ONG para referir-me às entidades sem fins lucrativos, privadas, porém com interesses públicos, tais como as conhecemos hoje, excluindo do grupo associações tradicionais de assistência, que desenvolvem trabalhos de caráter mais voluntarista, orientados para fins filantrópicos nos moldes das Santas Casas da Misericórdia, que chegaram ao Brasil com os primeiros portugueses. Os dois conjuntos de entidades, segundo Simone de Castro Tavares Coelho, compõem o Terceiro Setor brasileiro (TAVARES COELHO, S. C. *Terceiro Setor*: um estudo comparado entre o Brasil e Estados Unidos. São Paulo: Editora Senac, 2000).

minante no delineamento de políticas ambientais nacionais e internacionais nas três últimas décadas.

No período em torno da Rio-92, ocorre uma proliferação sem precedentes das chamadas ONGs ambientalistas no Brasil. Parte dessas entidades, que já vinha há um certo tempo desempenhando um papel significativo no cenário ambiental nacional e internacional, passa a ter grande proeminência, ocupando um espaço privilegiado na mídia. A crescente legitimidade das ONGs como porta-vozes do emergente movimento ambientalista brasileiro é evidenciada na ocasião do Fórum Global 92, megaevento que ocorreu paralelamente à conferência oficial da ONU e reuniu centenas de ONGs nacionais e transnacionais.

Não há como negar que o movimento ambientalista brasileiro (ONGs e movimentos sociais) passou por uma fase de mudança nas últimas décadas. É bom deixar claro que tal movimento agrega ONGs muito diferenciadas,[53] que se distribuem em um amplo leque extremamente heterogêneo e, muitas vezes, defendem posições antagônicas, além de apresentarem níveis contrastantes de profissionalização e de capacidade administrativo-gerencial. Vale ainda dizer que algumas poucas conquistaram considerável inserção nos diferentes órgãos de governo e se projetaram internacionalmente. No extremo oposto, encontram-se pequenas ONGs intimamente ligadas a movimentos populares. Certos autores as denominam *as socioambientais*, entidades que defendem causas específicas, como o caso de movimentos contra barragens, de seringueiros, de moradores em UCs — caiçaras, agricultores tradicionais, indígenas, de grupos comunitários de bairros em áreas urbanas, entre outras (Rodrigues, 1997).[54] Para Samyra Crespo, "as ONGs hoje são o reflexo de todo o fenômeno associativo latino-americano e brasileiro e. as células vitais do chamado terceiro setor, em alusão ao setor-estado e ao setor-mercado".[55]

Como mencionado anteriormente, agências financiadoras internacionais consideravam as ONGs parceiras mais confiáveis do que determinados

---

[53] Eduardo Viola dedicou-se a realizar uma tipologia das várias ONGs que faziam parte do movimento ambientalista brasileiro em um estudo sobre a política ambiental no Brasil no período de 1989 a 1995 (VIOLA, E.; FERREIRA, L. C. *Incertezas de sustentabilidade na globalização*. Campinas: Editora da Unicamp, 1996).

[54] RODRIGUES, C. L. ONGs ambientalistas em busca de uma sociedade sustentável no Brasil: limites e possibilidades. *GEOUSP Espaço e Tempo (Online)*, [s. l.], v. 1, n. 2, p. 57-65, 1997. Disponível em: https://www.revistas.usp.br/geousp/article/view/123242. Acesso em: 5 fev. 2001.

[55] CRESPO, S. Rio 92: cinco anos depois. In: CORDANI, U. G.; MARCOVITCH, J.; SALATI, E. (org.). *Avaliação das ações brasileiras em direção ao desenvolvimento sustentável cinco anos após a Rio-92*. São Paulo: Alphagraphics, 1997. p. 290.

governos nacionais, delegando-lhes o papel de coordenar grande parte dos projetos de desenvolvimento. Tal medida contribuiu ainda mais para o fortalecimento institucional e assegurou a legitimidade das "não governamentais" em fóruns transnacionais de negociação, como, por exemplo, na ONU, onde a participação das ONGs é garantida.[56]

No Brasil, a Associação Brasileira de Organizações Não Governamentais (Abong), constituída em 1991, reunia ao final dos anos 1990 210 ONGs com destacada atuação na esfera pública. A concepção de *participação* da Abong foi registrada em uma edição especial de seu Jornal da Abong, intitulada *O que esperamos dos governos municipais*. Trata-se de propostas dessas ONGs para a administração dos municípios, elaboradas no bojo das eleições municipais de 1996. Da sessão referente à *participação social* na definição de políticas públicas municipais, destaca-se o seguinte trecho·

> A construção de uma nova cultura política democrática, que supere os vícios do autoritarismo, do paternalismo e do clientelismo na relação entre estado e sociedade pressupõe a participação — entendida como ampliação do controle social sobre a gestão pública — como direito fundamental da cidadania, não se confundindo com eventuais discursos demagógicos de participação ou com o acobertamento de interesses corporativos de determinados grupos sociais.[57]

---

[56] Diversos são os autores que analisam a diversidade de ONGs e de suas ações ambientalistas em nível global e local. Lúcia Ferreira, em um recente artigo, destaca o livro já mencionado de Princen e Finger, o qual apresenta um instigante quadro quanto à abrangência da atuação das ONGs na área ambiental: "Milhares de ONGs emergiram em todos os continentes; algumas delas movimentam milhões de dólares e contam com contribuições pelo mundo afora. O European Environmental Bureau, por exemplo, congrega 120 ONGs ambientalistas; tem 20 milhões de sócios distribuídos em 12 países europeus e dispõe de acesso à Comissão da Comunidade Européia. Na América Latina e Caribe há cerca de 6 mil ONGs e na Índia são mais de 12 mil ONGs que se ocupam com temas ligados ao desenvolvimento. Entre 1983 e 1991 a renda da World Wildlife Found (WWF) cresceu de 9 milhões de dólares para 53 milhões de dólares e seus membros aumentaram de 94 mil para mais de um milhão. Hoje a WWF tem 4,7 milhões de filiados em todo o mundo e dispõe de orçamento anual de 293 milhões de dólares. No período de 1985 a 1990, o Greenpeace aumentou o número de seus membros de 1.4 milhões para 6,75 milhões e os rendimentos aumentaram de 24 milhões para 100 milhões de dólares. Em 1992 o Greenpeace tinha escritório em 24 países. A Friends of the Earth começou suas atividades em 1969 em São Francisco (USA) e em 1992 já contava com 51 membros espalhados pelo mundo. O Natural Resources Defense Council, fundada em 1972 com 6 mil membros, conta agora com 170 mil e um orçamento anual de 16 milhões de dólares" (FERREIRA, L. C. Conflitos sociais contemporâneos: considerações sobre o ambientalismo brasileiro. *Ambiente & Sociedade*, [s. l.], n. 5, p. 35-54, 1999. Disponível em: https://www.scielo.br/j/asoc/a/7bvX3fKYLmzTft9F5CCyMHx/abstract/?lang=pt#. Acesso em: 3 fev. 2001).

[57] O QUE esperamos dos governos municipais. *Jornal da Abong*, São Paulo, v. 16, ago. 1996. Edição especial. Disponível em: http://www.bibliotecadigital.abong.org.br/bitstream/11465/222/1/ABONG_QUE_ESPERAMOS_GOVERNOS_MUNICIPAIS.pdf. Acesso em: 17 fev. 2001. p. 24.

Outra publicação da Abong, desta vez em parceria com o Serviço Alemão de Cooperação Técnica e Social (Sactes), sob o título *Introdução a metodologias participativas: um guia prático*, analisa experiências recentes de ONGs e de movimentos populares em que são utilizados diversos tipos de instrumental participativo de planejamento, mais conhecidos por suas siglas: Mapp, PES, Zopp, Metaplan, Cefe... Os princípios gerais que orientariam o uso das metodologias participativas nesse trabalho seriam os seguintes:

> [...] estamos falando de métodos no contexto de processos de transformação social e nos referindo tanto a métodos de trabalho internos a uma instituição quanto a métodos de intervenção social [...]. O adendo participativo pretende diferenciar os métodos de trabalho aqui apresentados de outros, "autoritários" ou "tecnocráticos".[58]

Segundo os autores, o conceito de *participação*, subentendido nas práticas relatadas, se diferenciaria, em princípio, dos objetivos das instituições internacionais que haviam introduzido abordagens participativas no início dos anos 1970 nos países centrais. O *participativo* teria sido aplicado em programas e modelos de desenvolvimento como um instrumento para melhorar e aprimorar a eficiência e eficácia ao se *garantir a "sustentabilidade"* do projeto. Planejamentos que não "incluíam" a população, o "grupo-alvo", os "beneficiários", geralmente não "funcionavam". Portanto, a *participação*, do ponto de vista das agências desenvolvimentistas da época, teria um mero caráter instrumental e funcional.[59]

Segundo o manual, os métodos apresentados partiriam de um conceito de participação mais amplo:

> [...] os atores analisam em conjunto, determinam os planos de ação, definem as suas funções e fortalecem as organizações locais. Isto ocorre através de um processo de aprendizagem recíproco, sistemático e estruturado, sendo que os grupos controlam as decisões ao seu nível específico de atuação, local, regional ou nacional. O 'participativo' portanto ao qual nos referimos, remete a uma concepção de sociedade baseada na plena democracia.[60]

---

[58] KLAUSMEYER, A.; RAMALHO, L. (org.). *Introdução a metodologias participativas*: um guia prático. Recife: SACTES/DED; ABONG, 1995. p. 18.

[59] Cabe lembrar aqui que na mesma época, na América Latina, proliferavam experiências de pesquisa-participante, analisadas anteriormente neste texto, que buscavam desencadear profundas mudanças sociais e políticas junto aos setores populares das sociedades. Os dois processos são, portanto, simultâneos.

[60] KLAUSMEYER, A.; RAMALHO, L., *op. cit.*, p. 27.

Algumas características que nortearam as chamadas "metodologias participativas" desenvolvidas no âmbito da cooperação internacional em países do Sul foram apresentadas na referida publicação da Abong/Sactes, a saber:

1. Garantir a flexibilidade do processo;
2. Praticar a transparência acerca do intento;
3. Promover a interdisciplinaridade;
4. Aprender reciprocamente e estimular comunicação nas duas direções;
5. Unir qualidade e quantidade;
6. Orientar de acordo com o grupo;
7. Promover o deslocamento do poder de decisão (*"from extracting to empowerment"*);
8. Priorizar a presença in loco;
9. Estimular procedimento interativo;
10. Promover a democratização;
11. Realizar a documentação do processo (sistematização);
12. Esclarecer o papel do assessor.

A bem da verdade, os preceitos anteriormente transcritos representam um conjunto de metas ou intenções a serem alcançadas. Na prática, raras eram as experiências de que se tem notícia que conseguiam responder a boa parte desses princípios. Há que se destacar, contudo, que um dos pontos fortes de tais metodologias seria a sistematização/registro do processo realizado. Lamentavelmente, por melhor que seja a intenção das instituições que utilizam tais metodologias participativas, os documentos produzidos na forma de extensos relatórios, planilhas de planejamento e quadros-síntese complexos eram de difícil compreensão pelos chamados "beneficiários", sobretudo quando se trata de populações tradicionais.[61]

Exceção deve ser feita às experiências das ONGs que compõem a Rede Projeto Tecnologias Alternativas (Rede PTA) no desenvolvimento

---

[61] Analiso no capítulo 5, "Desafios de uma gestão ambiental participativa", o que considero os principais limitadores da participação comunitária relacionados às metodologias participativas mais usadas no Brasil.

de *diagnósticos participativos* em áreas rurais, bem como na condução de *pesquisas-participativas de sistemas agrícolas sustentáveis.*[62]

PARTICIPAÇÃO EM PROJETOS GOVERNAMENTAIS DE PROTEÇÃO AMBIENTAL

Quando se consulta a lista dos projetos aprovados na área ambiental por agências nacionais e internacionais nos últimos anos da década de 1990 no Brasil,[63] fica evidente que a maioria delas incorpora a diretriz participativa. Um dos exemplos é o Programa Piloto para a Proteção das Florestas Tropicais do Brasil, implantado pelo governo brasileiro com recursos dos sete países mais ricos do mundo, o chamado PPG-7 na época.

O PPG-7 destinava-se exclusivamente à Amazônia, porém um dos seus subprogramas, intitulado Programa Demonstrativo Categoria A (PD/A), abriu espaço para incluir a área da Mata Atlântica.[64] Nas orientações técnicas para a elaboração de projetos do PD/A, estava claro que os recursos teriam determinadas finalidades, das quais se destaca: "ampliar e fortalecer as bases de entidades e comunidades das regiões da Amazônia e da Mata Atlântica para a elaboração e gestão de projetos".[65]

Nessa linha de projetos ambientais governamentais pode-se citar ainda a proposta do Programa Nacional de Gerenciamento Costeiro coordenado pelo Ministério do Meio Ambiente, dos Recursos Hídricos e da Amazônia Legal. No capítulo relativo aos aspectos estratégicos gerenciais, é ressaltado o seguinte:

---

[62] Há mais de 30 anos, determinadas ONGs da Rede PTA empenham-se em criar métodos participativos que respondam a uma estratégia de intervenção junto a agricultores familiares em todo o país, visando contribuir para o desenvolvimento rural sustentável. A experiência acumulada por várias destas ONGs através de um longo e estreito contato com as comunidades rurais e suas organizações — tais como sindicatos rurais, pequenas cooperativas, grupos de jovens agricultores, etc. — resultou em propostas de políticas públicas municipais e regionais que iam ao encontro de interesses desse grupo. Além disso, sistemas agrícolas sustentáveis — como é o caso da agroflorestação — foram difundidos, obtendo resultados bastante satisfatórios em várias regiões do país, comprovando a validade de técnicas agrícolas criadas a partir da combinação do conhecimento técnico-científico ao conhecimento tradicional.

[63] Tais dados foram apresentados e analisados na tese de doutorado defendida no Departamento de Geografia da USP por Maria Cristina Rosa em 2000 (ROSA, M. C. *Conservação da natureza, políticas públicas e reordenamento do espaço*: contribuição ao estudo das políticas ambientais no Paraná. 2000. Tese (Doutorado) — Universidade de São Paulo, São Paulo, 2000. Disponível em: https://repositorio.usp.br/item/001121481. Acesso em: 4 fev. 2001).

[64] Como já se comentou antes.

[65] Das orientações técnicas durante o seminário sobre elaboração de projetos, organizado pela Secretaria Técnica do PD/A para a Região Sudeste em maio de 1995, no Rio de Janeiro.

> Com relação à estratégia de efetiva participação pública no processo de gestão ambiental, a sua relevância deve ser considerada não somente pela necessidade de uma gestão transparente e democrática, mas sobretudo, pelo necessário reconhecimento de que a gestão do ambiente não é uma atribuição exclusiva do Poder Público e deve legitimar-se no consenso social. Nesse sentido, deve-se buscar o aperfeiçoamento dos canais existentes e a criação de novas alternativas concretas e objetivas de participação. Neste aspecto, o sistema de informações estabelecido para as ações de monitoramento deverá tornar-se um instrumento valioso de suporte à população no exercício de controle direto dos resultados de gestão do ambiente.[66]

Como se pode observar, o discurso do *participativo* permeava (e em boa medida ainda permeia) a maioria dos projetos ambientais no Brasil, governamentais ou não. No entanto, o sentido do *participativo* em cada um deles é bastante particular.

Na relação entre Estado, sociedade civil organizada e moradores locais havia diversas formas de interlocução no âmbito dos projetos de proteção ambiental mais conhecidos no Brasil. A participação da comunidade local também se dá em diversos níveis, muitas vezes sendo intermediada pelas ONGs. Os vários estilos de participação diferem em níveis maior ou menor de organização popular e em diferentes tipos de parcerias entre Estado, ONGs e movimento social. Poder-se-ia distinguir três estilos diferentes de *participação* em projetos ambientais no país:[67]

O *primeiro* acontece quando o projeto é conduzido exclusivamente pelo Estado. Nesse caso, há certo grau de inclusão popular em determinada fase do projeto, mas o grau de envolvimento comunitário é pouco expressivo. Talvez seja esse estilo o qual, na prática, foi mais difundido no Brasil, ainda que o discurso do participativo, que marca a maioria das políticas ambientais da época, representasse uma *maquilagem* convincente para a maioria das pessoas.

O *segundo* refere-se a um estilo de participação *consorciado*, em que Estado e ONG evocam a participação da comunidade local em determinados momentos. Próximo a esse, há a *participação associada*, na qual ONG e

---

[66] AGRA FILHO, S. S. *Planos de gestão e programas de monitoramento costeiro*: diretrizes de elaboração. Brasília: Ministério do Meio Ambiente, 1995. p. 16. Consultoria realizada por Severino Soares Agra Filho e Oswaldo Viégas, Programa Nacional do Meio Ambiente, Brasília.

[67] A tipologia que segue foi esboçada por Carlos Rodrigues Brandão durante uma de nossas reuniões de estudos.

entidade popular atuam em conjunto em todo o projeto ou em determinadas fases. Nesses dois casos, a ONG tem papel central exercendo controle das ações do Estado e criando canais de interlocução com a comunidade local. Aqui também se localiza grande parte dos projetos ambientais aprovados pelas agências de cooperação internacional.

O *terceiro* estilo envolve o maior grau de participação popular. Ocorre nos projetos em que a entidade popular (como, por exemplo, um sindicato ou grupo comunitário) elabora o desenho do projeto e também é responsável por sua implantação sem a intermediação do Estado ou de ONGs. Esse estilo de participação foi muito expressiva há cerca de três ou quatro décadas no Brasil (embora, muitas vezes, contasse com a intermediação da Igreja). No início dos anos 2000 eram poucas as entidades de base popular que atuavam de forma independente. Algumas vezes, recebiam apoio de ONGs que lhes prestavam assessoria em uma determinada fase do projeto, ou em algum tema específico. Assim, cada vez mais se evidenciava a importância das parcerias nos projetos ambientais, tanto no nível local como em projetos de âmbito nacional ou transnacional. Contudo, algumas dificuldades que, de modo geral, envolviam as parcerias, ao invés de colaborar com a autonomia dos grupos locais, impunham-lhes interesses setoriais dos parceiros — tais como agências multilaterias de cooperação (tanto as governamentais como as civis e fundações empresariais), igrejas e mesmo certas ONGs, além do próprio Estado.

Nas palavras de Sílvio Caccia Bava, então diretor da Abong, "as relações horizontais e de respeito à autonomia de seus integrantes não são fáceis de conquistar",[68] principalmente em uma sociedade marcada por uma longa história de desigualdades sociais como a brasileira. Somente um acordo pactuado entre os vários atores sociais participantes poderia contornar os inúmeros desafios que envolvem as parcerias:

> O exercício da parceria é um aprendizado democrático em que a riqueza das contribuições de cada instituição está justamente no aporte diferenciado que cada parceiro pode trazer ao conjunto. Neste sentido, o aprendizado democrático vai além de reconhecer que as intituições associadas são diferentes; ele requer o reconhecimento por parte de todos de que justamente porque são diferentes é que se potencializam;

---

[68] CACCIA BAVA, S. O terceiro setor e os desafios do estado de São Paulo para o século XXI. *In*: ASSOCIAÇÃO BRASILEIRA DE ORGANIZAÇÕES NÃO GOVERNAMENTAIS. *Ongs, identidade e desafios atuais.* Campinas: Abong/Autores Associados, 2000. p. 59. (Cadernos da Abong, n. 27).

ele requer o respeito à multiculturalidade, à autonomia e independência de cada um de seus integrantes.[69]

Pode-se evidenciar nos vários discursos presentes em projetos e políticas ambientais na época, assim como em discursos das iniciativas empresariais, científicas e até do senso comum, que a *participação* tornaria-se um "conceito fashion". De maneira consensual, tanto na esfera pública como na privada — comunidade, família e intimidade — somos todos estimulados a *participar*.[70]

Assim, a polissemia que envolvia e ainda envolve a noção de *participação* contrasta com um discurso homogêneo, repetitivo e aparentemente consensual, veiculado pelos mais variados meios de comunicação de massa nos anos 2000.

EIXOS PROPOSTOS PARA A ANÁLISE DE *PARTICIPAÇÃO*, METODOLOGIAS *PARTICIPATIVAS* E PROCESSOS *PARTICIPATIVOS*

Questionamentos a respeito da participação da sociedade civil em projetos de proteção ambiental no país foram levantados ao longo deste capítulo. Não se pretende esgotar aqui a análise sobre o discurso participativo, muito pelo contrário: os aspectos até agora discutidos servem de porta de entrada para uma análise que, daqui em diante, enfocará dados empíricos do estudo de caso realizado em uma UC do estado de São Paulo. Já que recortes são necessários para análise teórica de um tema tão amplo como a *participação*, foram selecionados alguns eixos preferenciais para a discussão que segue nos próximos capítulos:

1

As chamadas *metodologias participativas*, parte integrante da maioria dos projetos ambientais implantados no Brasil no final da década de 1990, referiam-se a um conjunto de técnicas e instrumentos de planejamento. De modo geral, as instituições que delas fazem uso (orgãos do Estado, ONGs, em parceria ou não) raramente tinham como objetivo promover a eman-

---

[69] *Ibid.*, p. 60.

[70] SAWAIA, B. B. Participação social e subjetividade. *In*: SORRENTINO, M. (coord.). *Ambientalismo e participação na contemporaneidade*. São Paulo: Educ; Fapesp, 2001. p. 115-134.

cipação ou fortalecimento organizacional dos grupos locais — como era o caso da pesquisa-participante nas décadas de 1960 e 1970.

As *metodologias participativas* mais utilizadas estimulavam o envolvimento da comunidade local de forma parcial e fragmentada, apresentando uma série de limitantes quando pretendiam envolver populações tradicionais.

(Esse tema será discutido, especialmente, no capítulo 5, "Principais desafios da gestão ambiental participativa".)

2

O papel do agente mediador/animador do processo participativo apresentava-se como uma questão relevante nas experiências em curso então no Brasil. Os atributos que se requeria do mediador, seja ele de uma ONG, do Estado ou da comunidade local — tais como capacidade de gerenciar conflitos, flexibilidade, sensibilidade, humildade, compromisso, entre outras tantas — dificilmente são encontrados em um mesmo profissional. Há casos em que essa relação entre facilitador e grupo era bastante problemática pondo em risco todo o projeto. Para solucionar esse dilema, existia uma série de cursos de capacitação de mediadores disponível no mercado. Assim, a *participação* tornava-se um produto vendável e altamente lucrativo para a iniciativa privada.[71]

3

Alguns autores, entre os quais se pode destacar Pedro Demo, atentam que abordagens participativas teriam sido utilizadas como instrumentos de "convalidação social" de projetos e programas previamente elaborados por agentes externos às comunidades e não contemplam interesses locais.[72] Essa é uma das hipóteses que também será considerada neste trabalho.

4

---

[71] Na internet foram identificados inúmeros cursos de formação de mediadores e capacitação para promover processos participativos.

[72] DEMO, P. *Participação e avaliação*: projetos de intervenção e ação. 2000. Mimeografado. Elaborado para o ciclo de seminários Ambientalismo e Participação, do Projeto Avaliação de Processos Participativos em Programas de Educação Ambiental, financiado pela Fundação de Amparo à Pesquisa do Estado de São Paulo (Fapesp) e organizado coletivamente pelos palestrantes no primeiro semestre de 2000, na Faculdade de Saúde Pública da USP.

O significado do *não participar*, do silêncio, do *não dito* — comportamentos característicos em comunidades tradicionais — não era levado em conta nos processos participativos de que se tinha notícia. Como enfrentar tal lacuna no caso da gestão ambiental participativa em áreas protegidas? (Determinados aspectos socioculturais dos atores envolvidos nos processos participativos de gestão ambiental, que serviram de pano de fundo para a pesquisa que deu origem a este livro, serão analisados, sobretudo, no capítulo 3.)

5

Quando se analisam as ações tomadas coletivamente e seus inúmeros desdobramentos locais e globais numa escala de tempo bem maior que a duração das chamadas *oficinas de planejamento*, observam-se, em alguns dos projetos, claros avanços no envolvimento efetivo de novos atores sociais da sociedade civil. Pensando na dimensão processual da participação, conclui-se que determinadas parcerias entre Estado, ONGs e organizações comunitárias teriam estimulado a organização local, além de possibilitar o "descobrimento" de novas formas de manejo local dos recursos naturais, voltadas à promoção da sustentabilidade. Nesse caso, a participação pensada como processo coletivo, contínuo e em longo prazo era construída na trama entre os parceiros. Ou seja, era recomendado se analisar *de que maneira* se dava a participação, e não se havia ou não participação. É desse ponto de vista que, ao final deste livro, analiso o trabalho de apoio à gestão ambiental do Comitê da Ilha do Cardoso, no qual alguns obstáculos inerentes à comunicação transcultural foram satisfatoriamente transpostos. A *participação*, nesse sentido, teria importância relevante como processo de aprendizado social.

CAPÍTULO 2

UNIDADES DE CONSERVAÇÃO NA MATA ATLÂNTICA: O TERRITÓRIO POLISSÊMICO (O CASO DA ILHA DO CARDOSO)

Fotografia 3 – Tecendo a rede de pesca na antiga comunidade denominada Vila Rápida, Ilha do Cardoso (SP)

Crédito: a autora

A Ilha do Cardoso localiza-se a 272 km da cidade de São Paulo, no extremo sul do estado. Faz parte do município de Cananeia e está inserida no complexo estuarino-lagunar de Iguape/Cananeia na região do Baixo Vale do Ribeira, caracterizado por uma forte presença de cobertura vegetal típica da Mata Atlântica.

O complexo estuarino-lagunar Iguape/Cananéia foi reconhecido pela Organização das Nações Unidas para a Educação, a Ciência e a Cultura (Unesco), em 1992, zona núcleo da Reserva da Biosfera, tornando-se patrimônio da humanidade. A mesma área também foi considerada região prioritária para o início do plano estadual de gerenciamento costeiro, além de ser incluída na APA Cananeia-Iguape-Peruíbe gerenciada pelo Ibama e parceiros. Assim a Ilha do Cardoso encontra-se em uma área geográfica onde há uma superposição de quatro diferentes projetos governamentais de proteção ambiental, entre os quais o PPMA, objeto do estudo que resultou nesta obra.

Imagem 1 – Plano Estadual de Gerenciamento Costeiro (SP)

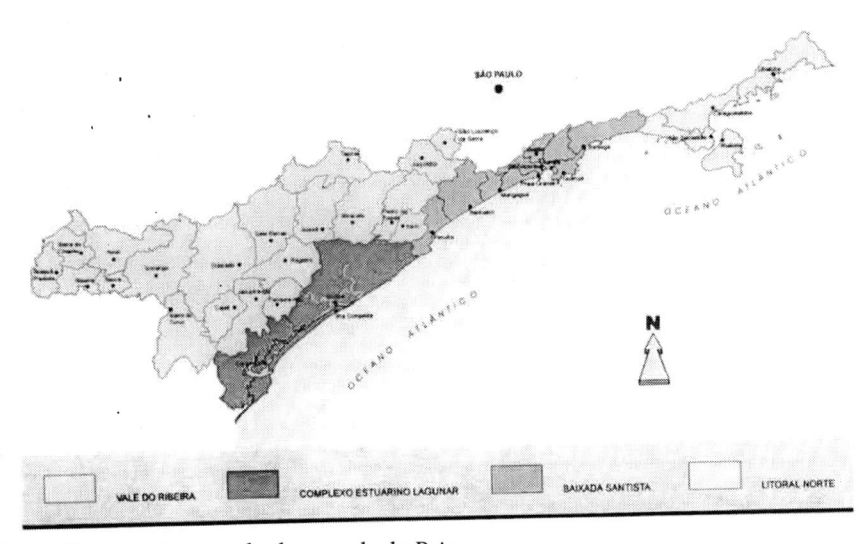

Fonte: Documento consultado na sede do Peic

Desde a época do Brasil-Colônia, a Ilha do Cardoso tem sido o palco de inúmeras disputas territoriais.

Quando a área foi decretada parque estadual, em 1962, viviam no local famílias de caiçaras que ocupavam as terras da restinga, ao sul, e as margens litorâneas, ao norte da Ilha. Um pequeno número de antigos moradores não caiçaras teria vindo da capital paulista na década de 1950, quando se instalava um loteamento de luxo na atual comunidade do Marujá.

No início dos anos 1990, famílias Guarani Mbya formaram sua aldeia em uma área de mata fechada, à beira do canal que separa a Ilha do continente, reconhecendo o local como parte de seu território tradicional onde viveram seus antepassados, e ideal para constituir o *tekoa* — lugar possível de viver segundo seu modo de ser. Teriam vindo de outras paragens, entre as quais Ilhas Peças e Superagui (PR), que integram o Complexo Estuarino Lagunar de Iguape-Cananeia-Paranaguá.

Em 1971, o Supremo Tribunal Federal atribuiu à Ilha do Cardoso o status de "bem da União", apropriando-se desse território antes estadual. A Secretaria do Meio Ambiente do Estado de São Paulo (SMA) solicita, na época, a cessão da Ilha junto à Delegacia do Patrimônio da União (DPU). A disputa territorial entre a União e o estado de São Paulo estende-se até o início da década de 1990. Por intermédio do Conselho Estadual do Meio Ambiente (Consema), as terras foram finalmente cedidas ao estado de São Paulo em 1994, ainda que o pedido de cessão não tenha sido assinado até o final dos anos 1990.

As negociações que ocorreram no processo de planejamento ambiental no âmbito do PPMA conferiram à Ilha do Cardoso um tipo específico de territorialidade.[73] O direito dos "moradores tradicionais" de permanecer na área foi assegurado no PGA do Peic, tendo sido legitimado em várias esferas do Poder Público e junto à sociedade civil organizada. Direito de uso dos recursos naturais pelos caiçaras também foi regulamentado pela Promotoria Pública do Vale do Ribeira após reivindicações do Comitê de Gestão Ambiental do Peic, do qual faziam parte representantes das comunidades locais. A consolidação do território caiçara na Ilha seria, portanto, resultado de uma série de alianças estabelecidas entre diversos atores que participaram desde as primeiras reuniões do PPMA na Ilha.

Na época, alguns dos "moradores não tradicionais" articulados com pessoas que construíram casas de veraneio no Marujá — os chamados

---

[73] A noção de território utilizada neste caso é a de Raffestin: "O território se forma a partir do espaço, é o resultado de uma ação de um ator sintagmático (ator que realiza um programa) em qualquer nível. Ao se apropriar de um espaço, concreta ou abstratamente (por exemplo, pela representação) o ator 'territorializa o espaço'" (RAFFESTIN, C. *Por uma geografia do poder*. Tradução de Maria Cecília França. São Paulo: Ática, 1993. p. 143. Publicação original de 1980).

"veranistas" — criaram uma ONG para defender seus interesses assim que foram informados de que, segundo o PGA vigente, estariam sujeitos a desapropriação. Outros grupos também possuíam diversos interesses no local e, de forma organizada ou não, procuravam garanti-los: ambientalistas, turistas, pescadores de fim de semana, agências de ecoturismo, pesquisadores e técnicos do estado de São Paulo ou ligados à universidade, entre outros. Todavia, a disputa territorial não parava por aí... Pouco tempo depois, a União sinalizou que estaria reavaliando o pedido de cessão da Ilha, feito pelo estado de São Paulo, pelo fato de haver indígenas vivendo no local. Assim, além da sobreposição de projetos governamentais, observava-se na área a sobreposição de diversos *territórios*. Qual seria, portanto, o significado da Ilha do Cardoso para os diferentes atores do ponto de vista espacial?

1. Santuário Ecológico?
2. Território caiçara?
3. Terra de índio?
4. Paraíso da vida marinha no Atlântico Sul?
5. Recurso do ecoturismo?
6. Patrimônio da humanidade?
7. Território do estado de São Paulo?
8. Bem da União?

A Ilha do Cardoso reúne uma série de atributos que a colocam numa posição central de disputas entre diferentes atores sociais e uma vasta rede de alianças que se estende para além das fronteiras nacionais.

A ÁREA

Todos os tipos de vegetação característicos da Mata Atlântica costeira encontram-se presentes na Ilha do Cardoso em alto nível de conservação. A variedade paisagística é notória agrupando praias de grande beleza cênica, dunas, costões rochosos, cachoeiras, mangue, restinga e uma densa floresta. O relevo é predominantemente montanhoso na sua porção central, com altitudes variando de 0 a 814 metros. Soma-se a esses atributos uma diversidade biológica riquíssima, na qual se agrupam cerca de mil espécies vegetais além de diversos animais ameaçados de extinção. A Ilha do Cardoso é conhecida mundialmente como importante refúgio de aves migratórias.[74]

---

[74] SÃO PAULO. Secretaria do Meio Ambiente do Estado de São Paulo. Planos de Manejo das Unidades de Conservação. *Diário Oficial do Estado de São Paulo*, 27 mar. 1998. p. 9. (Série Projeto de Preservação da Mata

Os primeiros habitantes locais de que se tem notícia foram os indígenas Carijó, antiga denominação dos povos indígenas Guarani, habitantes da região situada entre a Lagoa dos Patos (RS) e Cananeia (SP), que presenciaram a chegada dos primeiros europeus no Brasil.[75] No final do século XIX, migrantes dos estados do Paraná e de Santa Catarina, descendentes de açorianos, chegam à Ilha e alguns se casam com indígenas que aí viviam. Na década de 1950, um grupo da capital paulista inicia as obras para a instalação de um loteamento sofisticado na praia do Meio (atual comunidade do Marujá), expressão da fase de especulação imobiliária e das políticas de colonização do Vale do Ribeira que marcaram a época.[76]

Atualmente há na Ilha do Cardoso seis bairros, ou comunidades, onde a cultura tradicional caiçara é marcante. A partir dos anos 1990 aumentou consideravelmente o fluxo de turistas para o local durante o verão, sobretudo rumo à comunidade do Marujá.

Pelo fato de a Ilha "virar Parque" em 1962 e, a partir desse momento ter que se submeter à legislação ambiental brasileira que regulamenta as UCs, inúmeros desafios surgiram para que sejam garantidas a subsistência, a sustentabilidade econômica e a diversidade cultural dos moradores locais bem como a biodiversidade que caracterizava esse ambiente singular.

UM POUCO DA HISTÓRIA...

Os sambaquis são numerosos em toda a faixa litorânea ao sul do estado de São Paulo, sobretudo em torno de Cananeia e Ilha Comprida, testemunhando a presença humana na região muito antes da chegada dos europeus. Segundo Petrone, na época do Brasil-Colônia, a Baixada do Ribeira era ocupada pelos indígenas Guaianá. Ao sul de Cananeia viviam os Carijó. A região estuarina-lagunar teria sido uma "zona de passagem dos indígenas, que no inverno desciam do planalto para o litoral em busca de áreas onde pudessem praticar a pesca".[77]

Atlântica). Mimeografado.

[75] LANGER, P. P. Nomes e significados imputados aos guarani falantes do Rio da Prata e da Cordillera Chiriguana. *Diálogos (Maringá Online)*, Maringá, v. 19, n. 3, p. 1.389-1.423, 2015. Disponível em: https://periodicos.uem.br/ojs/index.php/Dialogos/article/download/33750/pdf/. Acesso em: 7 jan. 2001.

[76] Um relato de Ezequiel de Oliveira sobre a ocupação da Ilha do ponto de vista dos caiçaras pode ser consultado no artigo de Oliveira e Rodrigues: "A cultura caiçara e turismo no Bairro do Marujá, Ilha do Cardoso" (OLIVEIRA, E.; RODRIGUES, C. L. A cultura caiçara e turismo no Bairro do Marujá, Ilha do Cardoso. *In*: DIEGUES, A. C.; VIANA, V. M. (org.). *Comunidades tradicionais e manejo dos recursos naturais da Mata Atlântica*. São Paulo: Nupaub/USP; ESALQ/USP, 2000).

[77] PETRONE, P. Baixada do Ribeira: estudos de geografia humana. *Boletim da FFLCH-USP*, São Paulo, n. 283, 1966. (Geografia, n. 14). p. 101.

> Em 1531, Martim Afonso de Souza tendo aportado na Ilha do Bom Abrigo [...] avistou o promontório de Itacuruçá, na Ilha do Cardoso, onde foi colocado um marco de pedra com as quinas de Portugal. Lá encontrou um homem conhecido como bacharel,[78] Mestre Cosme Fernandes, o qual chefiava uma população de 200 mamelucos juntamente com outro português, Francisco Chaves, e mais cinco castelhanos de náufragos degradados. [...] A Ilha do Cardoso foi palco das primeiras investidas dos colonizadores portugueses que tinham a missão, no século XVI, de demarcar as fronteiras estabelecidas no Tratado de Tordesilhas. Um desses marcos foi instalado na Ponta do Itacuruçá, sendo posteriormente transferido para o museu Nacional do Rio de Janeiro (no local pode ser avistado uma réplica) [...] De Cananéia partiu a primeira bandeira chefiada por Pero Lobo em busca de ouro e pedras preciosas, rumo ao interior. Foram todos dizimados pelos índios Carijó, guerreiros e muito numerosos na Região. Os Carijó praticavam o extrativismo vegetal, a pesca e a caça.[79]

A história da Ilha do Cardoso, da mesma forma que a vida do legendário Bacharel, é entremeada com uma série de mistérios. A versão apresentada anteriormente se baseia no trabalho de Pasquale Petrone, "Baixada do Ribeira: estudos de geografia humana", datado de 1966,[80] que por sua vez cita Antônio Paulino de Almeida, o célebre historiador de Cananeia.

A região de Cananeia/Iguape teria vivenciado diversos ciclos econômicos e atingiu seu apogeu logo no início da colonização brasileira em função do ouro escoado para Portugal pelo porto de Iguape.[81] Com o esgotamento das reservas auríferas locais e a decadência das atividades mineradoras no fim do século XVIII, a agricultura foi revigorada, sobretudo o cultivo do arroz. Entre os séculos XVIII e XIX, o comércio de arroz atingiu seu auge, ao qual se soma a produção de farinha de mandioca e cana-de-açúcar. No início do século XX, ocorreu um declínio da rizicultura escravista, fazendo com que a região regredisse à agricultura de subsistência, até que na década de 30 (do século XX) foram implantadas as culturas de banana e erva-mate, dando início a um lento processo de recuperação da agricultura regional.

---

[78] O *Bacharel* tornou-se uma figura mítica na região de Cananeia. Existem diversas versões sobre sua identidade e história. Consta que se casou com uma indígena chamada Caniné, de onde teria derivado o nome de Cananeia.

[79] PETRONE, *op. cit.*, p. 73.

[80] PETRONE, 1966.

[81] Sobre o início da exploração aurífera nesta região do Brasil ver: MORAES, A. C. R. *Bases da formação territorial do Brasil*. 1991. 330 f. Tese (Doutorado em Geografia Humana) — Departamento de Geografia, Faculdade de Filosofia, Letras e Ciências Humanas, Universidade de São Paulo, São Paulo, 1991. Disponível em: https://www.teses.usp.br/teses/disponiveis/8/8136/tde-09122022-112900/publico/1991_AntonioCarlosRobertMoraes.pdf. Acesso em: 9 mar. 2001.

Uma hipótese que explicaria o declínio da agricultura seria a desativação do porto de Iguape e a cultura cafeeira que deslocou grande parte dos investimentos para outras regiões do Estado.[82] Segundo Albuquerque Mourão, no início do século XX a pesca adquire expressão na região:

> Os pequenos agricultores descendentes de portugueses, índios e negros denominados "caiçaras" passaram a priorizar a atividade pesqueira em decorrência da crise na agricultura. Naquela época o número de habitantes da Ilha do Cardoso superava o de Cananéia.[83]

É interessante notar que, originalmente, os caiçaras não priorizavam a pesca, mas a agricultura de subsistência.[84] O sistema agrícola tradicional baseava-se no cultivo do arroz e da mandioca. A tecnologia utilizada aproximava-se bastante da agricultura indígena praticada na região.[85]

Mourão pesquisou na década de 1960 as consequências sociais e culturais da mudança da atividade agrícola para a pesca e/ou para o extrativismo florestal junto à população tradicional na região de Iguape e Cananeia. Segundo o autor, os ciclos econômicos que nortearam a vida de Cananeia teriam contribuído para a emergência de situações de marginalidade mais ou menos profundas, mais ou menos passageiras. Concluiu que a população local sempre viveu "ao sabor dos ciclos de produção". O desenvolvimento da construção naval, por exemplo, teria determinado uma enorme necessidade de madeiras, levando parte da população a abandonar provisoriamente a agricultura para se dedicar ao desmatamento.[86]

---

[82] MOURÃO, F. A. A. *Pescadores do litoral sul do estado de São Paulo*: um estudo de sociologia diferencial. 1971. Tese (Doutorado) — Universidade de São Paulo, São Paulo, 1971. Disponível em: https://repositorio.usp.br/item/000721797. Acesso em: 9 mar. 2001.

[83] *Ibid.*, p. 111.

[84] MOURÃO, *op. cit.*

[85] Este tipo de agricultura tem sido equivocadamente denominado "agricultura itinerante" ou *"slash and burn"* pelo fato de contar com as seguintes etapas: corte da mata, queima e rotação das áreas agrícolas após a colheita. Ainda que a agricultura indígena continue sendo criticada por aqueles que acreditam ser tal manejo responsável pela degradação dos solos e das matas, recentes estudos sobre sistemas agroflorestais tradicionais realizados em vários países tropicais, especialmente na Índia, demostram o contrário. Após alguns anos, a vegetação nativa regenera-se segundo processo natural de sucessão vegetal. A mata atinge novamente sua exuberância e rica biodiversidade após cerca de 20 anos. Esse tipo de policultivo tradicional na maioria das vezes envolve rotação de culturas e pousio de áreas. Além disso, a fertilidade do solo é recomposta sem a necessidade de adubos químicos. Na região úmida, como na Mata Atlântica, áreas submetidas a esse tipo de manejo têm sido reutilizadas para fins agrícolas após cerca de cinco anos de pousio demonstrando ser um manejo altamente sustentável. Ademais, já existem tecnologias que comprovadamente aceleram esse processo de recuperação vegetal de maneira significativa — como o caso dos sistemas agroflorestais de Ernst Götsch, pesquisador-agricultor que vive no sul da Bahia e é reconhecido, mundialmente, por suas contribuições para a criação de um modelo sustentável de agricultura familiar nos trópicos.

[86] MOURÃO, *op. cit.*

A revigoração da agricultura na região, por volta dos anos 30 do século XX, é um indício da entrada da agricultura capitalista no Vale. Para Zan, a expansão da bananicultura e da teicultura:

> [...] marca uma nova fase na organização da estrutura agrária regional, em que a produção passa a ter como base os sítios, as fazendas e as empresas. Ao mesmo tempo, essa nova estrutura apóia-se em meios de transporte mais eficientes e em novos sistemas de intermediação comercial e financeira que vão se redefinindo no bojo da incorporação.[87]

Por outro lado, a ideia do Vale do Ribeira ser caracterizado por um grande vazio demográfico até o início do século XX norteou projetos e ações governamentais de colonização.[88] Na década de 30, do mesmo século, ocorreu uma das primeiras iniciativas governamentais visando a uma reordenação fundiária para conter a livre ocupação das terras em todo o Vale. Tal dinâmica fundiária envolveu uma série de grilagens para a instalação de latifúndios em áreas anteriormente ocupadas por descendentes de escravos e mestiços de indígenas e brancos.

A construção da BR-116, em 1956, que liga a capital paulista a Curitiba, refletiu imediatamente no processo de urbanização do Vale do Ribeira e de especulação imobiliária, agravando os conflitos de terra na região. Assim como em todo o litoral paulista, os ambientes planos da Ilha do Cardoso, até a década de 1960, encontravam-se divididos em loteamentos, os quais, após a decretação do parque em 1962, foram desativados.[89]

A " ILHA VIROU PARQUE"...[90]

O estado de São Paulo decreta o Peic no dia 3 de julho de 1962, com base no Código Florestal de 1934.[91] O loteamento de luxo que estava sendo

---

[87] ZAN, J. R. *Conflito de terra no Vale do Ribeira*: estudo sobre pequenos posseiros em luta pela terra no município de Sete Barras. 181 f. Dissertação (Mestrado em Geografia Humana) — Departamento de Geografia, Faculdade de Filosofia, Letras e Ciências Humanas, Universidade de São Paulo, São Paulo, 1986.

[88] CARRIL, L. F. B. *Terras de negros no Vale do Ribeira*: territorialidade e resistência. Dissertação (Mestrado em História Social) — Departamento de História, Faculdade de Filosofia, Letras e Ciências Humanas, Universidade de São Paulo, São Paulo, 1995. p. 87.

[89] SÃO PAULO. Secretaria do Meio Ambiente do Estado de São Paulo. Planos de Manejo das Unidades de Conservação. *Diário Oficial do Estado de São Paulo*, 27 mar. 1998. (Série Projeto de Preservação da Mata Atlântica). Mimeografado. p. 12.

[90] Parafraseando o título do trabalho de DIEGUES, A. C.; NOGARA, P. J. *Nosso lugar virou parque*: estudo socioambiental do Saco do Mamanguá, Parati, Rio de Janeiro. São Paulo: Nupaub/USP, 1994.

[91] SÃO PAULO. Decreto n.º 40.319, de 3 de julho de 1962. Dispõe sôbre a criação do Parque Estadual da Ilha do Cardoso, em Cananéia. *Diretoria Geral da Secretaria de Estado dos Negócios do Govêrno*, 3 jul. 1962. Disponível

construído na época, na praia do Marujá, foi desativado após a institucionalização do parque.

Segundo legislação federal,[92] os parques estaduais estão incluídos numa categoria genérica, as UCs, que representam áreas de proteção ambiental de uso indireto e restrito dos recursos naturais.

No Brasil, as primeiras discussões visando criar um Sistema de Unidades de Conservação (Snuc) foram coordenadas pelo então Instituto Brasileiro de Desenvolvimento Florestal (IBDF), na década de 1970. Em 1989, o recém-criado Ibama solicitou à ONG Funatura que reavaliasse o antigo sistema e elaborasse uma nova proposta. Foi então criado o Snuc naquele mesmo ano, que basicamente previa a criação de "ilhas de conservação" e não contemplava o uso sustentado dos recursos naturais, muito menos a existência de comunidades tradicionais naquelas áreas.[93] Em 1992 o Snuc foi enviado ao Congresso Nacional por meio do Projeto de Lei n.º 2.892.[94] Diversas modificações do projeto de lei foram debatidas pelo Poder Executivo, tendo à frente, inicialmente, o então deputado federal Fábio Feldmann, e depois, Fernando Gabeira. Após um longo período de debates entre ONGs, comunidade científica, governos estaduais e municipais, setor produtivo e outros segmentos da sociedade, o Projeto de Lei da Câmara n.º 27/99 chega ao Senado Federal.[95] Finalmente, o *Sistema Nacional de Unidades de Conservação* foi aprovado pelo Senado em 21 de junho de 2000.[96]

Segundo o artigo 2º dessa lei, a definição de UC é a seguinte:

em: https://documentacao.socioambiental.org/ato_normativo/UC/4837_20200527_143915.pdf. Acesso em: 5 fev. 2001.

[92] Código Florestal (BRASIL. Lei n.º 4.771, de 15 de setembro de 1965. Institui o novo Código Florestal. *Diário Oficial [da] República Federativa do Brasil*, Brasília, DF, 16 set. 1965. Disponível em: https://www.planalto.gov.br/ccivil_03/leis/l4771.htm. Acesso em: 5 jan. 2001), modificado pela Medida Provisória n.º 1.956-50, de 26 de maio de 2000 (BRASIL, 2000a).

[93] DIEGUES, A. C. *O mito moderno da natureza intocada*. São Paulo: Hucitec, 1996. p. 106.

[94] BRASIL. *Projeto de Lei n.º 2.892, de 1 de janeiro de 1992*. Dispõe sobre os Objetivos Nacionais de Conservação da Natureza, cria o Sistema Nacional de Unidades de Conservação, estabelece medidas de preservação da diversidade biológica e dá outras providências. Brasília, DF: Câmara dos Deputados, 1992. Disponível em: https://www.camara.leg.br/proposicoesWeb/fichadetramitacao?idProposicao=38133. Acesso em: 5 jan. 2001.

[95] BRASIL. *Projeto de Lei da Câmara n.º 27, de 1999*. Regulamenta o art. 225, § 1º, incisos I, II, III e VII da Constituição Federal, institui o Sistema Nacional de Unidades de Conservação da Natureza e dá outras providências. (Volume II). Brasília, DF: Câmara dos Deputados, 1999. Disponível em: https://www25.senado.leg.br/web/atividade/materias/-/materia/40910. Acesso em: 5 jan. 2001.

[96] BRASIL. Lei n.º 9.985, de 18 de julho de 2000. Regulamenta o art. 225, § 1o, incisos I, II, III e VII da Constituição Federal, institui o Sistema Nacional de Unidades de Conservação da Natureza e dá outras providências. *Diário Oficial [da] República Federativa do Brasil*, Brasília, DF, 16 set. 2000b. Disponível em: https://www.planalto.gov.br/ccivil_03/leis/l9985.htm. Acesso em: 5 jan. 2001.

Art. 2º:

Para os fins previstos nesta Lei, entende-se por:

I - UNIDADE DE CONSERVAÇÃO: espaço territorial e seus recursos ambientais, incluindo as águas jurisdicionais, com características naturais relevantes, legalmente instituído pelo Poder Público, com objetivos de conservação e limites definidos, sob regime especial de administração, ao qual se aplicam garantias adequadas de proteção.[97]

De acordo com um documento oficial da SMA, a área geográfica total inserida na categoria "unidades de conservação" soma quase 10% do território paulista. Todas são administradas por diferentes órgãos ligados à SMA.

Imagem 2 – Mapeamento das Unidades de Conservação (UCs) no Vale do Ribeira (SP)

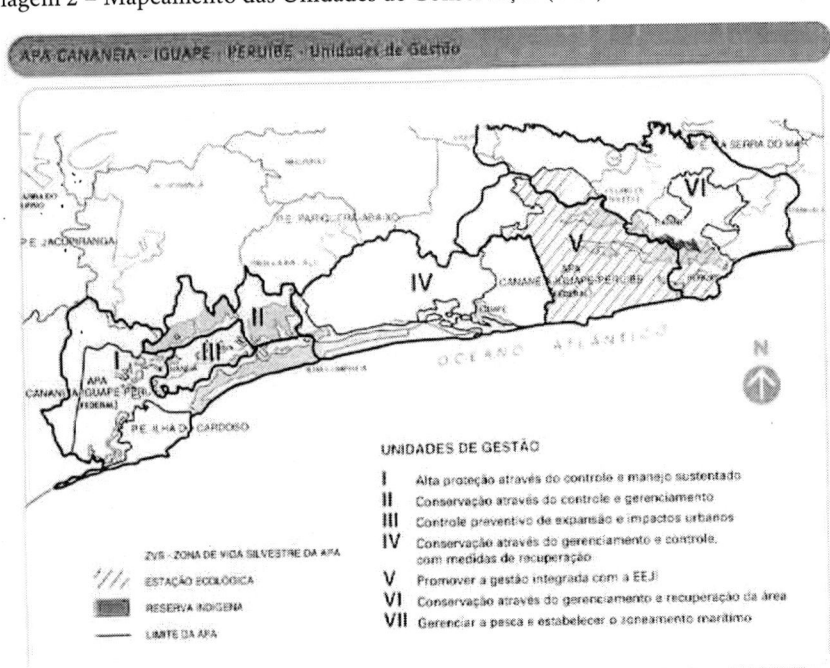

Fonte: Documento consultado na sede do Peic

---

[97] Por "conservação da natureza" subentende-se no mesmo artigo da lei o seguinte: "II - CONSERVAÇÃO DA NATUREZA: o manejo do uso humano da natureza, compreendendo a preservação, a manutenção, a utilização sustentável, a restauração e a recuperação do ambiente natural, para que possa produzir o maior benefício, em bases sustentáveis, às atuais gerações, mantendo o seu potencial de satisfazer às necessidades e aspirações das gerações futuras, e garantindo a sobrevivência dos seres vivos em geral" (BRASIL, 2000b). Os parques, as reservas biológicas e estações ecológicas são UCs de uso restrito. Decidi não me estender, aqui, na análise da legislação específica (o Snuc) e na tipologia das UCs contida no Código Florestal por implicar uma discussão extremamente longa que fugiria ao escopo deste trabalho.

POR QUE CONSERVAR A MATA ATLÂNTICA?

À época do descobrimento do Brasil, a cobertura florestal da Mata Atlântica era praticamente contínua e muito diversificada em fisionomia e composição. Estendia-se ao longo da costa atlântica, desde o Rio Grande do Sul até o Rio Grande do Norte, com amplas extensões para o interior, cobrindo quase que a totalidade dos Estados do Espírito Santo, Rio de Janeiro, São Paulo, Paraná, Santa Catarina, parte de Minas Gerais e do Rio Grande do Sul. [...] No entanto, este fantástico conjunto de florestas cuja riqueza nem sequer ainda é totalmente conhecida, tem sido por séculos um dos ecossistemas mais devastados do Planeta. Cobrindo originalmente cerca de 1.085.544 km², hoje apresenta somente 8,81% de remanescentes florestais, ou seja, 95.641 km².[98]

O estado de São Paulo originalmente possuía 81,8% de sua área coberta por florestas (20.450.00 ha). A análise da evolução histórica da cobertura vegetal da Mata Atlântica no Estado indica que em 1990 havia uma área remanescente de 7,16% (1.731.472 ha). [...] A vegetação remanescente no litoral paulista (cerca de 8% do Estado, em área) representa 83,6% da ainda existente no Estado, sendo que esta região apresenta um índice de cobertura de cerca de 70%. [...]

Além de concentrar tamanha exuberância de biodiversidade, com enorme potencial de uso, a Mata Atlântica possui condições próprias à formação e manutenção de 250 km² de mangue, conferindo ao litoral paulista uma das maiores formações de manguezais da costa brasileira.

O Complexo Estuarino Lagunar de Iguape-Cananéia-Paranaguá é responsável pela manutenção de grande parte do estoque pesqueiro da região sul brasileira, sendo considerado um dos ecossistemas mais produtivos do mundo.

Do ponto de vista cultural, sobrevivem em algumas dessas áreas comunidades tradicionais da Mata Atlântica na região sudeste, como caiçaras, caboclos e índios Guarani. Ocorrem ainda na região inúmeros sítios arqueológicos (sambaquis marinhos e fluviais, sítios líticos e cerâmicos) que remontam a 10 mil anos da história da ocupação humana no sudeste brasileiro. Quanto à vocação das florestas para atividades científicas, educacionais e de lazer, a região litorânea do

---

[98] Documento da SOS Mata Atlântica e Instituto Nacional de Pesquisas Espaciais (Inpe)/Ibama consultado na sede do Peic.

> Estado de São Paulo representa para a sociedade uma fonte inesgotável de possibilidade, proporcionando um verdadeiro universo para a expansão do conhecimento e da consciência ambiental.
>
> A continuidade do processo de devastação desses remanescentes florestais irá resultar grave conseqüência para as populações que dependem desses recursos naturais para sobreviver [...].[99]

No texto anterior, de autoria da Secretaria do Estado de Meio Ambiente em parceria com a agência financiadora do PPMA, a KfW, são ressaltados os aspectos naturais da Mata Atlântica, o que justifcaria a necessidade de sua preservação. A existência das populações tradicionais que aí "sobrevivem" é lembrada brevemente.

Desde a criação das UCs na Mata Atlântica, um número significativo de moradores caiçaras abandonou aquelas áreas onde já não podiam desempenhar suas atividades tradicionais — tais como plantar a roça de mandioca, coletar material para as construções locais, para a confecção de "petrechos da pesca" etc. Moradores da Ilha do Cardoso não fugiram dessa regra... No "Cadastro dos Ocupantes do Parque Estadual da Ilha do Cardoso", realizado em 1998, consta que a população local na época era de 391 pessoas, ou 169 famílias. Entre estas, 63% foram consideradas "ocupantes efetivos" e os 37% restantes são "indivíduos que freqüentam ou ocupam ocasionalmente a Ilha do Cardoso, mantendo ranchos de pesca, antigas moradias ou casas de veraneio". Grande parte desses 37% trata-se de ex-moradores caiçaras que, devido às inúmeras restrições impostas pela legislação ambiental, abandonaram a Ilha em busca de outras alternativas de "sobrevivência".[100]

Para Antônio Carlos Diegues, a decretação de diversas áreas de proteção ambiental no Vale do Ribeira contribuiu ainda mais para o agravamento da marginalização das comunidades tradicionais:

> [...] em muitos casos, a criação dessas áreas protegeu os moradores tradicionais contra a especulação imobiliária galopante e a expropriação de suas terras, fenômeno que já

---

[99] Documento consultado na sede do Peic.

[100] No Cadastro dos Moradores do Parque consta que a população residente na Ilha é de 391 pessoas. Contudo, não foram aí incluídos os indígenas Guarani que se fixaram no local desde início dos anos 1990 (em 1998 somavam 23 pessoas). No que se refere ao tempo de ocupação, segundo o documento: "Pode-se dizer que, de modo geral, o tempo de ocupação para a maioria dos chefes de família e/ou responsáveis é alto, isto é, acima de 12 anos" (Cadastro dos ocupantes do Parque Estadual da Ilha do Cardoso, consultado na sede do Peic).

ocorria antes do estabelecimento das unidades de conservação. Entretanto, foram severamente tolhidos de exercer, no interior dessas áreas, suas atividades habituais, como a agricultura, o extrativismo e a pesca. Impossibilitados de continuar em seu modo de vida tradicional, parte considerável deles foi obrigada a emigrar, engrossando as favelas de inúmeras cidades costeiras (Bairro do Carijo, em Cananéia-SP; Estufa, em Ubatuba-SP; Bairro dos Sapos, em Paraty-RJ).[101]

Assim, a partir do momento em que a Ilha do Cardoso se tornou um *Parque Estadual* em 1962, observam-se inúmeras transformações na apropriação e na organização espaciais por parte daqueles que já viviam na Ilha: "moradores tradicionais" e "não-tradicionais".[102] Além disso, na condição de uma reserva ambiental, a Ilha começa a exercer uma forte atração de novos personagens para a área: turistas, pesquisadores da universidade, veranistas, técnicos estaduais, pequenos comerciantes, entre outros.

TERRITÓRIO DO "ECOTURISMO"?

Que tal conhecer a região que é um dos mais importantes criadouros de espécies marinhas do Atlântico Sul? E ainda contemplar e sentir, de perto, toda a exuberância e diversidade de uma floresta tropical?

O endereço desse paraíso: Complexo Estuarino Lagunar de Iguape, Cananéia- Paranaguá, no litoral sul de São Paulo. Mais precisamente: Parque Estadual da Ilha do Cardoso [...].[103]

O PÓLO ECOTURÍSTICO DO LAGAMAR

O Pólo Ecoturístico do Lagamar é um projeto desenvolvido pela Fundação SOS Mata Atlântica nos municípios de Iguape, Cananéia, Pariquera-Açú e Ilha Comprida, no Vale do Ribeira, em São Paulo, desde 1995.

O Vale do Ribeira abriga a maior parcela contínua da Mata Atlântica do país. Apesar disso, a riqueza biológica dessa área tem sido constantemente ameaçada pela exploração predató-

---

[101] DIEGUES, 1996, p. 132.

[102] "Morador tradicional" refere-se ao morador caiçara na terminologia local (ver documentos analisados à frente, nos quais se faz uma caracterização dessa categoria). "Morador não tradicional" refere-se às poucas pessoas que vivem na Ilha de forma permanente, mas que não fazem parte da cultura caiçara. Algumas chegaram à Ilha antes dela ser decretada parque, outras vieram depois. O tema é aprofundado adiante.

[103] Trecho inicial do folder organizado e publicado pela parceria SMA e Cooperação Financeira Brasil-Alemanha, responsável pelo PPMA.

ria de seus recursos naturais. O ecoturismo, portanto, é uma opção econômica sustentável de incentivo à conservação de patrimônios naturais, históricos e culturais.

Com o patrocínio da Embratur (Instituto Brasileiro de Turismo) e a colaboração de dezenas de agências de viagens, hotéis, restaurantes, associações comerciais, barcos, guias, prefeituras, instituições como a Fundação Florestal, entre outros, o desenvolvimento do pólo incluiu um levantamento ecoturístico da região, cursos de capacitação e educação ambiental para a comunidade local e a implantação do Centro de Interpretação Ambiental e Informação Turística na Base Urbana da Fundação SOS Mata Atlântica, em Iguape. [...]

Em 1999, a revista norte-americana Condé Nast Traveler concedeu ao projeto o prêmio de melhor destino ecoturístico do mundo do ano. A premiação considerava a criatividade dos trabalhos, a sustentabilidade da atividade turística e a manutenção das tradições locais. O prêmio foi cedido ao pólo em consequência da integração entre a riqueza biológica da Mata Atlântica e o patrimônio histórico-cultural local.

Diversas agências de ecoturismo podem levá-lo ao Pólo Ecoturístico do Lagamar. Geralmente, realizam pacotes de quatro dias, com transporte, hospedagem, pensão completa na Ilha do Cardoso, guias, seguro-viagem, passeios de barco e caminhadas por trilhas.[104]

Mediante diversas formas de incentivo para transformar a região do Lagamar em atração turística — como se pode verificar anteriormente no material de divulgação do Peic e da Fundação SOS Mata Atlântica, há cerca de duas décadas um tipo particular de turista passa a frequentar esse "paraíso natural".[105]

O Marujá é atualmente a comunidade da Ilha que recebe o maior número de visitantes e onde as transformações do espaço e da cultura locais são bastante perceptíveis. A vila do Marujá localiza-se à margem do canal que liga a ilha de Cananeia ao Ariri — povoado situado no continente próximo à divisa com o Paraná. Um canal sinuoso e largo constitui-se na via principal de acesso ao local e corta a densa área de mangue que separa a Ilha do Cardoso do continente.

---

[104] *Homepage* da Fundação SOS Mata Atlântica consultada na internet no ano de 2000 (*site* não mais ativo).

[105] A visão da Ilha como um paraíso era então reforçada pela própria SMA. Os *folders* e cartazes do Parque anunciam o local como "Paraíso da vida Marinha no Atlântico Sul". No cartaz esse título também vem escrito em inglês.

A demanda de infraestrutura "pelos que vêm de fora" estimulou caiçaras e também moradores não tradicionais a criarem alternativas de hospedagem e de alimentação para os visitantes. Grande parte dos moradores do Marujá possuem quartos extras, banheiros e muitas vezes refeitórios para um número de hóspedes que chega a mil na época do carnaval. Áreas de camping foram organizadas nos espaços entre as casas; bares e pequenos restaurantes distribuem-se ao longo da margem do canal de água salobra. Os períodos de maior visitação são Natal e carnaval. Durante o restante do ano, o fluxo turístico costuma diminuir muito, embora haja procura esporádica por agências de ecoturismo que promovem excursões de escolas.

Moradores tradicionais do Marujá admitem que parte da renda anual da maioria das famílias provém do turismo. Contudo, depois do verão voltam a pescar — como pude verificar durante trabalho de campo.

Diante desse contexto, a primeira pergunta que se pode fazer é: Como essas transformações são vistas pelos caiçaras? Na opinião do saudoso Paulo Mendonça durante uma de nossas conversas:

> Antes era melhor. Agora é mais farto, bem mais farto pra todo mundo, sabe por quê?, porque vem muito turista [...]. Mas antes era melhor, mais peixe, caça matava aí pela beira, bem mais farto, era bem melhor, só que o pessoal aqui não tinha nada. Quando eu cheguei aqui [no Marujá] ninguém tinha nada.
>
> [...] Tempo de pescaria da tainha, quando vendia tainha, só esse tempo que eles [os moradores do Marujá] viam dinheiro, e algum outro que plantava por aí, era sem dinheiro.
>
> [...] Se fazia mutirão de roça, trabaiava e depois dançava à noite, aquilo tinha que ter fartura, mutirão pra plantá mandioca, pra plantá arroz... a comida era caça do mato. Tocava viola, dois, de manhã tinha gemada, meu pai tinha 60, 80 galinhas, ovo era coisa demais... Trabalhava o dia inteiro e saía alegre, tinha janta, tinha o café, café da manhã, passava bem, aquilo tudo acabou, faz mais de 40 anos, eu era moço, tô com 74 anos... Naquele tempo era fandango... aquilo era coisa que a gente ia com prazer [...]. (Fala de Seu Paulo Mendonça, que nasceu na praia de Ipanema ao norte da Ilha, in memoriam).

Nota-se que a atividade agrícola representava, antes de mais nada, um importante fator de sociabilidade, principalmente durante os mutirões. Haveria outros aspectos importantes no modo de vida tradicional caiçara que teriam sido modificados com a decretação do parque e a chegada dos turistas?

Para moradores de outras comunidades da Ilha, a comunidade do Marujá é sempre a mais privilegiada em termos de benfeitorias por abrigar um grande número de turistas em época de temporada:

> *Todo mundo, todo mundo fez abaixo-assinado pedindo esgoto, água e telefone e melhora dos painéis solares, tudo. Quem priorizou primeiro foi o Marujá. Até aí tudo bem, desde que saía pra todo mundo [...]. Eles começaram a fazer pela comunidade mais populosa, que tem mais gente, mais turista, tem influência de turismo [...].*
> *Marujá é por onde lá se batalham mais, é pelo Marujá, por quê? Porque lá tem turismo. A água chegou, vai chegar o esgoto primeiro que todos, se chegar um dia vai ser lá. Quer dizer, o esgoto é uma coisa básica, hoje. Mas não é eles que deviam ser beneficiados até porque eles têm água encanada e poderia tá fazendo fossa séptica, eles não tão puxando água do solo, água tá descendo da cachoeira. Agora nós [da Enseada] ainda não, o esgoto devia ser uma prioridade aqui, porque nós tamo tirando água daqui do subsolo pra atender nossa demanda. E a fossa tá pertinho. Quer dizer, ninguém sabe se a nossa água tá contaminada ou não, ninguém veio fazer um trabalho aí* (Opinião de um morador tradicional da comunidade Enseada da Baleia, mais ao sul no trecho da restinga).

De fato, nas últimas duas décadas, há um interesse crescente em transformar as áreas protegidas em sítios destinados à visitação e ao desenvolvimento de atividades de educação ambiental por parte da administração dos parques estaduais paulistas, como forma de torná-las economicamente autossuficientes. Ao mesmo tempo, o ecoturismo passa a ser uma alternativa de sustentabilidade socioeconômica e cultural promissora para as comunidades tradicionais.[106] É quase unânime entre os caiçaras da Ilha do Cardoso reconhecer a importância crescente das atividades ligadas ao turismo como uma importante alternativa de renda: "*O futuro da Ilha do Cardoso vai ser turismo, embora tenha todas essa restrições de não poder construir, de não poder fazer nada...*", diz o morador da Enseada, citado anteriormente.

Durante a pesquisa de campo realizada observei que, mesmo entre aqueles moradores caiçaras que não trabalhavam com o turismo na época, a ideia de virem no futuro a realizar alguma atividade relacionada com o turismo era bastante atraente:

> *Queria poder alojar turista. Recebemos turista e fomos denunciados* [comenta morador do Sossego, parte do Marujá localizada ao sul da comunidade, onde o turismo ainda não havia sido regulamentado].

---

[106] Sobre a relação entre cultura caiçara e ecoturismo ver artigo de Oliveira e Rodrigues (2000).

Era bom que repartisse um pouco de gente com a gente [do Sossego].
Foi o turismo que fez o Marujá!

Porém, mesmo no Marujá, havia também moradores caiçaras que relativizam as vantagens do turismo:

Aqui não tem infraestrutura para suportar mais gente e acaba virando bagunça.

Quando vem só homem, não é bom. Mas quando vem homem com mulher, tudo bem.

Muita gente, pra mim, atrapalha.

TERRITÓRIO DO ESTADO VERSUS TERRITÓRIO CAIÇARA

O Plano de Gestão Ambiental do
Parque Estadual da
Ilha do Cardoso

A SMA, em 1996, estabeleceu uma parceria com o governo alemão para implantação do Projeto de Preservação da Mata Atlântica (PPMA). O PPMA teria como principais objetivos a melhoria do controle ambiental e a conservação florestal na região do Vale do Ribeira e Litoral Paulista, além da consolidação de nove UCs (entre elas está o Parque da Ilha do Cardoso). Cs planos de manejo foram coordenados pela Fundação Florestal (FF) e, posteriormente, pelo Instituto Florestal (IF). Ambos são órgãos ligados à SMA.[107]

Os planos de manejo desdobram-se em dois momentos. O PGA (fase 1) visa à realização do diagnóstico e análise da área a partir de dados secundários. A fase 2, ou Plano de Manejo propriamente dito, corresponde à implantação da fase 1. Para a realização do Plano de Manejo, a participação dos vários segmentos do Poder Público e da sociedade civil organizada foi uma das principais exigências do banco alemão KfW, que financiava boa parte do projeto:

Sua elaboração [...] bem como sua implantação são abertas também à participação das prefeituras e comunidades envolvidas, assim como de outras instituições, governamentais ou não, universidades, organizações internacionais, entre outras, de modo a promover o envolvimento dos diversos interessados, bem como a integração das UCs nos processos

---

[107] No capítulo "Desafios de uma gestão ambiental participativa" se fará uma análise mais detalhada do PPMA e da experiência do Comitê de Gestão da Ilha do Cardoso.

> sócio-econômicos regionais [...]. Os seus objetivos são, de forma geral: melhorar a gestão das UCs; avaliar os impactos possíveis de qualquer intervenção, interna ou externa; utilizar a unidade para fins educativos e para o ecoturismo; elaborar o seu zoneamento; e registrar as decisões para normatização de uso dos recursos naturais e estruturas. Procura [o Plano de Gestão], de <u>forma</u> <u>participativa</u>, a identificação e hierarquização das necessidades, a definição de estratégias adequadas para a minimização dos conflitos e a formulação de propostas para solucionar seus problemas urgentes.[108]

Procurei analisar as várias faces da participação durante minhas viagens a campo, desde o início de 1997. A título de reflexão inicial, gostaria de ressaltar a seguir a composição da Oficina na qual foi elaborada a Matriz de Planejamento Ambiental do Peic.[109] O evento foi realizado no Parque Estadual da Fazenda Intervales, no período de 7 a 11 de julho de 1997.

O PGA FASE 1[110]

Quadro 2 – Participantes da Oficina de Planejamento do Peic[111]

NOME	INSTITUIÇÃO
1. Ana Lúcia	IF/SMA
2. Antônio Bini	Prefeitura Municipal de Cananeia
3. Carmem Lúcia	FFLCH/USP Departamento de Geografia
4. Cristina	Assessora PPMA
5. Dalton Novais	Departamento de Zoologia USP
6. Débora Stucchi	Ministério Público Federal

[108] SÃO PAULO. Secretaria do Meio Ambiente do Estado de São Paulo. Planos de Manejo das Unidades de Conservação. *Diário Oficial do Estado de São Paulo*, 27 mar. 1998. (Série Projeto de Preservação da Mata Atlântica). Mimeografado. (grifo próprio).

[109] A "matriz de planejamento" é parte de um dos instrumentos de planejamento que foi utilizado nos fóruns do PPMA, o Zopp. A inclusão do Zopp, segundo a coordenação do Projeto, teria sido uma exigência do banco alemão KfW, responsável por grande parte do financiamento do PPMA. O Zopp aborda todas as etapas do planejamento, tais como objetivos, meios, recursos, cronograma, indicadores de sucesso etc. Vários questionamentos relacionados ao Zopp serão apresentados ao longo deste trabalho.

[110] SÃO PAULO. Secretaria do Meio Ambiente do Estado de São Paulo. Planos de Manejo das Unidades de Conservação. *Diário Oficial do Estado de São Paulo*, 27 mar. 1998. (Série Projeto de Preservação da Mata Atlântica). Mimeografado. p. 43.

[111] Nos documentos oficiais, os Quadros 2 a 4 são denominados Anexos. Neste Quadro 2, linhas 11 e 26, leia-se "Gregório – liderança guarani" e "Tiago – liderança guarani"; mantidos no quadro conforme acabaram constando na ata de reunião original.

NOME	INSTITUIÇÃO
7. Doca Alcides	IF/Peic
8. Elisabeth Gomes Cordeiro	*Comunidade Itacuruçá*
9. Ezequiel	*Agente de Saúde, morador do Marujá*
10. Fábio Sason	Nupaub/USP
11. Gregori	*Cacique da tribo Guarani*
12. João Soares	Polícia Florestal
13. Jorge A. M. Cardoso	*Comunidade Enseada da Baleia*
14. Karl Beitler	*ONG Gaia Ambiental*
15. Lucila	Pró-bio/Secretaria de Meio Ambiente
16. Luzineti	Monitora Ambiental de Cananeia, agência Ecotur
17. Marcos Aidar	Instituto Botânico/SMA
18. Mariê	Instituto Botânico/SMA
19. Marilena	Ibama
20. Ocimar Bim	FF/IF/Secretaria de Meio Ambiente
21. Paulo Martuscelli	PPMA-PGAs
22. Rinaldo Campanhã	SMA/Peic
23. Rogério Cossovany	Professor estadual
24. Rosely A. Sanches	PPMA-PGAs
25. Sidnei Raimundo	IF/FF/PPMA-PGAs
26. Ziagob	*Sta. Cruz, Ilha do Cardoso, índio Guarani*

Legenda: FF: Fundação Florestal; FFLCH: Faculdade de Filosofia, Letras e Ciências Humanas; IF: Instituto Florestal; Nupaub: Núcleo de Apoio à Pesquisa sobre Populações Humanas e Áreas Úmidas Brasileiras; ONG: Organização Não Governamental; Peic: Parque Estadual da Ilha do Cardoso; PGA: Plano de Gestão Ambiental; PPMA: Projeto de Preservação da Mata Atlântica; SMA: Secretaria de Meio Ambiente; USP: Universidade de São Paulo

Fonte: documento consultado no Peic

Os seis nomes em itálico (ver na tabela) correspondem aos participantes que representam a sociedade civil: um representante de ONG, três moradores das comunidades caiçaras da Ilha e dois chefes da aldeia indígena Guarani — que, diga-se de passagem, não falavam português. O restante dos participantes representa os seguintes setores: treze do Poder Público; seis da universidade, órgãos de pesquisa e educação (também ligados ao Estado); e um do setor mercado (agência de ecoturismo).

O Plano de Gestão do Peic foi publicado no Diário Oficial da União no dia 27 de março de 1998.[112] Nessa publicação, constam também os quadros "Resultado da deliberação da Oficina de Planejamento para o Uso e Ocupação do Solo no P.E.I.C." e "Conceituação dos temas tratados na Oficina de Planejamento — Direitos da População Local", consecutivamente na forma dos Quadros 3 e 4 (apresentados nas próximas páginas).

Ambos os documentos são fruto de uma reunião paralela às plenárias oficiais e, do meu ponto de vista, representam um marco histórico e político importante porque sinalizam a legitimação da categoria "moradores tradicionais". A categoria passa a ser instrumentalizada para a questão identitária, estando diretamente ligada ao direito de permanência na Ilha e de uso dos recursos naturais.

[112] SÃO PAULO. Secretaria do Meio Ambiente do Estado de São Paulo. Planos de Manejo das Unidades de Conservação. *Diário Oficial do Estado de São Paulo*, 27 mar. 1998. (Série Projeto de Preservação da Mata Atlântica). Mimeografado. p. 43.

Quadro 3 – Resultado da deliberação da Oficina de Planejamento para o Uso e Ocupação do Solo no Parque Estadual da Ilha do Cardoso

RELAÇÃO COM A MORADIA TIPO DE MO-RADOR	PESSOA QUE MORA NO PARQUE ININTERRUPTA-MENTE*	MOROU NO PARQUE E MUDOU-SE, MAS POSSUI RANCHO, POMAR, MAN-TENDO O VÍNCULO	MANTÉM DOMICÍLIO MAS SE AUSENTA TEMPORARIAMEN-TE POR MOTIVO DE TRABA-LHO/EDUCAÇÃO	NÃO MORA MAIS NO PARQUE	NÃO MORA, MAS EXPLORA COMERCIAL-MENTE A MORADIA
TRADICIONAL	- Pode construir p/ descendentes - Pode ficar no Parque - Pode explorar lavoura, extrativismo, turismo - Pode reformar ou melhorar a residência - Não pode vender - Pode ampliar (casos especiais*)	- Pode reformar ou melhorar - Pode manter o que tem - Não pode ampliar	- Pode construir p/ descendentes - Pode ficar no Parque - Pode explorar lavoura, extrativismo, turismo - Pode reformar ou melhorar a residência - Não pode vender - Pode ampliar (casos especiais*)	- Deve sair	- Pode explorar comercialmente com contrato temporário de concessão
NÃO TRADICIO-NAL CONSTRUÇÃO: antes de 1962 UTI-LIZAÇÃO: início antes de 1962	- Pode construir p/ descendentes - Pode ficar - Pode explorar lavoura, extrativismo, turismo - Pode reformar ou melhorar a residência - Não pode vender - Pode ampliar (casos especiais*)	- Pode reformar ou melhorar - Pode manter o que tem - Não pode ampliar	- Pode construir p/ descendentes - Pode ficar - Pode explorar lavoura, extrativismo, turismo - Pode reformar ou melhorar a residência - Não pode vender - Pode ampliar (casos especiais*)	- Deve sair	- Pode explorar comercialmente com contrato temporário de concessão

RELAÇÃO COM A MORADIA TIPO DE MORADOR	PESSOA QUE MORA NO PARQUE ININTERRUPTA-MENTE*	MOROU NO PARQUE E MUDOU-SE, MAS POSSUI RANCHO, POMAR, MANTENDO O VÍNCULO	MANTÉM DOMICÍLIO MAS SE AUSENTA TEMPORARIAMENTE POR MOTIVO DE TRABALHO/EDUCAÇÃO	NÃO MORA MAIS NO PARQUE	NÃO MORA, MAS EXPLORA COMERCIALMENTE A MORADIA
CONSTRUÇÃO: de 1962 a 1986 UTILIZAÇÃO: início de 1962 a 1986	- Pode ficar (submetendo-se a apreciação da comunidade) estendendo-se aos descendentes	- Pode ficar (submetendo-se a apreciação da comunidade) estendendo-se aos descendentes (se > dez anos)	- Pode ficar (submetendo-se a apreciação da comunidade) estendendo-se aos descendentes	- Deve sair	- Pode explorar comercialmente com contrato temporário de concessão
CONSTRUÇÃO: antes de 1962 UTILIZAÇÃO: início depois de 1986	- Deve sair (com recomendação)	- Deve sair (com recomendação)	- Deve sair (com recomendação)	- Deve sair	- Deve sair (com recomendação)
CONSTRUÇÃO: antes de 1962 UTILIZAÇÃO: início de 1962 a 1986	- Pode ficar (submetendo-se a apreciação da comunidade) estendendo-se aos descendentes	- Pode reformar/melhorar sem ampliar	- Pode ficar com o que mora	- Deve sair	- Pode explorar comercialmente com contrato temporário de concessão
CONSTRUÇÃO: de 1962 a 1986 UTILIZAÇÃO: início depois de 1986	- Deve sair	- Deve sair	- Deve sair	- Deve sair	- Deve sair
CONSTRUÇÃO: depois de 1986 UTILIZAÇÃO: início 1986	- Deve sair	- Deve sair	- Deve sair	- Deve sair	- Deve sair

Fonte: documento consultado no Peic

Quadro 4 – Conceituação dos temas tratados na Oficina de Planejamento Direitos da População Local

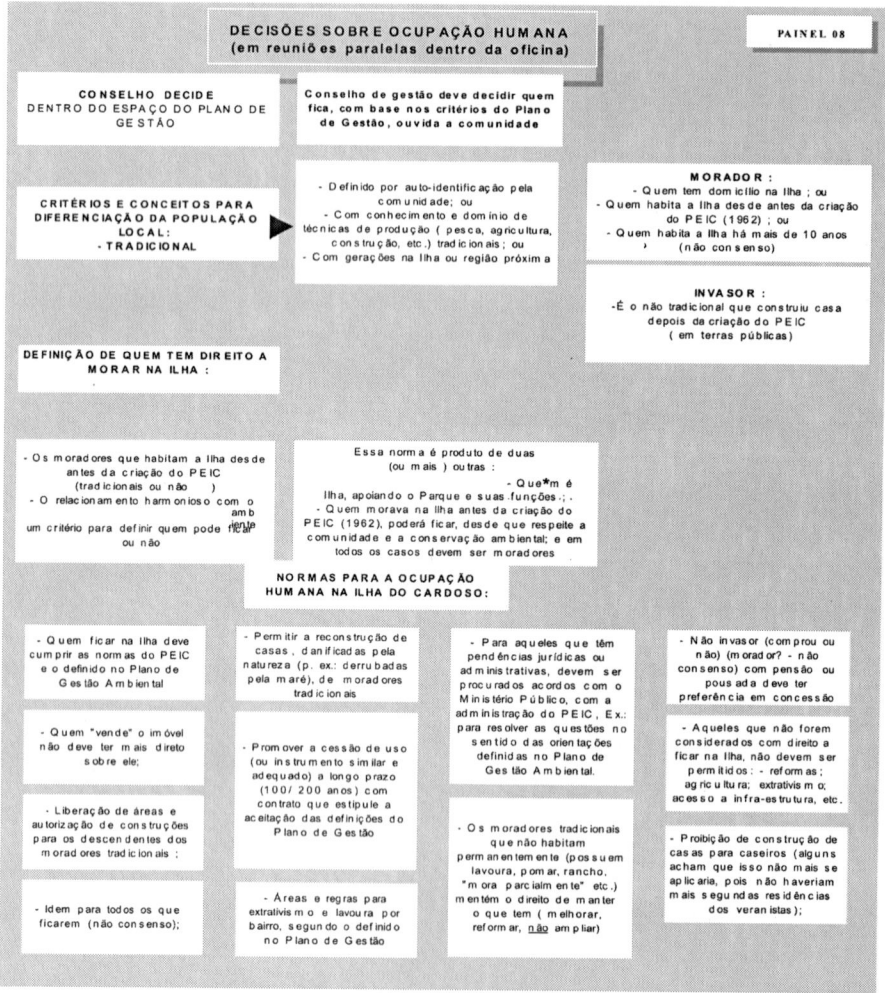

Legenda: PEIC: Parque Estadual da Ilha do Cardoso

Fonte: documento consultado no Peic

Como se pode observar no Quadro 3 da Matriz de Planejamento Ambiental do Peic (Resultado da deliberação da Oficina de Planejamento para o Uso e Ocupação do Solo no Peic), moradores tradicionais que sempre moraram no local ou que "mantêm domicílio, mas se ausentam temporariamente por motivo de trabalho/educação" bem como "moradores não tradicionais" que vivem na Ilha ou que "mantêm domicílio, mas se ausentam temporariamente [...]" há mais de 38 anos — ou seja, desde antes de 1962 quando ocorreu a decretação do Parque — possuem direitos assegurados de permanecer na Ilha, reformar, ampliar e melhorar a residência; explorar lavoura, extrativismo e turismo. Todos os demais estariam sujeitos à desapropriação.

Os "não tradicionais" que construíram suas casas depois de 1962 e que passaram a utilizar a moradia depois de 1986 estariam sujeitos à desapropriação. Era o caso da maioria dos chamados "veranistas": cerca de 27 pessoas no Marujá e 15 na Enseada da Baleia, as comunidades mais turísticas da Ilha.

Já no Quadro 4 da Matriz, no item "critérios e conceitos para diferenciação da população local tradicional", vê-se que os direitos do morador da Ilha estariam vinculados, de alguma forma, ao seu "grau de tradicionalidade" ou, em outros termos, eram diretamente proporcionais à sua ligação com a cultura caiçara.[113] Além disso, no mesmo documento é explicitado um critério importante para a permanência dos moradores não tradicionais que já moravam na Ilha antes da criação do Parque: "poderá ficar, desde que respeite a comunidade e a conservação ambiental".

Portanto, pode-se concluir que, apesar de todos os limites do instrumento de planejamento utilizado (o Zopp), os poucos caiçaras presentes na Oficina em que se elaborou a Matriz de Planejamento Ambiental do Peic saíram vitoriosos na disputa por seus direitos. Para isso contaram com a colaboração de alguns aliados presentes na reunião como, por exemplo, o membro de uma ONG local e mesmo alguns técnicos da Sema.

TERRITÓRIO CAIÇARA?

Os moradores nativos da Ilha do Cardoso era basicamente índio com portugueses que foram colocado no tempo das capitania hereditária, né, que era pra povoar esses lugares estratégicos na beira do mar. Podiam explorar ouro, madeira e tal. Em troca cuidavam da terra para que outros invasores não chegassem.

Algumas família que eram tradicionais daqui, né, que eram dessa mistura de índio com portugueses, que é a família Mendes, Barbosa,

---

[113] "Morador tradicional" é caracterizado a partir de três aspectos: "por auto-identificação pela comunidade", ou "com conhecimento e domínio de técnicas de produção (pesca, agricultura, construção, etc.) tradicionais", ou "com gerações na Ilha ou região próxima". Note que os três critérios são igualmente válidos, não sendo portanto necessário acumular os três atributos para que um indivíduo pertença à categoria "morador tradicional".

Neves, Pereira, Cardoso e, posteriormente, Rodrigues, que é a nossa família, né, que veio pra cá. Migraram de Santa Catarina mais ou menos no ano de 1850. Por causa daquelas enchentes que dá lá, né, e certamente já conheciam aqui porque sempre aconteceu uma migração catarinense, acontece até hoje. [...] em todo o litoral paulista tem catarinense que migraram e que moram lá e que influenciaram também na questão da melhoria do equipamento de pesca, porque sem dúvida essas comunidades pesqueiras do Rio Grande e de Santa Catarina evoluíram muito, né.

[...] Aqui era chamado Praia do Meio. [...] a população fazia naquele tempo pesca e lavoura. Tinha um intercâmbio entre os moradores do continente com a Praia do Meio, que era o seguinte, né: o pessoal que morava no Açupeva, Araçaúba, Rio Vermelho, Rio Turvo, Morro da Palha, Varodouro, tinha muita gente de lá que vinha pescá tainha na Praia do Meio e tinha muita gente também que daqui fazia lavoura no continente, em alguns lugares do continente. Então existia esse intercâmbio desses moradores da parte mais do interior com a Praia do Meio.

[...] Em 1954 dois herdeiros da terra da Praia do Meio venderam uma parte, uma gleba de terra prum tal de Roberto Rodrigo Botelho. Era um italiano que já trabalhava na Peixeira Grande, que tinha serraria, ele fez uma canalização de água com roda d'água, virava serraria, virava moinho de ostra [...]. Tinha um contingente grande de operário, gente da Lage, do Camburiú, de Foles, do Marujá e até do Ariri que iam trabalhá lá. Trabalhavam mais na entressafra quando não tinha pesca, não tinha lavoura eles faziam o que a gente faz hoje no turismo, né. Ocorreu que por ordem de questão conjugal mesmo desse Roberto, né, e porque também ele era idade bem avançada, ele vendeu em 56 essa parte de terra que ele comprou desse pessoal para a família Lipi, e aí essa família Lipi já eram loteadores de terra e já tinham loteamento no Jardim Penha lá em São Paulo — chamava-se Companhia Três Coroas Ltda. Aí eles compraram desse Roberto Rodrigo e começaram a lotear aqui, né. De 56 a 58 venderam muitas terra, muitos lote, né, e nós tivemo sorte, e isso é o meu ponto de vista, porque eles venderam pra um pessoal operário, pessoal de baixa renda em São Paulo, e por conta disso era um pessoal que pagava em longo prazo, não pagavam à vista, e também não construíram, né. Então eles foram pagando e em 62 com a decretação do Parque, eles deixaram de pagar, quem não tinha recibo de quitação, quem não tinha terminado de pagá, deixaram de pagá e largaram mão, né. Mas aí, algumas pessoa já tinham construído, tinha construído nesse tempo, no bairro do Marujá — que daí eles batizaram com o nome de Marujá aí nessa época, em 56 [...].[114]

---

[114] Ver este testemunho em: Oliveira e Rodrigues (2000).

> [...] *lá era lindo, fartura de mantimentos, fartura de água, tem cachoeiras que saem na praia... Só era ruim pra nóis era fazer compra, quando faltava as coisa, sabe aquela baía de Cananeia, tinha atravessá com canoinha a remo, duas vezes por semana... uma hora e meia de viagem. Minha família vem dali mesmo, de Ipanema* [praia ao norte da Ilha do Cardoso], *desde bisavô, o... Mendonça era meu bisavô, era português mas constituiu família lá, o José Muniz, a senhora vai ouvir falar dos Muniz de Iguape, é daquele Muniz, residiu ali, tinha tudo ali... ali unia os Muniz com os Mendonça, minha avó era Muniz, Ana, filha do José, meu avô era Mendonça.*
>
> [...] *Mas nós é de sangue diferente dos índios, meu avô era português, e do lado da nossa vó era italiano. Eu me criei ali, Ipanema, não aprendi a ler, caçava, pescava, tudo quanto era serviço do sítio eu fazia, plantava arroz, colhia arroz, tirava mandioca, fazia farinha, tudo pra vendê pela praia, não tinha outra condução* [...]. (Fala do Seu Paulo Mendonça).

Muitos dos caiçaras que vivem na Ilha são descendentes dos primeiros habitantes indígenas que se casaram com migrantes vindos do Paraná e de Santa Catarina. Os mais idosos que conheci contavam várias histórias a respeito de seus antepassados indígenas:

> *Sobre a história da bisavó indígena de Antônio, Seu Tenório contou-me que certa vez Antônio Mendes e seus companheiros ouviram um barulho de conversa no milharal. Quando chegaram perto, viram que era um bando de índios, todos nus, que correram com a chegada dos caiçaras. Ficou uma indígena. Cobriram seu corpo com panos e levaram-na para casa... deram banho, vestiram e alimentaram a indígena. Disse que ela gostou do lugar e foi ficando. Antônio Mendes tomou-a como mulher. Tiveram alguns filhos. Um deles, João Máximo, contam ter sido um homem muito forte e corajoso. Seu Tenório disse que ninguém tinha tanta força para trabalhar na roça quanto ele* [...]. Diário de campo.

Num determinado ponto de nossa conversa, Dona Julieta fala num tom solene:

> *Nós somos de família de índio. Seu Jerônimo é filho de João Máximo, o lendário caiçara que foi picado de cobra nove vezes.*

Os relatos anteriores fazem parte do "Álbum de Retratos", apresentado adiante.

O COMITÊ DE GESTÃO AMBIENTAL

A gestão das UCs no estado de São Paulo, até há pouco tempo, era centralizada na figura do chefe da Unidade, o diretor do parque, na maior parte das áreas. A criação dos Comitês de Apoio à Gestão, ou simplesmente Comitês Gestores, representou uma tentativa de um grupo de técnicos da FF de democratizar a administração dos parques estaduais paulistas inseridos no PPMA. O que se pretendia era estender à sociedade civil organizada a responsabilidade de gerenciamento da reserva. Tal política foi, no entanto, contestada em várias esferas do Poder Público e aos comitês concedeu-se um tipo de poder mais restrito, o de consultor.[115]

Segundo o modelo para elaboração de estatutos dos comitês encaminhado pelo então diretor do IF aos responsáveis pelas UCs, em 25 de março de 1998:

> O Comitê de Apoio à Gestão [...] é um órgão colegiado, de *caráter consultivo*, que deverá apoiar as ações de implantação e consolidação dos Programas de gestão da Unidade de conservação, consolidando o processo participativo iniciado durante a elaboração da fase 1 do Plano de manejo (Plano de Gestão Ambiental).[116]

Apesar dessas restrições, o Comitê de Apoio à Gestão da Ilha do Cardoso, ao longo de seus vinte e poucos anos de existência, foi responsável por uma série de avanços na democratização do gerenciamento ambiental do parque em questão. O processo participativo singular desse Comitê e as ações concretas ligadas à gestão ambiental da Ilha realizadas por intermédio desse colegiado serão detalhados no capítulo 5, "Desafios da gestão ambiental participativa".

A DINÂMICA IDENTITÁRIA

O termo *morador tradicional* era e continua sendo utilizado por certos caiçaras, na Ilha, para diferenciar daqueles que chamam de *veranistas* e *turistas*, pessoas que moram na Ilha, mas não fazem parte da cultura caiçara.[117]

---

[115] Conforme nos informou a coordenação dos planos de manejo — este grupo, mais favorável à presença das comunidades tradicionais no interior dos parques —, haveria setores da SMA, sobretudo na instância do Conselho Técnico, contrários à presença de moradores no parque e, também, contrários à abordagem participativa proposta pelo PPMA.

[116] Carta Circular DG n.º 041/98 assinada por Oswaldo Poffo Ferreira, na época, diretor geral do IF (grifo próprio), consultada na sede do Peic.

[117] Terminologia tal como "cultura tradicional" é empregada por Antônio Cândido em sua obra clássica *Os parceiros do Rio Bonito*, resultado de sua pesquisa sobre a cultura caipira nas décadas de 1940 e 1950 no município de Bofete

É possível que o uso do termo *tradicional* para se autodesignar tenha migrado da esfera acadêmica para o universo caiçara local, através de inúmeros pesquisadores que visitam a região estuarina-lagunar há muitos anos.[118] De qualquer maneira, o importante é ressaltar que *morador tradicional* passa a integrar um quadro referencial sobre os direitos dos moradores da Ilha a partir de julho de 1997.[119]

Desenho 1 – Calendário das atividades realizadas por caiçaras no Marujá, Ilha do Cardoso. Desenho confeccionado pela autora com base em informações obtidas em entrevistas

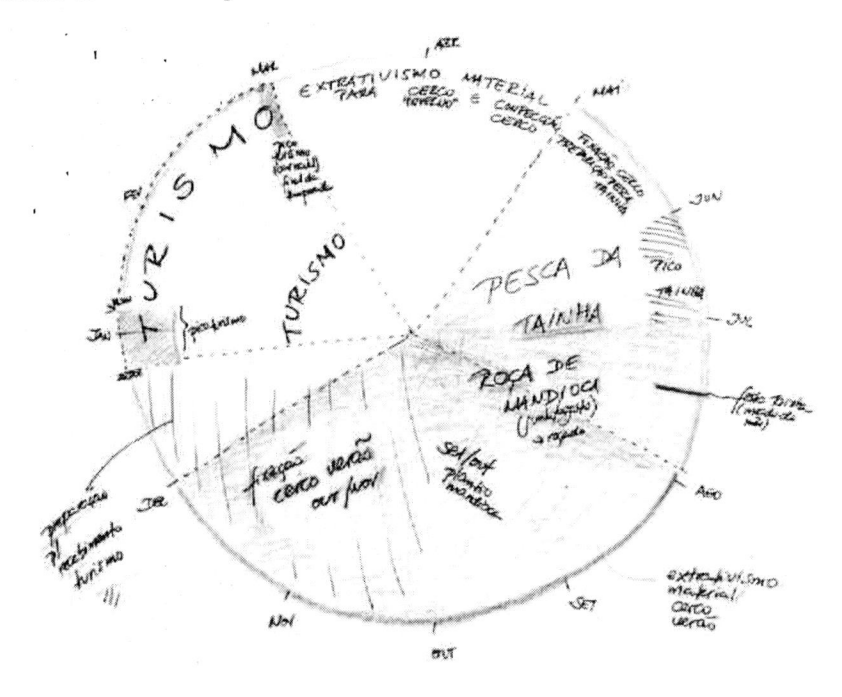

Fonte: A autora

(SP) (CANDIDO, A. *Os parceiros do Rio Bonito*. São Paulo: Livraria Duas Cidades, 1988. Publicação original de 1964).

[118] A. C. Diegues é um deles. O antropólogo realizou uma série de pesquisas nessa área geográfica pelo Núcleo de Apoio à Pesquisa sobre Populações Humanas e Áreas Úmidas Brasileiras (Nupaub) da USP. Para Diegues, a definição de cultura tradicional é a seguinte: "Comunidades tradicionais estão relacionadas com um tipo de organização econômica e social com pouca ou nenhuma acumulação de capital, não usando força de trabalho assalariado. Nela produtores independentes estão envolvidos em atividades econômicas de pequena escala, como agricultura e pesca, coleta e artesanato. Economicamente, portanto, essas comunidades se baseiam no uso de recursos naturais renováveis. Uma característica importante desse modo de produção mercantil (petty mode of production) é o conhecimento que os produtores têm dos recursos naturais, seus ciclos biológicos, hábitos alimentares, etc. Esse "know-how" tradicional, passado de geração em geração, é um instrumento importante para a conservação" (DIEGUES, A. C. *O mito moderno da natureza intocada*. São Paulo: Hucitec, 1996. p. 78).

[119] Data em que foi realizada a Oficina de Planejamento do PGA do Peic na Fazenda Intervales.

Além disso, a Ilha do Cardoso é palco de uma dinâmica simbólica por parte dos moradores tradicionais, que vivem há cerca de cinco ou seis gerações no lugar. Entrevistas preestruturadas, mapas mentais e calendários realizados junto às diversas categorias de moradores da Ilha trouxeram à tona mecanismos de rearticulação da identidade caiçara.

No Marujá, por exemplo, praticamente nenhum morador vive durante o ano todo exclusivamente da pesca (ver o calendário desenhado por mim, a partir das informações coletadas em entrevistas com caiçaras do Marujá). Contudo, poucos são os que não pescam mais. Na maior parte dos casos, nota-se, apenas, uma mudança sazonal da atividade pesqueira durante o período do verão — época que coincide com o declínio da pesca da tainha e, ao mesmo tempo, quando aumenta consideravelmente o fluxo turístico para a Ilha — como se pode observar no calendário apresentado.

NA SAFRA DO TURISMO

> *A maioria está indo pro turismo, mas nós temos a entressafra do turismo, que é depois de março até dezembro, [...] nesse tempo o pessoal faz mais pesca* (Morador tradicional do Marujá que aloja turistas em sua casa e campistas em seu quintal).

> *Trabalhei muito aí fazendo os quartos, deixar em ordem, pintar, tem nove quartos, tem 24 camas, cabe o total de 27 pessoas [...] Começo do ano e carnaval dá muita gente. É que tem muita pousada e espalha. Vem gente de muitos lugares [...]. A renda da gente vem mais disso aí, pesca dá muito pouco* (Outro morador tradicional no Marujá que aloja turistas).

O próprio termo utilizado pelo caiçara (*entressafra do turismo*) denota a importância que é dada ao turismo, que cumpre o papel de suplementar a renda da pesca durante o verão.[120]

É evidente que no Marujá ocorre uma mudança sazonal do trabalho: durante o verão, metade dos caiçaras passa da condição de pescador para a condição de gerente de pousada, restaurante, bar... Mesmo assim, o núcleo identitário continua relacionado à pesca e à roça, conforme se salienta no próximo capítulo. Deve-se lembrar, ainda, que a causa principal do suposto "abandono" das atividades tradicionais, por parte dos antigos moradores de áreas protegidas no estado de SP, está ligada à atual legislação ambiental que lhes impõe inúmeras restrições quanto ao uso dos recursos naturais. Tais

---

[120] A atividade pesqueira tem o pico no período de maio a julho, época de pesca da tainha.

proibições foram seguidas à risca e até extrapoladas pelos administradores das UCs, até um passado recente.

> *Antigamente com aquele R. não se podia fazer nada* [meu interlocutor refere-se ao antigo diretor do Parque]. *Aconteceu com ele mesmo* [aponta para o senhor ao seu lado]*, que fez uma roça de mandioca, que é da cultura e tradição do caiçara. O R. aplicou multa de mil e poucos reais. Falou que eu não podia roçá um metro de mata sem a autorização da Florestal de lá* (Morador do Marujá).

> *O que o pessoal plantava era mandioca pra fazê farinha, mas hoje em dia não pode mais. Plantavam na restinga, mandioca, bata doce, melancia... Sempre abeirando o canal. Faz três anos que não planta. Plantava em agosto, setembro, outubro. Plantava todo ano* (Um morador caiçara que possui uma velha casa de farinha, atualmente desativada, no Marujá).

Uma das principais reivindicações dos representantes das comunidades locais, durante as reuniões do Comitê de Gestão da Ilha, teria sido a regulamentação das roças caiçaras:

> *Tá começando a entrar na discussão* [do Comitê de Gestão]. *Eu não tenho dúvida que já no ano que vem a gente já possa fazer a roça. Por enquanto tá parado, faz uns três anos que o pessoal não planta.* [...] *A gente tá pescando, mas a cultura caiçara está alterada, e isso é uma alteração séria, as roças de mandioca, a gente vê as casa de farinha, tá tudo parado, é muito ruim, né* (Membro do Comitê de Gestão).[121]

> *Não dá pra plantá por causa do florestal, que fica em cima, florestamento, essas coisa... Lá em Ipanema eu podia plantá, pode fazê o que quisé, a gente do sítio tem direito de fazer o que quisé... Agora, se quisé plantá, tem que plantá escondido no meio do mato* (Seu Paulo Mendonça).

Além da roça tradicional, a pesca artesanal, praticada por grande parte dos moradores caiçaras nas seis comunidades que visitei na Ilha, parecia ter um importante papel na reconstrução do núcleo identitário caiçara. No inverno, especialmente, observei que a pesca tornava-se a atividade principal também no Marujá. Eram reconstruídos os cercos, organizados os grupos de pesca na costa atlântica, alguns saíam de barco para pescar no mar ou no canal. Mas esse não era um fenômeno exclusivo da área em questão. Situação semelhante foi observada por outros autores que retratam a cultura

---

[121] O plantio das chamadas *roças caiçaras* foi autorizado no ano de 1999 na Ilha do Cardoso, a partir das discussões no Comitê de Gestão e da regulamentação da atividade pela Promotoria do Meio Ambiente do Vale do Ribeira.

caiçara, como Maldonado e Kant de Lima.[122] Nas ocasiões de intensificação da pesca, "essa identidade encontra condições de afirmação".[123]

Diante do quadro apresentado, os seguintes questionamentos podem ser levantados:

1. O espaço surgiria como um dos elementos para a rearticulação identitária, no caso da cultura caiçara ser continuamente reelaborada em determinados períodos do ano, na comunidade do Marujá?

2. De que forma a identidade está relacionada com territorialidade?

No Marujá, das 33 famílias entrevistadas na época, 21 admitiam desenvolver alguma atividade ligada ao turismo, em parte do ano. As outras 12, principalmente aquelas situadas ao sul da comunidade, no local denominado Sossego, diziam não trabalhar com turismo; contudo, informaram que coletavam e vendiam iscas para os turistas nas épocas de temporada. Das 33 famílias, 22, ou seja, dois terços dos moradores tradicionais afirmavam que continuam a pescar, sendo que 14 deles informaram pescar durante o ano todo — e 9 diziam pescar mais no inverno. Entretanto, quando se visita o Marujá na "entressafra do turismo", ou seja, nos meses de inverno, é impossível não notar ainda hoje o constante vaivém dos pequenos barcos no canal e a agitação durante todo o dia de um grande número de homens envolvidos nas seguintes atividades: montagem e instalação dos cercos no canal, conserto de malhas das redes, excursões noturnas de pequenos grupos à praia para "caloar" na costa; despesca nos cercos já montados, pesca de vara nas pedras... Essa é a razão que me levava a perguntar: Até que ponto o turismo seria mera alegoria da identidade caiçara?

[122] MALDONADO, S. C. *Mestres e mares*: espaço e indivisão na pesca marinha. São Paulo: Annablume, 1993; e KANT DE LIMA, R. *Pescadores de Itaipu*: meio ambiente, conflito e ritual no litoral do estado do Rio de Janeiro, Rio de Janeiro: EDUFF, 1997.

[123] KANT DE LIMA, 1997.

Fotografia 4 – Moradora do Cambriú, Ilha do Cardoso

Crédito: a autora

TERRITÓRIO INDÍGENA?

> *[…] índio tem aqui na Lage, a mulher do Ezequiel, a sogra do Celestino, são neta de índio. Eu falei praquele casal […]: sua mulher é descendente de índio! Tinha índio puro aqui na praia da Lage, conheci alguns.*

> [...] *Do lado de cá tem um bocado. Hoje em dia tem do lado de lá, meteram umas famílias de índio do Jaraguá do Sul, os índios foram despachados [...], isso já deu processo, a pessoa não devia pôr índio na Ilha do Cardoso porque é uma reserva! Um dizia que era um, outro dizia que era outro...* (Seu Paulo Mendonça).

Conforme documento publicado pelo IF sobre a "Caracterização do Meio Antrópico" da Ilha do Cardoso, elaborado para subsidiar o PGA: "a aldeia guarani m'bia vive nas proximidades do sítio Santa Cruz e é formada por grupos cujos antepassados migraram do Mato Grosso, do leste paraguaio e da Argentina, chegando na região no ano de 1992".[124]

O comentário a respeito da presença dos indígenas Guarani do grupo Mbya na Ilha resume-se a somente essas três linhas em todo o documento, que compreende 146 páginas, além dos extensos anexos. Paradoxalmente, houve inúmeras discussões bastante acirradas sobre a chamada "questão indígena", aparentemente a mais delicada entre as que foram tratadas no PGA da Ilha. Em primeiro lugar, os fatos que giram em torno da suposta chegada dos Guarani na Ilha, em 1992, deram margem a muitas interpretações...

Segundo uma das versões, os indígenas teriam sido "introduzidos" propositadamente por um membro de uma ONG local, que desenvolvia atividades turísticas na região de Cananeia. Porém, a pessoa acusada provou judicialmente que havia transportado os indígenas de Cananeia até a Ilha para ajudá-los a cumprir sua missão sagrada: instalar a aldeia na Ilha do Cardoso, seguindo as designações do chefe religioso da tribo.

A Ilha do Cardoso havia sido indicada como a *terra sonhada* pelo pajé, quando ainda estavam no estado do Paraná. Segundo tradição dos Guarani Mbya,[125] os indígenas costumam deslocar-se de tempos em tempos rumo à terra que é sonhada pelo chefe religioso, onde instalam a aldeia por tempo indeterminado.

Egon Schaden, em seu livro *Aspectos fundamentais da cultura guarani*,[126] esclarece que o *Mito do Paraíso* desempenha papel fundamental na cultura dos Mbya. A busca do paraíso seria responsável pelos fluxos migratórios rumo

---

[124] SÃO PAULO. Secretaria do Meio Ambiente do Estado de São Paulo. Planos de Manejo das Unidades de Conservação. *Diário Oficial do Estado de São Paulo*, 27 mar. 1998. (Série Projeto de Preservação da Mata Atlântica). Mimeografado. p. 78.

[125] Egon Schaden utiliza o grafismo *Mbüá*, enquanto o Centro de Trabalho Indigenista (CTI), ONG que apoia os Guarani na Ilha do Cardoso, escrevem *Mbya*. Optei pela segunda forma de escrita (SCHADEN, E. *Aspectos fundamentais da cultura guarani*. São Paulo: EPU/EDUSP, 1974. Publicação original de 1954).

[126] SCHADEN, E. *Aspectos fundamentais da cultura guarani*. São Paulo: EPU/EDUSP, 1974. Publicação original de 1954.

ao Leste, mais precisamente, rumo ao mar, local onde supõem "encontrar *yvýdjúporã*, a bonita e santa terra situada no longínquo oriente".[127]

Para a ONG CTI:

> As aldeias Guarani do litoral estão distribuídas numa longa faixa geográfica que se estende do Rio Grande do sul ao Espírito Santo. Seu contingente populacional é composto por grupos familiares que, historicamente, procuram formar seus assentamentos junto à Mata Atlântica sob a perspectiva político-religiosa de alcançar a "Terra sem Mal", que se encontra além do oceano. Dentre os três grupos de Guarani são os Mbya que vem dando continuidade ao processo de migração ao litoral a partir do leste paraguaio, nordeste da Argentina e sul do Brasil.
>
> Apesar do constante processo migratório e da miscigenação entre os vários grupos guarani, com experiência ou não nas reduções, os Mbya mantêm uma unidade cultural e lingüística bem determinada, o que lhes permite reconhecer seus iguais, mesmo vivendo em aldeias separadas por grandes distâncias geográficas e envoltos por distintas sociedades nacionais (Brasil, Paraguai, Argentina e Uruguai).[128]

No período que antecedeu as reuniões preparatórias para a elaboração do PGA da Ilha do Cardoso, em meados de 1997, algumas pessoas teriam sido favoráveis à retirada dos indígenas da área. Nesse grupo, estavam participando certos pesquisadores e técnicos ligados à SMA e à universidade, que desenvolvem estudos sobre fauna e flora na Ilha — a maioria, biólogos.[129] Durante a Oficina de Planejamento em Intervales, na qual se elaborou a primeira versão do PGA analisado, tive a oportunidade de presenciar ao que chamo de "a revolta dos biólogos contra os indígenas".[130] Até aquela data, alguns pesquisadores, técnicos estaduais e alguns poucos moradores

---

[127] *Ibid.*, p. 172.

[128] Documento base do seminário *Práticas de subsistência e Condições de Sustentabilidade das Comunidades Guarani na Mata Atlântica*, organizado pela ONG CTI, em setembro de 1997, na cidade de São Paulo (SEMINÁRIO PRÁTICAS DE SUBSISTÊNCIA E CONDIÇÕES DE SUSTENTABILIDADE DAS COMUNIDADES GUARANI NA MATA ATLÂNTICA, 1997, São Paulo. [Documento base]. São Paulo: CTI, set. 1997. Mimeografado).

[129] Ver o que o indiano Ramachandra Guha diz a respeito do "imperialismo verde", defendido, especialmente, por biólogos em: GUHA, R. O biólogo autoritário e a arrogância do anti-humanismo. *In*: DIEGUES, A. C. *Etnoconservação*: novos rumos para a proteção da natureza nos trópicos. São Paulo: Hucitec, 2000.

[130] De certa forma, também participei dessa "disputa territorial" acirrada na oficina de planejamento, no momento em que me coloquei contra a inclusão em tal Plano de uma monção de repúdio à presença dos indígenas na Ilha, declaração essa esboçada pelo grupo de pesquisadores presentes. O mais exaltado de todos, um biólogo que desenvolve estudos sobre onças na Ilha, teria alegado que os Guarani estragavam suas armadilhas, o que considerava inadmissível.

de Cananeia ainda investiam esforços visando à retirada dos indígenas da Ilha. Somente após a intervenção do Ministério Público e da Fundação Nacional dos Povos Indígenas (Funai), tal objetivo tornou-se praticamente inatingível.[131]

Os Guarani Mbya que vivem na Ilha encontram-se, atualmente, sob tutela da Funai, e contam com o apoio e assessoria da ONG CTI. Nos anos de 1990 foi criado um grupo interinstitucional paralelo ao Comitê de Gestão para discutir os encaminhamentos relativos à aldeia indígena.

As discussões a respeito dos direitos de uso das terras e dos recursos naturais pelos indígenas, segundo suas tradições culturais particulares, remete a uma das temáticas deste trabalho: a relação entre territorialidade e identidade — que será abordada a seguir. O fato da etnia em questão ocupar um território abstrato, difuso e muito extenso, englobando praticamente toda a Mata Atlântica remanescente no Brasil, impõe maior complexidade para a análise desse tema, investigado por Maria Inês Ladeira, antropóloga:

> Os Guarani mantêm um vasto território — que compreende partes do Brasil, Uruguai, Argentina e Paraguai — através de suas inúmeras aldeias. E embora não o ocupem de forma contígua e exclusiva, a apreensão de seu território acontece através de dinâmicas sociais e políticas, das redes de parentesco, que implicam em permanente mobilidade e dos movimentos migratórios realizados ainda hoje por famílias do subgrupo Mbya. Para os Guarani, o "conceito de território" supera os limites físicos das aldeias e trilhas e está associado a uma noção de "mundo" que implica na redefinição constante das relações multiétnicas, em compartilhar e dividir espaços... Nos últimos anos, os indígenas Guarani vêm conquistando direitos territoriais, fazendo valer o preceito constitucional contido no artigo 231 da CF, que reconhece aos indígenas "os direitos originários sobre as terras que tradicionalmente ocupam", cabendo à União a sua proteção e demarcação [...].[132]

Quanto à questão indígena na Ilha do Cardoso, valeria ainda indagar o seguinte: Poderiam os indígenas, vivendo atualmente na Ilha, representar os

---

[131] É interessante notar que alguns dos principais protagonistas no conflito relatado eram membros efetivos do Comitê Gestor da Ilha do Cardoso. O primeiro era representante da Pastoral dos Pescadores e o segundo representa a ONG Gaia Ambiental, que atuava na região de Cananeia por muitos anos.

[132] Do resumo do trabalho de Ladeira apresentado no 3º Simpósio Brasileiro de Etnobiologia e Etnoecologia, Piracicaba, julho de 2000, consultado no CD-ROM do evento, produzido pela Sociedade Brasileira de Etnoecologia e Etnobiologia (SBEE) (LADEIRA, M. I. M. Direito dos índios Guarani. In: SIMPÓSIO BRASILEIRO DE ETNOBIOLOGIA E ETNOECOLOGIA, 3., 2000, Piracicaba. Anais [...]. Piracicaba: SBEE, 2000. 1 CD-ROM).

"verdadeiros moradores tradicionais" com amplos direitos de permanência e de uso da terra? E mais: Qual a contribuição do território dos Guarani para a discussão sobre a territorialidade, na Geografia?[133]

Durante vários anos, a presença Guarani na Ilha do Cardoso não foi reconhecida pelo estado de SP. A antiga disputa territorial entre Nação e o Estado de SP é uma das hipóteses, aqui apresentadas, para explicar por que se procurou manter os indígenas na invisibilidade por tanto tempo.

MATA ATLÂNTICA: O TERRITÓRIO POLISSÊMICO

Os vários territórios identificados nesta pequena área da Mata Atlântica, isolada do continente — a Ilha do Cardoso —, evidenciam a complexidade que envolve ações de ordenamento territorial quando também se pretende levar em conta as perspectivas dos povos tradicionais que aí vivem.

Além disso, as irregularidades fundiárias que marcam a história do Baixo Vale do Ribeira[134] imprimem um tipo de territorialidade que, muitas vezes, antagoniza com os territórios caiçara, indígena e quilombola, constituídos com base em uma outra lógica.

Alecsandro Ratts analisa a correlação entre grupos étnicos e territórios, procurando integrar as contribuições teóricas tanto dos geógrafos como de antropólogos e levanta uma questão importante:

> [...] as demarcações de identidade e a elaboração da auto-imagem sugerem uma 'problemática territorial' que não se reduz a uma questão de terra — de posse e de propriedade — pois remete a apropriação do espaço no sentido amplo [...].[135]

É sob esse viés que "parte de um conhecimento que incorpora a idéia de singularidade"[136] que, no próximo capítulo, discuto a relação territorialidade e identidade.

---

[133] Esse é um dos temas pesquisado pela antropóloga citada anteriormente, Maria Inês Ladeira doutora pelo Departamento de Geografia da FFLCH/USP. A temática é bastante complexa e aqui foi brevemente apresentada no caso específico da Ilha do Cardoso.

[134] Sobre este tema ver: PAOLIELLO, R. M. *Conflitos fundiários na Baixada do Ribeira*: a posse como direito e estratégia de apropriação. 1992. 476 f. Dissertação (Mestrado em Antropologia Social) — Instituto de Filosofia e Ciências Humanas, Universidade Estadual de Campinas, Campinas, 1992. 2 v. Disponível em: https://repositorio.unicamp.br/acervo/detalhe/50384. Acesso em: 7 fev. 2001.

[135] RATTS, A. J. P. *Fronteiras invisíveis*: territórios negros e indígenas no Ceará. Dissertação (Mestrado em Geografia Humana) — Departamento de Geografia, Faculdade de Filosofia, Letras e Ciências Humanas, Universidade de São Paulo, São Paulo, 1996.

[136] *Ibid.*, p. 18.

CAPÍTULO 3

TERRITORIALIDADE E IDENTIDADE: A NATUREZA SOB VÁRIOS OLHARES

O homem não pode escapar à sua própria conquista. Não pode deixar de adotar as condições da sua própria vida. Não já num universo meramente físico, o homem vive num universo simbólico. A linguagem, o mito, a arte e a religião constituem partes deste universo. São os fios variados que tecem a rede simbólica, a emaranhada teia da experiência humana. [...] o homem não vive num mundo de fatos brutos, ou segundo as suas necessidades e desejos imediatos. Vive antes entre emoções imaginárias, em esperanças e temores, em ilusões e desilusões, nas suas fantasias e sonhos.[137]

O estudo da problemática ambiental contemporânea dificilmente permite delimitações das várias áreas de conhecimento. Neste trabalho, tenho feito uso de várias fontes extrageográficas por apostar que o diálogo interdisciplinar pode trazer novas contribuições, quando se pensa na relação entre cultura e ordenamento do território. Além disso, as diversas abordagens teóricas existentes no campo disciplinar da Geografia permitem analisar a espacialidade humana sob diferentes ângulos.

Ainda que uma lógica economicista predomine na sociedade contemporânea ocidental, o estudo das diferentes formas de percepção e de representação espaciais, baseadas em valores não materiais, aponta que as relações econômicas e sociais não constituem o único parâmetro válido para se entender a relação sociedade e natureza.[138] No caso dos povos tradicionais que habitam as chamadas "áreas protegidas" da Mata Atlântica, seus valores, crenças, ideais, expectativas, modos de fazer e de conhecer o mundo resultam de um tipo particular de percepção e de apropriação do espaço. Tais olhares, subjacentes a um mundo simbólico particular, até hoje foram pouco desvelados.

Sabe-se que a leitura do espaço, feita por diferentes culturas, é consequência das diferentes cosmologias e símbolos, ou seja, depende dos "discursos" particulares a cada grupo.[139]

---

[137] CASSIRER, E. *Ensaio sobre o homem*. Lisboa: Guimarães Editores, 1995. p. 33.

[138] Devo acrescentar que é frequente se observar, nessa mesma sociedade, o aumento do número e da diversidade de grupos humanos que estabelecem relações míticas e transcendentais com o meio ambiente natural. A Umbanda, o Candomblé, o Santo-Daime e a União Vegetal são alguns dos exemplos mais conhecidos.

[139] Discurso, nesse contexto, é entendido como "processo por meio do qual o conhecimento é constituído através da comunicação", ou seja, tal como cultura, "é uma parte da experiência humana". Nesse sentido, mais amplo, utilizado especialmente na linguística, discurso refere-se a um "modo particular de comunicação; um campo caracterizado por convenções linguísticas próprias que é, ao mesmo tempo, causa e consequência de um modo particular de entender o mundo" (MILTON, K. *Environmentalism and cultural theory*: exploring the role of anthropology in environmental discourse. Londres: Routledge, 1996. p. 166-167).

Certamente, temos algo a aprender com os povos nativos que há muito vivem nessas áreas. Como defendem alguns autores, também acredito ser nas diferenças entre as culturas que se encontram, em gestação, as principais soluções para nossos problemas contemporâneos mais agudos.[140]

Nesta obra, enfoco alguns aspectos relacionados à espacialidade dos povos tradicionais não indígenas como um dos objetos de estudo. Neste capítulo, uma das questões que me proponho a analisar é como os valores culturais dos caiçaras e sua identidade imprimiriam um caráter territorial na área compreendida pela Ilha do Cardoso.

UNIVERSO CAIÇARA

Gioconda Mussolini,[141] Fernando Augusto Albuquerque Mourão,[142] Ary França,[143] Antonio Carlos Diegues,[144],[145],[146] Maria Luiza Marcílio,[147] Roberto Kant de Lima,[148] entre outros autores, desenvolveram pesquisas sobre a cultura caiçara. Alguns desses trabalhos foram realizados há mais de 60 anos, antecedendo grandes transformações que ocorreram no litoral paulista.[149] Além da grande expansão de atividades ligadas ao turismo, a especulação imobiliária, mais acentuada no litoral norte, e a implantação de grandes reservas naturais no litoral sul modificaram sensivelmente a área costeira, nas últimas décadas.

Para se pensar a relação dessas culturas tradicionais com a forma de perceber e se apropriar do espaço nessa área geográfica, onde hoje se situam os mais preservados trechos remanescentes da Mata Atlântica, uma pergunta deve ser feita: Qual foi a influência dessas mudanças no modo de vida das populações nativas?

---

[140] Estas são ideias de Michel Serres e Edgar Morin já de domínio público. Neste trabalho, discuto adiante a proximidade do pensamento dos consagrados filósofos franceses das proposições de Homi Bhabha e Kay Milton.

[141] MUSSOLINI, G. *Ensaios de antropologia indígena e caiçara*. São Paulo: Paz e Terra, 1980.

[142] MOURÃO, F. A. A. *Os pescadores do Litoral Sul de São Paulo*: um estudo de sociologia diferencial. 1971. Tese (Doutorado) — Faculdade de Filosofia, Letras e Ciências Humanas, Universidade de São Paulo, São Paulo, 1971.

[143] FRANÇA, A. A Ilha de São Sebastião: estudo de geografia humana. *Boletins da Faculdade de Filosofia, Ciências e Letras da Universidade de São Paulo*, n. 178, 1954. (Geografia n. 10).

[144] DIEGUES, A. C. *Pescadores, camponeses e trabalhos do mar*. São Paulo: Ática, 1983. v. 1, 287 p.

[145] DIEGUES, A. C. et al. *An inventory of Brazilian Wetlands*. Gland: IUCN, 1994. v. 1, 215 p.

[146] DIEGUES, A. C. *Ilhas e mares*: simbolismo e imaginário. São Paulo: Hucitec, 1998.

[147] MARCÍLIO, M. L. *Caiçara*: terra e população: estudo de demografia e da história social de Ubatuba. São Paulo: Paulinas/Cedhal, 1986.

[148] KANT DE LIMA, R. *Pescadores de Itaipu*: meio ambiente, conflito e ritual no litoral do estado do Rio de Janeiro. Rio de Janeiro: EDUFF, 1997.

[149] Caso dos trabalhos já clássicos de Gioconda Mussolini, Mourão e Ary França citados antes.

Mourão aponta, em seu trabalho de 1971, *Pescadores do Litoral Sul de São Paulo*, que teria havido uma mudança drástica na cultura caiçara do Vale do Ribeira, em meados do século XX. Os caiçaras do Baixo Vale passaram a priorizar a pesca e o extrativismo madeireiro, substituindo sua principal atividade comercial: a agricultura[150]. Notavam-se, então, os sinais de um novo ciclo de mudanças na cultura caiçara, provavelmente bem mais avassaladora que a anterior. A maioria das comunidades estaria substituindo suas atividades pesqueiras por atividades relacionadas ao turismo, ainda que sazonalmente.

O caiçara encontra-se, ainda hoje, numa zona intermediária entre o modo de vida tradicional e o contemporâneo. Circula entre esses dois universos, articulando-se intensamente em certos períodos com o "mundo externo", o das grandes cidades, com desenvoltura surpreendente. No entanto, mantém vínculos estreitos com a sua cultura particular, com a sua identidade, que parece reconstruir sob certas condições particulares. O tempo e o espaço caiçara são exemplificações da "ambiguidade" que marca essa cultura.[151]

Como procurei mostrar anteriormente, pelo fato de moradores da comunidade do Marujá na Ilha do Cardoso mudarem sazonalmente de condição — da condição de pescadores para a condição de pequenos comerciantes, gerentes de pousadas e restaurantes —, mecanismos de construção/afirmação identitária são engendrados em determinados períodos do ano. Muda-se de condição, mas a identidade permanece.[152] Viu-se que vários agentes locais e externos contribuem para essa dinâmica.

A identidade caiçara, portanto, parece ser recriada, ou rearticulada, temporariamente em determinadas épocas do ano, sob certas condições específicas. É o que também verificou Kant de Lima em seu estudo sobre os pescadores de Itaipu, litoral do município de Niterói (RJ):

---

[150] MOURÃO, F. A. A. *Pescadores do litoral sul do estado de São Paulo*: um estudo de sociologia diferencial. 1971. Tese (Doutorado em Sociologia) — Faculdade de Filosofia, Letras e Ciências Humanas, Universidade de São Paulo, São Paulo, 1971. Disponível em: https://repositorio.usp.br/item/000721797. Acesso em: 9 mar. 2001.

[151] Roberto Kant de Lima estudou esse fenômeno da ambiguidade caiçara em sua tese de doutorado: KANT DE LIMA, R. *Pescadores de Itaipu*: meio ambiente, conflito e ritual no litoral do estado do Rio de Janeiro. Rio de Janeiro: EDUFF, 1997. p. 257). Também Simone Maldonado desenvolve análises a respeito do território da pesca, de particular interesse para esta pesquisa, em *Mestres e mares* (MALDONADO, S. C. *Mestres e mares*: espaço e indivisão na pesca marinha. São Paulo: Annablume, 1993).

[152] Segundo a Profa. Margarida Maria Moura, que contribuiu com este trabalho, a noção de *condição* (condição de pescador, condição camponesa...) é sobretudo estrutural. Esclarece que pode haver pessoas numa mesma condição, mas com identidades diferentes. A *identidade*, ao contrário, envolve o simbólico, o imaginário, encontra-se no plano da representação. Assim, nesta obra, será utilizada identidade, já que são mais os aspectos simbólicos da espacialidade humana que aqui se pretende analisar para se estabelecer uma relação com territorialidade.

> Apenas em um lugar e em um momento de seu tempo estrutural essa identidade encontra condições de afirmação: na pescaria do cerco da tainha, conjunto de procedimentos ritualizados que se destinam a produzir, para o mercado, o "bem" mais valioso do local, não só em termos financeiros, mas do ponto de vista de uma definição interna, a qual como que recompõe e restaura as hierarquias [...] incorporando, através de mecanismos rituais, todos os grupos cujas relações se atualizam em Itaipu.[153]

O mesmo ocorre no Marujá durante o inverno. Todos os anos, nessa mesma época, a identidade caiçara é reconstruída. Os grupos de pesca se organizam para *lancear* na costa e para realizar a *despesca* da tainha nos cercos (ver calendário apresentado antes).

Assim, o território caiçara, do ponto de vista simbólico, pode ser identificado no discurso dos moradores tradicionais, em seus mapas mentais (o *pesqueiro no Pontal do Leste*, a *divisão da costa*, no Marujá e *os pontos de cerco*, na Enseada da Baleia) e através de outras formas de representação, que se apresenta a seguir. Certos detalhes da organização social da pesca e de sua relação com o território são apontados nesta etnografia.

TERRITÓRIOS CAIÇARA

O PESQUEIRO DE FIRMINO DO PONTAL DO LESTE[154]

No Pontal do Leste, pequena vila situada no extremo sul da longa e estreita restinga da Ilha à frente do Parque Nacional de Superagui (PR), os moradores viviam, essencialmente, da pesca em mar aberto.

Conversando com um dos principais pescadores do local, Aldamir, filho de Firmino, aproximei-me lentamente de seu território de pesca, o *pesqueiro*. Além disso, tomei conhecimento sobre a sazonalidade das espécies de peixes e inúmeros detalhes relacionados à técnica que utilizam: tipos de rede, disposição das redes em relação à linha da costa, tipos de embarcação utilizados etc. Depois de uma longa conversa sobre malha de redes, canoas, qualidade de peixes..., aproximei-me do assunto que me interessava:

Calu *Você pode desenhar, onde é a costa, fazer assim, como um mapa?*

---

[153] KANT DE LIMA, R. *Pescadores de Itaipu*: meio ambiente, conflito e ritual no litoral do estado do Rio de Janeiro. Rio de Janeiro: EDUFF, 1997.

[154] Por respeito ao anonimato de meus interlocutores caiçaras, informo que troquei seus nomes a partir daqui.

Aldamir: *Como assim, você fala?*

C: *Um mapa daqui, pra eu ter ideia de onde que é aqui onde vocês vivem e trabalham.*

A: *Ah, tá... No caso daqui, é a ilha do Cardoso, a praia* [desenhou umas ondinhas no pé da página, quase saindo do papel...].

Aqui é o sul, né, a barra, a barra de Superagui, a barra do sul, né. Aqui é a costa no norte, aonde a gente trabalha, né [...]. *No caso a gente pesca aqui* [fez gestos com as mãos indicando a vastidão da área de pesca, gesto que repetiu várias vezes durante nossa conversa] *até o costão do Marujá, aquele morro lá do Marujá. A gente sai da barra aqui e vai até aqui no Superagui, né* [...].

C: *Onde vocês costumam colocar a rede, tem um lugar certo, de acordo com o tipo de rede?* [aponto para o mapa sendo desenhado].

A: *Não, não, não tem lugar nenhum pra largá* [a rede]. *Quem tem lugar é o peixe. Onde o peixe tá, a gente vai. Se o peixe tá lá fora, no norte, a gente vai largá a rede lá, né.*

C: *Como você sabe onde o peixe tá?*

A: *A gente procura, né? Hoje nóis trabalhamo aqui no sul, hoje. Não deu nada. Amanhã vou lá perto do Marujá* [ao norte]... *Mas o peixe pode amontoar aqui no sul...*

C: *Mas é só de sorte?*

A: *Ah, é sorte. Pescaria tem que dá sorte e tem que tê vontade, né. Tem que jogá com a sorte. Por exemplo, corri aqui, não deu nada. Depois fui na linha do camaroeiro e chapei, matei bastante. Pescaria é procurar sorte. Outro cara tava aqui fora, aí matô bastante... você não tem um pesqueiro certo, você tem que procurá da parte do peixe. Essa parte aqui do sul é melhor do que aqui do norte. É melhor, costa boa, né.*

Desenho 2 – Mapa mental desenhado por pescador do Pontal do Leste

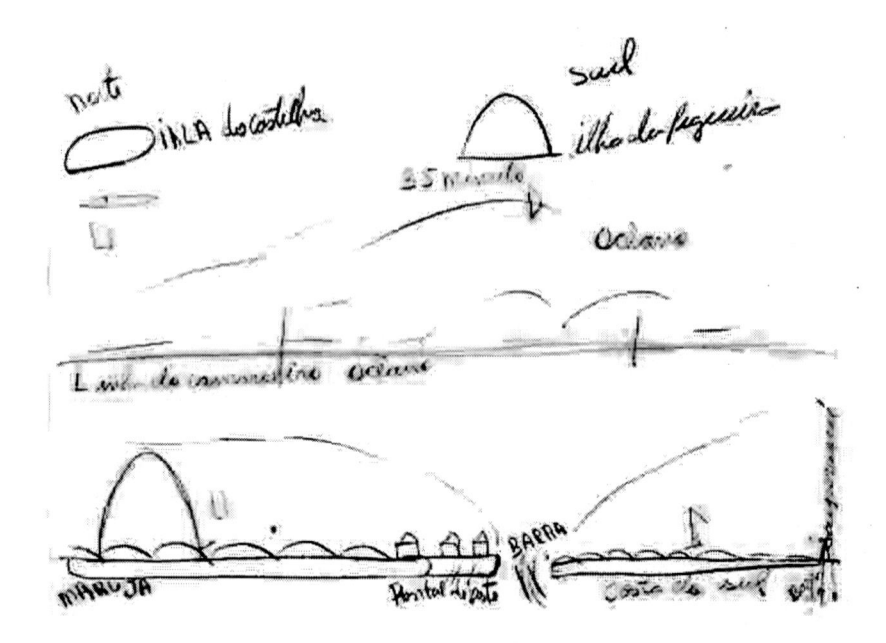

Fonte: a autora

C: *Por que será?*

A: *Não sei, depende do pesqueiro da costa, né. Aqui [no norte] é mais fundo, né, dá mais peixe, dá com água clara, dá com água turva.[…] Aqui não [ao sul], aqui é água mais suja, água turva […].*

C: *Vocês não pescam na beira da praia?*

A: *A gente não. A turma do Rui aí pesca na beira da praia. Eu não. No começo, a gente pescava, robalão… Mas faltou camarada, né. Depende de gente, de seis, de cinco… Cabou-se, a turma não qué trabalhá mais, né. De canoa duas pessoa vai, uma pessoa só vai também, né.*

O território do pescador que trabalha em alto mar é, portanto, determinado pela localização do cardume: *onde o peixe amontoa*. É abstrato e fluido. Ainda que algumas áreas costumem ser mais piscosas, cabe ao pescador *descobrir* onde o peixe está, naquele determinado momento. Pescar é uma questão de sorte, trata-se de ir em busca do peixe. Esses pescadores possuem um território bastante diferente dos pescadores da costa, mais fixos, maiores conhecedores dos cardumes que vivem próximo à praia.

O pesqueiro *da turma do Firmino* estendia-se por uma área muito ampla da costa atlântica da Ilha do Cardoso, *desde o costão do Marujá até a barra de Superagui*. Mas esses limites variam dia a dia, dependendo da localização do cardume:

> *Não, não, não tem lugar nenhum pra largá* [a rede]. *Quem tem lugar é o peixe. Onde o peixe tá, a gente vai.*

Um detalhe que meu interlocutor ressaltou, em vários momentos, foi a *linha do camaroeiro*. Seria uma linha imaginária por onde transitam os grandes barcos da pesca do camarão. Fazem um tipo de arrastão no fundo do mar. Para tanto, dois barcos navegam paralelamente à costa, puxando uma rede grande, revolvendo tudo até o fundo.[155] A *linha do camaroeiro*, que parece tão concreta para o pescador como as bandeiras que deixa para localizar sua rede, é uma área a ser evitada, sobretudo, à noite. Localizada exatamente no ponto central de seu pesqueiro, não faz parte de seu território. Faz parte do território da grande pesca comercial.

Ainda em relação à espacialidade caiçara, percebe-se que as diferenças começam na própria unidade que utilizam para medir o comprimento das redes, a distância das embarcações com relação à costa etc...: a *braça*.

> **Aldamir:** *A gente que é bastante pequeno* [que tem canoa pequena], *eu trabaio com 320 braça* [de rede], *8 pano de comprido, né.*
>
> **Calu** *Eu não sei quanto que é uma braça.*
>
> **A:** *Uma braça eu não sei também, nós não medimo por metro, só por braça.* [Indica em seu corpo a distância entre os extremos dos braços:] *"braça é essa minha aqui, ó".*
>
> **C:** *Mais de um metro, né?*

Parecem utilizar, também, o *tempo* como delimitação do pesqueiro. Trabalham até *uma hora e quarenta minutos pro sul...* No entanto, percebe-se que a vastidão do mar, obviamente delimitada segundo seus referenciais simbólicos particulares, está ligada ao amor à liberdade, que caracteriza a vida caiçara em boa parte dessa comunidade. Os limites de seu território vasto eram definidos de acordo com a localização dos cardumes.

Logo que comecei minha conversa com o pescador, percebi que ele repetia certos movimentos de mãos, indicando a dimensão de seu pesqueiro:

---

[155] Como a malha da pescaria é muito pequena e arrasta junto filhotes de outros peixes, os caiçaras costumam dizer que esses barcos — como os demais de grande porte, pertencentes à pesca comercial de larga escala — são os principais responsáveis pela diminuição generalizada do volume dos peixes na costa brasileira.

aqui é onde a gente trabalha, os movimentos continuavam para os lados, escapando da superfície do papel onde havia desenhado o mapa. Parecia que seu pesqueiro não tinha fim... Nada é fixo, o pescador tem total liberdade de ir em busca do peixe aonde bem quiser, mesmo que não esteja do lado da sorte. A liberdade parecia ser valorizada acima de qualquer coisa.[156]

Para os moradores de outras comunidades da Ilha, que não viviam exclusivamente da pesca em mar aberto, as principais referências espaciais eram outras. Já não seria o mar o centro desse universo simbólico, mas sim o emaranhado de pequenos canais e o canal principal, o canal de Ararapira, que separa a Ilha do continente. As áreas da restinga e da mata, de onde tiravam o material para a construção dos cercos e para a confecção do artesanato, pertenciam ao universo simbólico desses caiçaras (como se pode observar no mapa de Laurindo, apresentado a seguir). Ao longo desse canal, eram distribuídos os cercos, tanto os de inverno (para a pesca da tainha) como os de verão (para a pesca de outros peixes que não são *de safra*).

OS PONTOS DE CERCO NA ENSEADA DA BALEIA

O cerco é uma espécie de armadilha para os peixes, construído em taquara, com mourões de madeira grossa, dispostas perpendicularmente à margem do mangue, na parte estuarina da Ilha do Cardoso. Os pontos do canal onde estão localizados os cercos dependem de uma série de fatores. Um deles é o poder dentro da comunidade, exercido pelos *donos dos cercos*. A localização dos cercos parecia representar a espacialização da hierarquia que marcava esse agrupamento caiçara. Alguns pontos do canal eram bem mais piscosos. Via de regra, os melhores pontos pertenciam aos grupos, ou indivíduos, que por alguma razão detinham maior poder local. Contudo, delimitar as redes de poder entre os caiçaras não era tarefa fácil. Tal como o território de pesca, os laços entre as pessoas são fluidos, mudam sazonalmente dependendo do tipo de atividade realizada, segundo a situação enfrentada.

---

[156] A *liberdade*, a *sorte* e a *indivisibilidade espacial* são noções relevantes no estudo de comunidades pescadoras, como salienta Maldonado (MALDONADO, S. C. *Mestres e mares*: espaço e indivisão na pesca marinha. São Paulo: Annablume, 1993).

Fctografia 5 – Aproximamdo-se do cerco no canal que separa a Ilha do Cardoso do continente

Crédito: a autora

Na antiga Enseada da Baleia, pequena vila localizada na parte central da restinga, vivia um dos maiores comerciantes da Ilha: Seu Manoel. Ele era dono de pousada e do único bar/restaurante da vila onde vivia, praticamente, só sua família (extensa). A *tainha escalada*[157] que o comerciante vendia para São Paulo e para Curitiba representava sua principal fonte de renda. Durante o restante do ano o bar/restaurante garantia uma pequena renda mensal para a família.

No inverno de 1999, a despesca[158] da tainha nos sete cercos de Seu Manoel superou todas as expectativas. Presenciei o mutirão para limpar e salgar o pescado. Todos os membros da família participaram. O depósito ficou repleto de mercadoria: tainha e ovas secas ao sol e salgadas (ver as fotografias no "Álbum de Retratos", adiante).

Mas nem todos os moradores da Enseada tiveram a mesma sorte na despesca daquele ano. Seu Tenório, que vivia com sua família a uns 500 metros

---

[157] *Tainha escalada*: tainha cortada longitudinalmente, descamada, salgada e seca ao sol.

[158] *Despesca do cerco*: captura por dois ou três homens dos peixes presos no cerco por intermédio de uma rede apropriada.

da vila, era um exemplo. Diziam que o local de seu cerco *não era tão bom de peixe*. Claro, Seu Manoel detinha os melhores pontos. A territorialidade, nesse caso específico, portanto, refere-se ao espaço do poder determinado, principalmente, por uma condição econômica dominante. A comunidade caiçara era, portanto, heterogênea do ponto de vista socioeconômico.

A DIVISÃO DA COSTA NO MARUJÁ

As relações sociais eram bem mais emaranhadas na Vila do Marujá. Trata-se da maior comunidade da Ilha, onde é grande o fluxo de turistas durante certos períodos do ano. Lá, muitos dos moradores tradicionais desenvolvem sazonalmente atividades ligadas ao turismo (na *safra do turismo*, como dizem alguns). São esses que mais ascenderam economicamente e acabaram diferenciando-se dos demais pescadores da Ilha. Chamo-os de os *notáveis* do Marujá, tipo de *chefes de clã*.[159] Encontravam-se entre aqueles que detinham na época de minha pesquisa algum tipo de poder local, fazendo-os se destacarem da maioria. A *divisão da costa*, onde se praticava a *pesca de calôa*,[160] era um exemplo de como as redes que compõem a organização social tradicional são ordenadas espacialmente, ou seja, territorializam-se.

A praia do Marujá é dividida, mentalmente, em três partes: a parte das pedras, a do meio, a *rabera* (ou *rabada*, ou ainda, *beirada*). A parte das pedras é assim chamada pois se situa próximo ao costão de pedras, que divide a praia do Marujá da praia da Lages. É o local mais piscoso e disputado pelos pescadores. Havia um acordo entre os pescadores do Marujá para distribuir e regulamentar o uso comum das melhores áreas de pesca. Três grupos de pescadores revezavam-se diariamente nos meses de inverno nas três partes, de maneira que cada um dos grupos pudesse pescar no melhor local a cada três dias.

Viviane Capezzuto da Silva faz as seguintes considerações a respeito da divisão da costa do Marujá:

> A pesca de calôa de costa pode ser interpretada como uma
> permanência de formas associativas tradicionais numa comu-

---

[159] Durante a época mais longa que permaneci na comunidade do Marujá, observei que as alianças entre os diferentes grupos constroem-se em determinadas ocasiões e logo depois se desfazem, quando se vive uma outra situação. Algumas vezes chamei esses agrupamentos de "clãs", no "Álbum de Retratos", já que alguns dos moradores utilizam essa mesma terminologia. O tipo de vínculo mais forte entre as pessoas é, sem dúvida, o familiar.

[160] Tipo de pesca realizada com rede, à noite, na costa atlântica da Ilha, que alguns também chamam de "lancear" ou "pegar picaré". Quando se trata da pesca da tainha, é feita nos meses de inverno.

> nidade que hoje sofre tanto dos impactos do turismo quanto da transformação de seu lugar em área natural protegida.
>
> [...] Nesse sentido, a divisão da costa é, na verdade, a divisão dos homens, mesmo porque pertencem a famílias e grupos diferentes e muitas vezes rivais. Ela garante a distribuição de espaços e recursos naturais escassos, abrandando conflitos e contribuindo para a manutenção das diferenças.[161]

Os limites das três partes da costa eram feitos de acordo com marcos singulares quase imperceptíveis para quem é de *fora*. Segundo um dos pescadores locais, a parte *das pedras* era limitada, de um lado, pelo costão e, de outro, por um minúsculo canal que deságua no mar. A parte *do meio* era limitada pelo mesmo canal e por uma linha de árvores localizada ao lado da escola da comunidade. A *rabera* era limitada, ao sul, por um mastro de taquara.

O mapa mental de Laurindo (ver a seguir) mostra bem esses marcos que dividiam a costa do Marujá. Curioso é que a linha de árvores não estava localizada na praia, mas à margem do canal de Ararapira, ou seja, no lado oposto da restinga a mais de 300 metros da praia. O pescador explicou-me que se deve mirar as árvores da praia para saber onde termina a parte do meio e começa a *rabera*.[162]

A divisão dos três grupos acompanhava uma divisão social e política que parecia existir na comunidade. Os cercos localizados na margem oposta do canal, à frente da comunidade — minuciosamente desenhados no mapa do pescador —, pareciam seguir a mesma lógica do que ocorria na Enseada da Baleia. Os melhores pontos eram apropriados por determinados grupos ou indivíduos que detinham maior poder local. No entanto, como já comentei, desvelar o emaranhado da rede de poder no Marujá não era nada fácil.

Vê-se que o território caiçara no Marujá expressava e embaralhava inúmeros aspectos simbólicos de sua cultura. Em primeiro lugar, destaca-se a divisão da costa e os pontos de cerco que refletiam a territorialização do poder político e econômico entre os moradores locais. Todavia, há aspectos mais sutis da cultura caiçara — por exemplo, o caso do domínio da arte da pescaria —, que também marcavam o tipo de apropriação espacial daquela área.

---

[161] SILVA, V. C. F. Pesca e uso comunitário do espaço costeiro na Ilha do Cardoso — Litoral Sul de São Paulo — Brasil. *In*: DIEGUES, A. C.; VIANA, V. M. (org.). *Comunidades tradicionais e manejo dos recursos naturais da Mata Atlântica*. São Paulo: Nupaub/USP; ESALQ/USP, 2000. p. 28.

[162] Devem ter suas próprias razões para escolher tal marco, que me pareceu dificílimo de localizar à noite, horário em que se faz esse tipo de pesca, na beira da praia.

Desenho 3 – Mapa mental de Laurentino, pescador de cerco no canal entre o Marujá, na Ilha do Cardoso, e o continente

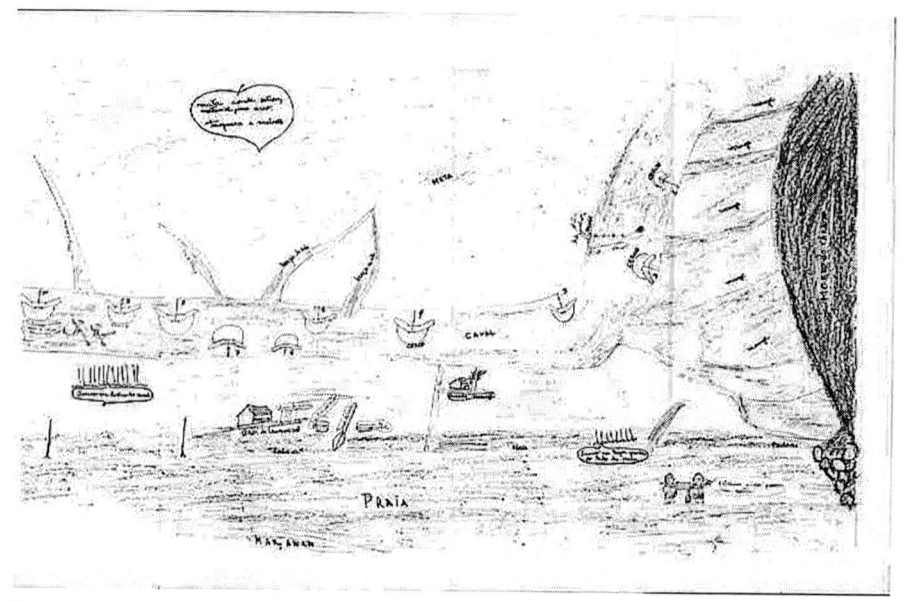

Fonte: a autora

Seu João Antônio ia todo dia à praia para *espiar* o mar. Permanecia alguns minutos imóvel, observando atentamente o movimento das ondas, dos ventos... parecia que *cheirava o mar*, levantando o nariz na direção do horizonte.[163] Trata-se de um dos *notáveis* do Marujá, mas seu prestígio parecia estar ligado, antes de mais nada, ao seu conhecimento profundo de todos os detalhes envolvidos na pescaria.

Um outro *notável*, morador tradicional do Marujá, chamado pelos de fora *a maior liderança caiçara da Ilha*, esteve presente na delimitação do quadro referencial dos direitos de cada categoria de morador da Ilha, durante a oficina de planejamento ambiental do Peic. Sem dúvida, foi um dos atores principais na legitimação do território caiçara na Ilha.

Durante o processo de negociações que houve no decorrer do PPMA, e no caso específico da Ilha do Cardoso, a identidade caiçara passou a ser

---

[163] Luiz Ferri de Barros menciona, em seu artigo sobre os moradores da ilha Monte de Trigo, a capacidade sensorial aguçadíssima dos pescadores: "Visão, audição, olfato, sentido de equilíbrio e capacidade de perceber o tipo de balanço do mar são sentidos extraordinariamente desenvolvidos nos monteiros. Todas as percepções que estes sentidos lhes proporcionam geram sinais que permitem interpretar o tempo, o mar e os peixes" (BARROS, L. F. A Ilha do Monte de Trigo: impressões de viagens. *In*: DIEGUES, A. C. (coord.). *Ilhas e sociedades insulares*. São Paulo: Nupaub/USP, 1996).

um critério de garantia do direito de permanência e de uso dos recursos naturais pela população nativa. A articulação e reafirmação identitária que se observava na Ilha imprimiam um caráter territorial naquela área geográfica. No entanto, o território caiçara pode ser observado sob diferentes ângulos...

Diferentes tipos de território caiçara foram identificados. Havia um território mais fluido e móvel do caiçara que vive da pesca em alto-mar — como é o caso do Pontal do Leste e do Cambriú. Havia também o território da pesca nos cercos, que implicava uma relação mais estreita com a *terra firme* — caso da Enseada da Baleia e do Marujá. Para a confecção dos cercos é necessário se retirar a taquara e os mourões, o que implica um maior conhecimento da vegetação nativa: época de corte de cada espécie e a localização das plantas na mata densa das encostas da Ilha.[164]

No mapa de Laurindo, o pescador-artesão indicou com precisão o local de onde retirava as plantas que utiliza para a confecção de artesanato (cestos, estreiras...). A mata densa, do lado norte do Marujá, foi ressaltada com uma cor mais escura. Talvez seja o local de onde os caiçaras retirem as plantas de que necessitam para fazer cercos, artesanato e cobertura dos telhados de palha. O território dos pescadores do Marujá e da Enseada da Baleia seria, portanto, mais fixo do que o do Pontal do Leste e englobava, além do canal no mangue, a praia (caso dos que *lanceiam* na costa), a restinga — onde no passado se plantava mandioca — e a Mata Atlântica.

Todas as deliberações relacionadas à gestão ambiental, no âmbito do PPMA, influenciaram diretamente o uso que se poderia fazer nos vários ambientes da Ilha. Além disso, o turismo teria reforçado a ligação dessas pessoas com o seu lugar, principalmente no Marujá. Por dependerem da renda do turismo em parte do ano, os caiçaras do Marujá eram estimulados a comparecer às reuniões do Comitê de Apoio à Gestão Ambiental. Era naquele fórum que decidiam todos os detalhes da organização do turismo no Marujá, principalmente para a época do verão. Talvez fosse essa a razão de os moradores do Marujá e da Enseada da Baleia (além do Itacuruçá) serem os participantes mais assíduos nas reuniões do Comitê de Apoio à Gestão Ambiental.

Os pescadores do Pontal do Leste, Cambriú e Foles, ao contrário de seus vizinhos, estariam ligados antes de mais nada ao mar, à vastidão do mar,

---

[164] É bom que se esclareça que o uso desse tipo de material vegetal para a construção dos cercos não havia sido regulamentado. Os moradores da Ilha diziam retirar as plantas do continente, na margem oposta do canal de Ararapira.

onde tinham toda a liberdade de ir em busca do peixe, sem se submeterem aos limites espaciais das terras da Ilha. Costumavam ser as comunidades mais ausentes nas reuniões do Comitê de Gestão e nos demais fóruns do PPMA. Seria um mero acaso?[165]

IDENTIDADE E TERRITORIALIDADE

Os vários sentidos atribuídos a *território* e *lugar*, tanto na Geografia como na Antropologia, colocam tais categorias como elos de comunicação entre as duas áreas de conhecimento ao estudar as várias formas de representação da espacialidade humana. Ambas as categorias são chave nesta obra.

Em um capítulo anterior apontei que há uma sobreposição dos vários territórios e de várias identidades na mesma área geográfica estudada, a Ilha do Cardoso. Como território do Estado, a Ilha constitui-se num parque estadual, uma reserva da biodiversidade de uso público e restrito. Ao mesmo tempo, a área representa parte do território caiçara, já que os direitos de permanência e de uso dos recursos naturais — ainda que limitados — foram legitimados durante o processo do PPMA e, posteriormente, regulamentados pela Procuradoria do Meio Ambiente do Vale do Ribeira. Também se discutiram os "outros tipos" de território caiçara, onde é a cultura — não tanto os aspectos sociais e políticos — que representa o principal constituinte a delimitar, concreta ou abstratamente, uma porção do espaço. Alguns ainda defendem que a área pertence ao território indígena Guarani. Finalmente, para a grande maioria dos visitantes, a Ilha do Cardoso é, antes de mais nada, uma espécie de santuário natural que deve permanecer intocado,[166] dessacralizado só eventualmente por atividades do ecoturismo.

Quais seriam as contribuições da Geografia para pensar a relação *territorialidade e identidade*? Haveria outras categorias relevantes para analisar a relação espaço e cultura?

Maria de Lourdes Alcântara e Regina Sader elaboram uma instigante análise sobre *paisagem*, outro conceito-chave do estudo sobre a espacialidade

---

[165] Não quero dizer com isso que o mar aberto influencie o caráter dessas pessoas... Esse seria um típico exemplo do determinismo geográfico que simplifica de forma grosseira as relações desses grupos sociais com o ambiente. Mas gostaria de chamar a atenção para os interesses desses caiçaras, que são muito diferentes dos outros. Seu tipo de relação com o espaço, suas percepções, suas ligações com o mar e com outros grupos de pescadores... (no Pontal estariam muito ligados ao povo que vive no Parque Nacional de Superagui...). Percebe-se que são mais independentes da relação com o Estado, não se submetem ao seu poder, são mais livres e contestadores...

[166] É o que discute Diegues em seu livro publicado em 1996, *O mito moderno da natureza intocada*, pela Hucitec (DIEGUES, A. C. *O mito moderno da natureza intocada*. São Paulo: Hucitec, 1996).

humana.[167] As autoras consideram que paisagem contém uma realidade material: contudo, a ela antecede uma realidade subjetiva do observador, que assim como um fotógrafo "enquadra" uma parte do espaço, a paisagem. Mas quais são os fatores que levariam o observador a fazer determinado recorte em detrimento de tantos outros? Quais os aspectos da cultura que retratariam a paisagem?

FOTOGRAFIA E A ESPACIALIDADE HUMANA

I'm always looking outside, trying to look inside.
Trying to say something that's true. But maybe, nothing is really true.
Except what's out there.
And what's there is always changing.[168]

Fotografia 6 –- Da obra *À propôs de Paris* (1998, p. 32) de Cartier Breton

Crédito: Cartier-Bresson[169]

---

[167] ALCÂNTARA, M. L. B.; SADER, R. Paisagem e cultura. *Revista Imaginário*, São Paulo, n. 5, 1999.

[168] Robert Frank, da introdução de seu livro de fotografias (FRANK, R. *Flamingo*: Hasselblad Award 1996. Zurich: Hasselblad Center; Goteborg: Scalo, 1997).

[169] CARTIER-BRESSON, H. *À propôs de Paris*. Boston: Bulfinch Press Book, 1998.

É frequente recorrer à iconografia no estudo da paisagem. Optei pela fotografia. Desde seus primórdios, há bem mais de 150 anos, a fotografia suscitou uma série de questionamentos filosóficos a respeito da representação do espaço e, principalmente, do tempo.

Walter Benjamin teria questionado se a invenção da fotografia não havia alterado a própria natureza da arte. Sendo um tipo de criação facilmente reprodutível — ao contrário dos objetos de arte clássicos como pinturas e esculturas —, teria emancipado os fundamentos de culto que possuía a arte até então. Mas uma possível contradição entre técnica e arte, implícita na fotografia, cairia por terra quando Benjamin entende que sua singularidade está no momento em que "transforma a vivência em objeto apropriado pela câmara".[170]

Para elaborar algumas considerações sobre a relação entre paisagem e cultura, selecionei fotografias de Cartier-Bresson e Robert Frank, dois dos maiores fotógrafos do século passado. Quando se compara a fotografia de Bresson à de Robert Frank, é possível estabelecer uma série de relações entre as imagens que representam e suas respectivas classes sociais e momentos históricos em que viveram, bem como diferenças culturais e individuais que caracterizam os artistas.

Cartier-Bresson, representante da aristocracia francesa do começo do século XX, reflete, em seu trabalho, o rigor e perfeição de formas características da pintura renascentista. A composição em seu trabalho é impecável, através da qual Bresson busca realizar um exercício intelectual e filosófico. O enquadramento, segundo os moldes da pintura clássica, seria um recurso utilizado em sua tentativa de unir tempo e espaço, procurando alcançar a totalidade, a beleza perfeita, o ideal.

Robert Frank, ligado ao grupo dos chamados *beatnics* da década de 1950, que questionavam *"the american way of life"*, direciona seu olhar para a vida de pessoas humildes nas ruas, nos bares, nas estradas, sem o glamour com o qual se costumava retratar a realidade norte-americana na época. Busca retratar o efêmero, o inacabado, o incompleto.[171]

---

[170] BENJAMIN, W. *Obras escolhidas*. São Paulo: Brasiliense, 1994. p. 104. (Magia e Técnica, Arte e Política, v. 1).

[171] O livro *The Americans* (Os americanos), de Robert Frank, publicado no final da década de 1950 foi repudiado pela crítica mundial. Robert Frank não se preocupa em obter belas fotografias — muitas são desfocadas ou borradas propositalmente —, seus enquadramentos não seguem nenhuma regra, refletem uma inquietude. Seus modelos preferidos são os membros de sua própria família. Enfoca o ambiente doméstico, o cotidiano. Revolucionou, mundialmente, a fotografia transformando, definitivamente, o ato de fotografar em arte, ou seja, uma maneira de expressão das sensações mais profundas e subjetivas do espírito humano. A objetiva da câmera é apontada na direção do fotógrafo (FRANK, R. *The Americans*. Berlin: Scalu Zurich, 1997).

Fotografia 7 – Da obra *The Americans*, de Robert Frank (1997, p. 53)

Crédito: Robert Frank[172]

Fotografias 8 e 9 – Das respectivas obras *À propôs de Paris*, de Cartier-Bresson (1988) e *The Americans*, de Robert Frank (1997)

---

[172] FRANK, R. *The Americans*. Berlin: Scalu Zurich, 1997.

Créditos: 1ª foto é de Cartier-Bresson[173] e a 2ª é de Frank[174]

Parece não haver algo mais "concreto" do que uma fotografia como forma de retratar uma paisagem. No entanto, assim como revelam as fotografias de Cartier- Bresson e de Robert Frank, a paisagem expressa, antes de mais nada, o universo simbólico particular do observador.

> A paisagem é portanto, a percepção de uma porção do espaço. Ora, todo suporte para a percepção já é percebido, não existe nenhuma realidade que não şeja interpretada. O esquema conceitual que faz da colina uma paisagem é apenas um, entre outros possíveis.
>
> [...] a paisagem é um dado reconstruído por uma percepção que informa esquemas conceituais, incluindo não só a representação da paisagem, mas também a representação do que deve ser uma paisagem nas diversas circunstâncias, tornando-se julgamento de valor, portanto, cultural.
>
> [...] Assim o espaço torna-se social, não uma categoria vazia de conteúdo, mas preenchida pela identidade cultural.[175]

Se a paisagem é a representação de uma porção do espaço influenciada pelo olhar de um observador, necessariamente "estranho ao lugar"

---

[173] CARTIER-BRESSON, H. *À propôs de Paris*. Boston: Bulfinch Press Book, 1998; e FRANK, R. *The Americans*. Berlin: Scalu Zurich, 1997.

[174] FRANK, R. *The Americans*. Berlin: Scalu Zurich, 1997.

[175] ALCÂNTARA, M. L. B.; SADER, R. Paisagem e cultura. *Revista Imaginário*, São Paulo, n. 5, 1999. p. 78.

— segundo apontam as autoras supracitadas —, qual seria o conceito que se aproximaria do olhar não estranho ao lugar, ou seja, o olhar daqueles que nascem, vivem ou se relacionam frequentemente com uma determinada área? Seria *lugar*, aqui entendido como espaço da vida cotidiana? Ou, nas palavras das autoras, o "espaço preenchido de identidade"?

TERRITORIALIDADE

Sabe-se que os diferentes sentidos atribuídos aos conceitos-chave da Geografia — tais como espaço, território, lugar, paisagem... — resultam de orientações metodológicas distintas, às quais se filiam os geógrafos. Até aqui, se utilizou a noção de território de Raffestin[176] por ser a que mais se aproxima da noção de território usada comumente pela antropologia. No entanto, quando se levam em consideração as diferentes leituras de determinados autores clássicos da Geografia — Friedrich Ratzel, por exemplo —, multiplicam-se ainda mais os possíveis referenciais teóricos para a análise da espacialidade humana.

A seguir, procuro apontar alguns dos inúmeros caminhos possíveis para a análise da noção de *território* dentro do campo disciplinar da Geografia.

1. A noção clássica de território em Ratzel[177] está diretamente ligada ao domínio do espaço, modernamente à apropriação do espaço por parte do Estado-Nação. Segundo Antônio Carlos Robert Moraes, a Geografia de Ratzel visava justificar e legitimar a política expansionista do Estado alemão, que na época havia sido recentemente constituído: "Quando a sociedade se organiza para defender o território, transforma-se em Estado".[178]

2. Algumas ideias de Ratzel, relacionadas à territorialidade, bem menos difundidas, foram mencionadas por Marcel Mauss em "Ensaio sobre as variações sazoneiras das sociedades do esquimós": "O volume geográfico refere-se à extensão espacial realmente ocupada por uma determinada sociedade. O volume mental é a área geográfica que chega a abarcar o pensamento".[179]

---

[176] RAFFESTIN, C. *Por uma geografia do poder*. Tradução de Maria Cecília França. São Paulo: Ática, 1993. Pulicação original de 1980.

[177] MORAES, A. C. R. (org.). *Ratzel*. São Paulo: Ática, 1990. (Coleção Grandes Cientistas Sociais).

[178] RATZEL, 1896, p. 33 *apud* MORAES, 1990.

[179] RATZEL, 1896 *apud* MAUSS, M. Ensaio sobre as variações sazoneiras das sociedades dos esquimós. *In*: MAUSS, M. *Sociologia e antropologia*. São Paulo: EDUSP/EPU, 1974. p. 287.

Nesse caso, ao levar em conta o *espaço mental* de determinados grupos humanos, teria Ratzel indicado novas possibilidades para a análise do território que extrapolariam a sua noção clássica de território? Mesmo em sua *Antropogeografia*, algumas das proposições de Ratzel parecem referir-se a uma noção de território que transcende a mediação com o Estado:

> As mais sentidas diferenças que se manifestam hoje em relação às habitações são representadas, por um lado, pela mobilidade da moradia dos chamados nômades, que acompanha a mobilidade pastoril, e por outro lado, pelo aglomerado de habitações que se observa nos prédios elevadíssimos das nossas grandes cidades. Mesmo os nômades estão ligados ao seu território, embora seus vínculos sejam mais tênues que os vínculos das sociedades sedentárias.[180]

Ratzel admite no trecho anterior existirem "vínculos tênues" entre território e certos grupos humanos na busca de subsistência material. Essas ideias, no meu entender, abrem a possibilidade para se analisar o território de determinadas culturas que se deslocam periodicamente, seja em busca de alimento para seus animais — caso dos nômades —, seja em busca da *terra sem mal* — caso dos Guarani, que percorrem uma vasta área geográfica próxima à costa brasileira.[181] Haveria alguma diferença entre os dois casos, sendo que os primeiros se deslocam na busca de subsistência material, enquanto que os outros buscam sua subsistência simbólica?

Ratzel não se esquiva, no mesmo trabalho, de fazer considerações a respeito do caráter territorial das ideias e das religiões:

> As conquistas intelectuais são as que mais se difundem graças à capacidade de propagação que é própria das idéias, e vão se afirmar também em territórios que não teriam sido de modo algum favoráveis ao seu desenvolvimento inicial. Poucas idéias têm caráter tão territorial quanto as idéias religiosas, e no entanto poucas idéias tiveram uma propagação tão ampla.[182]

---

[180] MORAES, *op. cit.*, p. 74, obra traduzida da língua italiana para o português, com grifo próprio.

[181] [181] No capítulo anterior discuti alguns aspectos sobre o território Guarani na Ilha do Cardoso. Segundo informações concedidas, gentilmente, pela antropóloga Maria Inês Ladeira, em uma conversa informal recente (novembro de 2023): *A mobilidade guarani já foi amplamente abordada em diversos estudos, sendo que vários fatores estão relacionados. Uma extensa e renovável rede de parentesco, que interliga aldeias em diversas regiões do seu território tradicional, dá suporte à sua dinâmica territorial, que implica intercâmbios de cultivos e conhecimentos que possibilitam a "reprodução física e cultural" (material e imaterial) guarani.* Assim, não seria coerente dizer que os Guarani se deslocam em busca de uma "subsistência simbólica". Sou grata aos esclarecimentos concedidos, que reproduzo aqui.

[182] MORAES, A. C. R. (org.). *Ratzel*. São Paulo: Ática, 1990. p. 82. (Coleção Grandes Cientistas Sociais).

Território refere-se, portanto, a uma porção de espaço — tanto do ponto de vista concreto como abstrato —, onde vários aspectos distintos seriam seus possíveis constituintes, tais como as várias formas de poder,[183] a reprodução material, construção e reafirmação identitárias, legitimação ideológica, entre tantos outros.

A Ilha do Cardoso, pano de fundo das reflexões aqui apresentadas, seria um exemplo de apropriação do espaço simbólica e/ou materialmente por diversos grupos e atores sociais. Do ponto de vista político, a área geográfica apresenta-se como o centro de inúmeras disputas territoriais desde muito tempo. Quando a Ilha foi decretada Parque Estadual, em 1962, já viviam na época caiçaras descendentes dos primeiros habitantes indígenas e de migrantes do Paraná ou de Santa Catarina, além de um pequeno número de moradores não caiçaras, vindos da capital, na década de 1950. Desde meados do século XX, agravaram-se as disputas territoriais entre o Estado e os moradores tradicionais das chamadas "áreas protegidas", ou "unidades de conservação", em várias regiões do Brasil. Assim, o caso da Ilha do Cardoso não é único. No Vale do Ribeira, as singularidades que caracterizam sua história tiveram grande influência no isolamento e na marginalização da população tradicional que aí vive até hoje: grupos remanescentes de quilombos (quilombolas), pescadores e agricultores tradicionais, indígenas. Na década de 1950, durante o governo de Juscelino Kubitschek, a presença do Estado foi mais marcante na região, época em que foram instalados os grandes projetos de barragens e teve início a criação de reservas florestais. Segundo Lourdes de Fátima B. Carril:

> A presença da vegetação da Mata Atlântica, ainda que em muitas partes, secundária, favoreceu a criação no Vale do Ribeira de parques e unidades de conservação. O governo interveio nessa área, com fins preservacionistas, desde fins da década de 50 deste século. As restrições legais, hoje, impedem o uso de 75% das terras do Vale.[184]

---

[183] Como as "formas de poder" propostas por Pierre Bourdieu em *O poder simbólico* (BOURDIEU. P. *O poder simbólico*. Rio de Janeiro: Difel/Bertrand, 1989) e Foucault em *Microfísica do poder* (FOUCAULT, M. *Microfísica do poder*. São Paulo: Graal, 1979).

[184] CARRIL, L. F. B. *Terras de negros no Vale do Ribeira*: territorialidade e resistência. Dissertação (Mestrado em História Social) — Departamento de História, Faculdade de Filosofia, Letras e Ciências Humanas, Universidade de São Paulo, São Paulo, 1995. p. 310. *Ibid.*, p. 116: A construção da BR-116, em 1956, que liga São Paulo a Curitiba, refletiu imediatamente no processo de urbanização do Vale do Ribeira e de especulação imobiliária, agravando os conflitos de terra na região. Assim como em todo o litoral paulista, os ambientes planos da Ilha do Cardoso, até a década de 1960, encontravam-se divididos em loteamentos, os quais, após a decretação do Parque em 1962, foram desativados.

As ações governamentais que se sucederam no bojo do processo de planejamento ambiental do PPMA, desde 1997, imprimiram uma terri-torialidade particular às nove áreas geográficas incluídas na categoria de parques estaduais paulistas.

AS CARTAS DE ZONEAMENTO AMBIENTAL DO PROJETO DE PRESERVAÇÃO DA MATA ATLÂNTICA

Técnicos envolvidos no PPMA utilizaram as *Cartas de Zoneamento*,[185] que determinavam o uso do espaço de acordo com preceitos da ecologia, como ponto de partida nas discussões junto aos moradores locais, durante fóruns de planejamento ambiental. Os planos de manejo ambiental foram construídos de forma "participativa" *a partir* das Cartas de Zoneamento, previamente elaboradas por "especialistas". Ora, de certa forma já estavam definidas as medidas a serem tomadas visando à conservação e preservação de cada parcela da área total do Parque. Na prática, as cartas de zoneamento representam uma instrumentação ideológica de um grupo de profissionais específicos e contêm ideais de uso e de preservação, que dificilmente coincidem com os dos moradores locais. Assim como ocorre em qualquer mapa, são formas de representação de um universo simbólico de um grupo particular.

---

[185] Nesse instrumento foram delimitadas diversas "zonas" — zona de preservação, zona de uso intensivo, zona de uso extensivo, zona de recuperação, zona tampão — que na forma de um mosaico expressam as recomendações técnicas dos assessores da SMA para aquele território.

Mapa 1 – Reserva da Biosfera na Mata Atlântica no estado de São Paulo

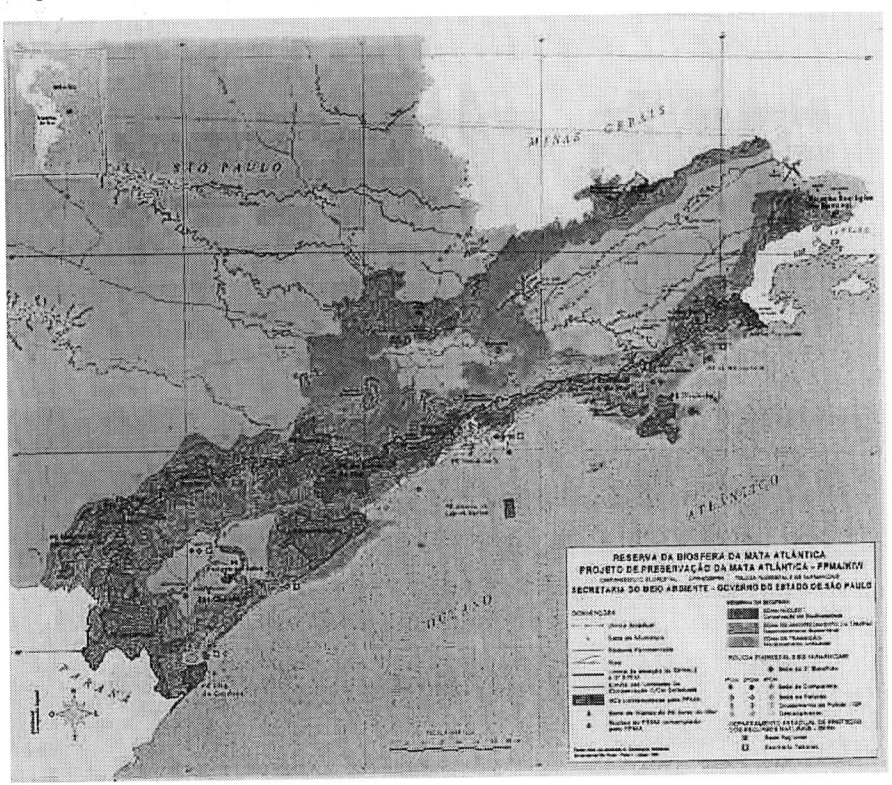

Fonte: documento consultado na sede do Peic no ano de 2000

Mapa 2 – Carta de Zoneamento da Ilha do Cardoso, PPMA

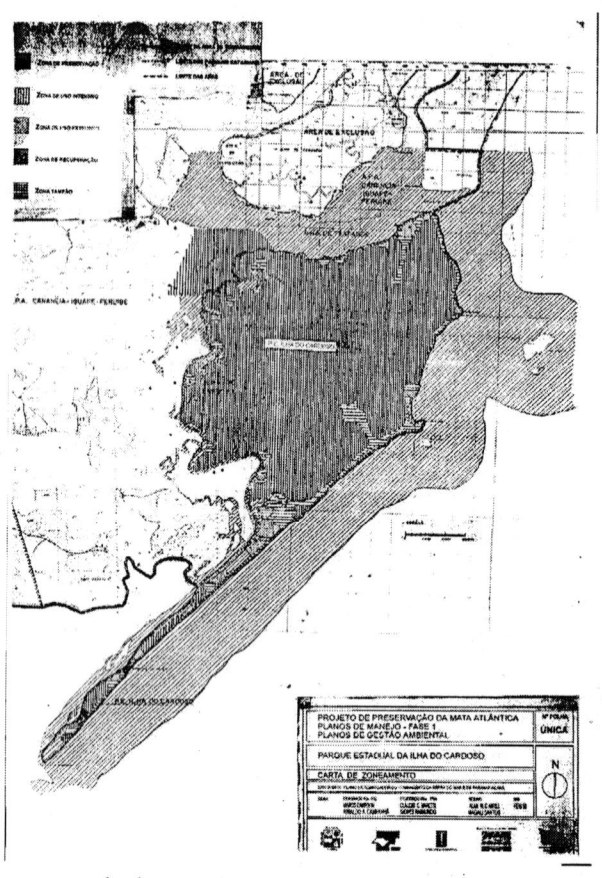

Fonte: documento consultado na sede do Peic

No trabalho de Simielli[186], a autora analisa a visão de geógrafos russos que defendiam a chamada *Teoria Cognitiva*, tais como Salichtchev, que considera a cartografia:

> [...] a ciência da retratação e do estudo da distribuição espacial dos fenômenos naturais e culturais, suas relações e suas mudanças ao longo do tempo, por meio das representações cartográficas — modelos, imagens, símbolos — que reproduzem este ou aquele aspecto da realidade de forma gráfica e generalizada.[187]

---

[186] SIMIELLI, M. E. R. *O mapa como meio de comunicação*. 1986. Tese (Doutorado em Geografia) — Departamento de Geografia, Faculdade de Filosofia, Letras e Ciências Humanas, Universidade de São Paulo, São Paulo, 1986.
[187] *Ibid.*, p. 149.

Para Robinson e Petchenik, assim como Aslanikashvili, Salichtchev e Ratajski,[188] os mapas retratariam uma visão particular da realidade, sendo que aspectos filosóficos, ideológicos e cognitivos daquele que faz os mapas, inevitavelmente, encontram-se neles embutidos.

Assim, pode-se dizer que as *cartas de zoneamento*, utilizadas como ponto de partida para a elaboração dos planos de gestão no PPMA, representaram uma injunção dos técnicos do Estado e de seus ideais de uso do espaço para todos os demais atores envolvidos nas oficinas de planejamento das UCs. Longe de ser um instrumento neutro, as *cartas de zoneamento*, utilizando-se de um discurso técnico-científico e símbolos desconhecidos pela maioria dos participantes das oficinas de planejamento ambiental, indicavam *a priori* quais deveriam ser: *zona de preservação, zona de uso intensivo, zona de uso extensivo, zona de recuperação* e *zona tampão*, para cada UC. Em nenhum momento se colocou em discussão a legitimidade do zoneamento, que já veio "pronto", do gabinete dos técnicos e assessores da SMA para ser aplicado em cada área pertencente ao PPMA, de maneira impositiva, como se fosse a única alternativa de uso daquele espaço.

Por outro lado, parece ter havido um certo paradoxo no processo de gestão ambiental, no caso específico da Ilha do Cardoso:

Em primeiro lugar, ocorreu a convalidação (Pedro Demo) do *zoneamento ambiental* no momento em que as *cartas* não foram questionadas, mas tomadas como medidas necessárias para a preservação da área, durante as reuniões preparatórias — nas quais estavam presentes a maioria dos moradores locais —, e durante a *oficina de planejamento* — restrita a um número bem menor de participantes. Pode-se concluir que foi assim legitimado, através dessas ações, o território do Estado, mesmo que as recomendações técnicas não estejam em concordância com os interesses da maioria da população local. Curiosamente, nesse mesmo processo houve a diferenciação dos direitos dos "moradores tradicionais" e dos "não tradicionais" através dos documentos *Critérios para a Permanência como Moradores Tradicionais e Direitos da População Local*, elaborados na mesma oficina de planejamento.[189] Portanto, com a regulamentação e aprovação desses direitos pela Promotoria Pública do Vale do Ribeira, no ano de 1999, o território caiçara foi legitimado. Ambas as ações, que contaram com a colaboração de representantes de moradores locais, delimitam territórios distintos que, como já foi dito, sobrepõem-se.

---

[188] ROBINSON; PETCHENIK, 1976; ASLANIKASHVILI; SALICHTCHEV; RATAJSKI, 1970 *apud* SIMIELLI, 1986.

[189] Ver ambos os documentos no capítulo 2.

Ocorre, porém, que existem ainda outras formas de apropriação do espaço por moradores locais, que acabaram não sendo consideradas em nenhum momento no PPMA. Analisei, a titulo de exemplificação, o território da pesca, a principal atividade produtiva da maioria dos moradores tradicionais, durante boa parte do ano. As várias modalidades da pesca artesanal apresentadas indicam diferentes formas de representação do território caiçara. Nesse caso, há uma associação íntima entre identidade e território, entre saber e natureza. Esse conhecimento tradicional foi sendo construído ao longo dos séculos, na medida em que essas comunidades vivem em função da reprodução desses ecossistemas naturais.[190]

Sabe-se que a identidade não é resultado da localização espacial de um determinado grupo (esse seria o erro clássico do chamado *determinismo geográfico*, atribuído a alguns autores do início do século XX, que simplificaram demasiadamente as ideias de Ratzel).[191] Ainda que identidade possa, em alguns casos, se referir a uma base espacial,[192] ela é, antes de mais nada, uma construção coletiva dinâmica que se renova constantemente, rearticulando-se com um passado e se recriando no presente.

O território caiçara na Ilha do Cardoso é construído de diferentes formas dependendo da modalidade pesqueira utilizada (pesca em mar aberto, *lanceando* na costa, *despesca* nos cercos...). É nesse território fluido, em que o caiçara transita periodicamente, que ele reafirma sua identidade. O território então passa a ser *lugar* quando esse espaço físico é constituído através de representações locais, ou seja, "preenchido pela identidade".[193] Partindo-se do ponto de vista do *lugar*, a identidade não é mais atribuída, mas vivenciada. Pode-se dizer, então, que *lugar* constitui uma categoria nativa, diferenciada de *território*, onde a identidade é atribuída por agentes externos.

Nas formas de organização e de uso do espaço das populações tradicionais que vivem nas "áreas protegidas", certamente estão contidas informações importantes quanto aos ideais de uso e de proteção ambiental. Essas informações não foram contempladas nos Planos de Gestão Ambiental (PGAs) implantados. Trata-se, portanto, de um território atribuído externamente, e não do território vivido — ou seja, do ponto de vista do lugar —, o que foi levado em conta no ordenamento territorial, proposto pelo PPMA.

---

[190] DIEGUES, A. C. *O mito moderno da natureza intocada*. São Paulo: Hucitec, 1996.

[191] Antonio Carlos Robert Moraes cita os trabalhos de Ellen Semple e Elsworth Huntington, que teriam influenciado autores de várias áreas das humanidades atribuindo um carater naturalista à história humana (MORAES, A. C. R. *Geografia*: pequena história crítica. São Paulo: Hucitec, 1981. p. 57-59).

[192] Ver a discussão sobre território e identidade na formação brasileira em *Ideologias geográficas* (MORAES, A. C. R. *Ideologias geográficas*. São Paulo: Hucitec, 1988).

[193] ALCÂNTARA, M. L. B.; SADER, R. Paisagem e cultura. *Revista Imaginário*, São Paulo, n. 5, 1999.

CAPÍTULO 4

ÁLBUM DE RETRATOS

Desenho 4 – Mapa desenhado livremente pela autora durante seu trabalho de campo, com base nos caminhos percorridos a pé.

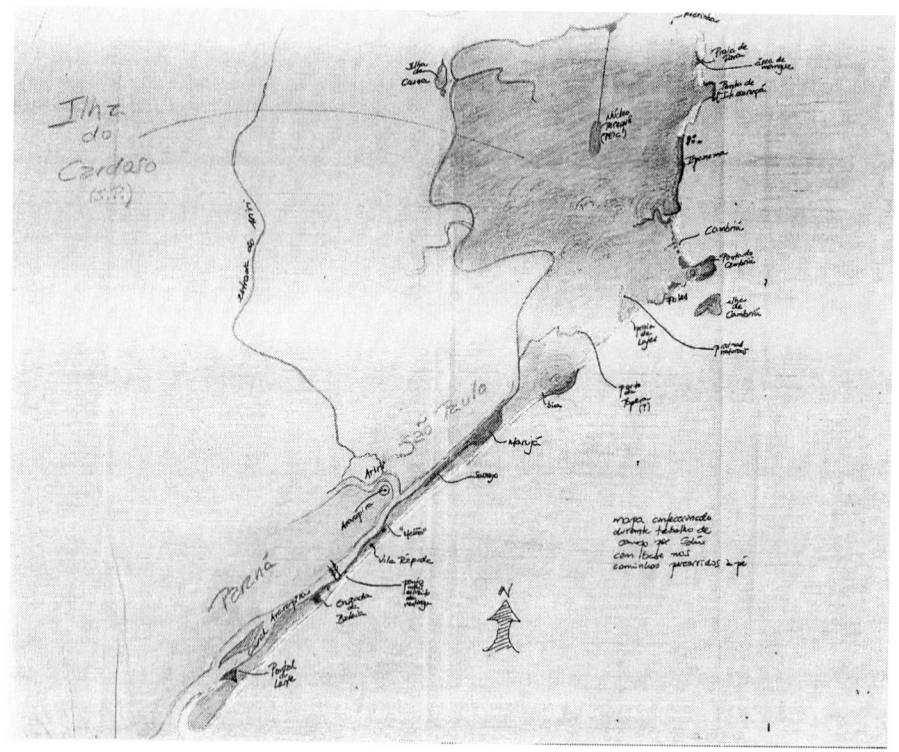

Fonte: a autora

Inúmeras correntes de pensamento das mais variadas áreas de conhecimento questionaram a neutralidade da ciência. No campo disciplinar da Geografia, determinados autores, no início do século XX, influenciados pela teoria de Kant, diziam que o pesquisador seria o responsável pela construção da realidade ou de seu objeto de estudo, através de um ou mais recortes teóricos possíveis. Com o relativismo que marca o século, se coloca em xeque a relação sujeito e objeto clássica (de base positivista) na pesquisa acadêmica. Tais questionamentos deram origem, na Geografia, a um leque de diversas orientações metodológicas. Contudo, as mais novas correntes geográficas de certa forma convivem, até hoje, com algumas posições provenientes do período de hegemonia do positivismo.

Já na antropologia, a discussão a respeito do envolvimento do pesquisador com seu objeto teve início com a própria legitimação da disciplina e serviu de base para reflexões desde seus autores clássicos, que teriam questionado a separação entre "eu" e "eles" quando estudavam comunidades distantes e isoladas. Uma vertente da antropologia americana contemporânea, na qual se inclui Clifford Geertz, sustenta que durante o trabalho de campo ocorre sempre uma interpretação pessoal por parte do pesquisador, já que: *"we listen to some voices and ignore others"*.[194]

Bruno Latour, em sua "antropologia da ciência", leva a visão interpretativa até as últimas consequências. Investigando minuciosamente atividades de determinados cientistas no laboratório — por exemplo, como se deu a "descoberta" da forma helicoidal do Ácido Desoxirribonucleico (DNA) —, traz inúmeras indicações de que mesmo biólogos e engenheiros estão, o tempo todo, interpretando e lançando mão de inúmeras estratégias para legitimar suas descobertas. Não haveria imparcialidade nem mesmo quando se observa uma partícula pelo microscópio eletrônico.[195]

Colocando-me ao lado daqueles que consideram inevitável o envolvimento do pesquisador com seu objeto de estudo, apresento aqui meu "Álbum de Retratos", elaborado durante as várias visitas à Ilha do Cardoso. Esse tipo de "representações do autor", como comenta Geertz, costuma ser colocado em prefácios, notas ou apêndices. Decidi expressar deliberadamente o meu olhar na forma de um capítulo deste livro, não somente para evidenciar minhas agruras e alegrias, dilemas, surpresas e reflexões durante

---

[194] GEERTZ, C. *Works and lives*: the anthropologist as author. Stanford: Stanford University Press, 1988.

[195] LATOUR, B. *Ciência em ação*: como seguir cientistas e engenheiros sociedade afora. São Paulo: Editora da UNESP, 1988.

o trabalho de campo, mas como testemunho de ter "penetrado e ter sido penetrada por um outro tipo de vida"...[196] Além disso, a ideia de incluir no meio da reflexão um intervalo no qual se apresenta uma espécie de "novelinha" — como denominou este diário um jovem estagiário que me auxiliou em campo — pareceu-me ser um recurso alternativo para aproximar ainda mais as ideias até aqui apresentadas à vida cotidiana, ao universo concreto e abstrato, à realidade sensível dos principais sujeitos desta obra.

Este "Álbum de Retratos" reflete uma leitura pessoal da realidade com a qual me deparei, não somente durante os períodos de trabalho de campo, mas também durante os fóruns do PPMA nos quais, várias vezes, me posicionei e me manifestei. Assim, passo agora para a posição de ator. As fotos incluídas são parte fundamental deste trabalho. A ideia é estabelecer um diálogo permanente entre os dois textos: o escrito e o visual.

Em notas de rodapé, foram inseridas histórias de vida de personagens que considero chaves para se entender um pouco da imbricada e dinâmica teia de relações sociais nas comunidades dos ilhéus. Ainda que muitos *de fora* considerem tais pessoas as principais *lideranças* da Ilha, chamo-os simplesmente de *os notáveis*. Isso porque percebi que o que convencionalmente chamamos de *líderes*, ou *representantes da comunidade*, tem um outro sentido na cultura caiçara... Espero que o próprio texto revele essa e outras peculiaridades do modo de vida tradicional na Ilha.[197]

TRAVESSIA: O RITO DE PASSAGEM AO MUNDO CAIÇARA

Há mulheres que dizem: Meu marido, se quiser pescar, pesque,
mas que limpe os peixes.
Eu não. A qualquer hora da noite me levanto, ajudo a escamar, abrir,
retalhar e salgar. É tão bom, só a gente sozinhos na cozinha,
de vez em quando os cotovelos se esbarram,
ele fala coisas como "esse foi difícil", "prateou no ar dando rabanadas"
e faz o gesto com a mão.
O silêncio de quando nos vimos a primeira vez atravessa a cozinha como
um rio profundo. Por fim, os peixes na travessa,
vamos dormir. Coisas prateadas espocam: somos noivo e noiva.

Adélia Prado[198]

---

[196] GEERTZ, *op. cit.*, p. 1.

[197] Por respeito à privacidade de meus interlocutores, decidi trocar seus nomes, mantendo, no entanto, o nome real da comunidade onde vivem. A maioria dessas pessoas é morador tradicional da Ilha do Cardoso. Alguns se tornaram meus amigos ao longo de nossa convivência.

[198] Poema *Casamento*, transcrito de PRADO, A. *Poesia reunida*. São Paulo: Siciliano, 1991.

VERÃO
SEGUNDA-FEIRA, 18 DE JANEIRO DE 1999

Navegar pelo canal que liga Cananeia à comunidade do Marujá pode ser arriscado em certas épocas do ano. Dizem que o transporte mais seguro é um barco grande mantido pela Dersa, que faz a linha Cananeia-Ariri. Os homens atravessam a barra de baleeira ou nas pequenas lanchas, aqui chamadas *avoadeira*. Todavia, as mulheres preferem a segurança do *barcão*.

Pretendia dar início ao trabalho de campo pela comunidade de Foles. Cambriú e Foles são as duas comunidades mais isoladas da Ilha do Cardoso. Situam-se em praias vizinhas na costa atlântica, ao nordeste da Ilha. Dizem que lá, até hoje, os moradores vivem essencialmente da pesca. O acesso até o lugar, segundo os próprios caiçaras, é muito perigoso por ter de-se atravessar um trecho de mar aberto entre a Ilha Comprida e a Ilha do Cardoso: a *boca da barra*.

Antônio, representante da comunidade de Foles no Comitê de Gestão Ambiental da Ilha do Cardoso, não compareceu à reunião da semana passada. Não sabia muito bem como localizá-lo. Decidi ir até o Marujá, a comunidade mais populosa da Ilha do Cardoso, para onde há transporte diário de Cananeia através do canal de águas salobras, conhecido localmente como o canal do Ariri. Do Marujá pretendia caminhar até a comunidade de Foles. Assim, também aproveitaria para conhecer as praias que ligam Foles e Cambriú ao Marujá. Trata-se dos caminhos que utilizam normalmente os moradores locais, principalmente as mulheres. Estas preferem evitar a travessia da *boca da barra* quando vão fazer compras em Cananeia.

A primeira etapa da minha travessia durou cerca de três horas. O barco da Dersa saiu às 13h de Cananeia. O dia está ensolarado, céu completamente sem nuvens, coisa rara aqui no Baixo Vale do Ribeira. Embarcação lotada, além das mulheres e crianças da região, viajavam alguns poucos *turistas* jovens,[199] que certamente iriam acampar no Marujá. Pela primeira vez, paguei a passagem cobrada aos *moradores da região* — turistas pagam dez vezes esse valor.

Chegando ao Marujá, encontrei alguns turistas caminhando pela praia. Havia poucas barracas espalhadas pela comunidade nesse período de recesso entre o fim de ano e o carnaval. Haviam, certamente, recolhido o lixo

---

[199] *Turista* é o termo utilizado pelos caiçaras para se referirem aos de fora. Para os pesquisadores, ou aqueles que de alguma forma desenvolvem algum trabalho na Ilha, costumam dizer: *os da Secretaria, os do Florestal, os do Meio Ambiente, do Ibama* etc.

acumulado durante as últimas festas.[200] Informaram-me que os moradores locais e estagiários do Parque, contratados para a "Operação Verão", haviam feito vários mutirões de limpeza. Nunca vi a praia tão limpa! Possivelmente haviam coletado também o lixo que a maré traz do alto-mar: garrafas de plástico, latas, pedaços de pau, todo tipo de entulho que, periodicamente, se acumula nas praias da Ilha.

Caminhei em direção ao norte cerca de uma hora até o costão de pedras, que separa as praias de Marujá e de Lajes. Pude observar de perto o senhor que montou uma barraca na praia para vender bebidas aos turistas durante a temporada, o Seu Paulinho. A permissão para esse tipo de comércio foi concedida pelo Comitê em uma das reuniões de que participei. Constatei o que haviam me informado: não havia lixo perto da barraca, tudo teria sido recolhido e depositado no cesto grande que se avistava no local.

Como de costume, hospedei-me na pousada do Seu Eliseu. Uma de suas filhas preparou o jantar. Rubens, o filho mais velho, acertou com o cunhado, Marcelino, de me levar de avoadeira na manhã seguinte até o *porto da tapera*. Diziam que, partindo do *porto da tapera* rumo a Foles, se economiza um bom tempo de caminhada. No meu caso, evitaria passar com a mochila pesada pelo costão de pedras. Tudo acertado, decidi dormir cedo. No dia seguinte sairíamos às 7 horas da manhã.[201]

* * *

TERÇA-FEIRA, 19 DE JANEIRO DE 1999
A CAMINHADA DE MARUJÁ A FOLES

Choveu muito durante toda a noite, mas o dia amanheceu claro, prometendo muito sol. No café da manhã, na casa de Seu Eliseu, ao contrário da tradição caiçara, tem sempre café bem forte e pão caseiro assado no dia por Dona Jurema, sua esposa — o típico nas famílias caiçaras é café ralo bem doce e biscoito de água e sal com margarina, pela manhã.

Marcelino me conduziu de avoadeira até o porto da tapera. As águas do canal estavam completamente paradas refletindo feito um espelho o

---

[200] Informaram-me que havia cerca de 800 turistas no Marujá na época do réveillon.

[201] Seu Eliseu representava uma das principais lideranças caiçaras na Ilha do Cardoso. Como tinha uma atuação política antiga ligada ao movimento das Comunidades Eclesiais de Base (CEBs) e participava de inúmeros eventos que tratavam do meio ambiente e das culturas tradicionais em UCs, representava um tipo de intérprete de sua cultura caiçara para as pessoas de fora como eu. Ao longo dos vários contatos, acabei ficando muito amiga dele e de sua família.

mangue e as matas densas da encosta. Para chegar ao pequeno porto é preciso atravessar um bom trecho do manguezal. A pequena avoadeira deslizava mansa através de ilhotas que se sucediam formando uma espécie de labirinto. Pela primeira vez, me deixei levar pelos encantos da Ilha...

A partir de um determinado ponto, a avoadeira não deslizava mais sobre o espelho d'água, parecia voar através do céu coalhado de nuvens claras. Quanto mais se afunilava o canal através do mangue, maior minha sensação de sobrevoar aquela vegetação de raízes emaranhadas e escuras. Perto do nosso local de destino, Marcelino reduziu a marcha. Mal passava o barco entre a vegetação. Deslizamos silenciosamente através das raízes-serpentes que então pareciam suspensas no ar. Chegamos à margem de uma pequena trilha que seguia mata adentro. A tapera de palha havia sido destruída pelo tempo. No local se avistavam apenas seus destroços.

A próxima etapa da travessia seria feita sozinha seguindo a trilha que conduz à praia de Lajes, durante cerca de 15 minutos. O encanto intensificou-se. O caminho é largo e atravessa um trecho de Mata Atlântica bem preservada. A floresta é muito fechada no trecho inicial da trilha. Escuridão total, parecia noite. Alguns raios de sol mal conseguiam penetrar através das copas. Feito holofotes, projetavam delicados feixes de luz branca em alguns trechos do caminho. Raios formavam tufos, alguns isolados iluminando pequenas faixas da mata. Cipós, bromélias floridas, folhas de todas as matizes de verde e de diversos formatos. Vegetação alta e exuberante. A cada 30 metros se escutava um tipo de pássaro diferente. Pequenas flores vermelhas — ou frutinhos? — cobriam o chão. Atravessei dois riachos de água gelada e logo as árvores tornaram-se mais baixas, mais adensadas. Um tipo de planta que parece espuma acinzentada forrava o chão. A Mata Atlântica transformou-se em uma vegetação cada vez mais atarracada, fechada e espinhosa: a restinga. Já se escutava o mar. Em seguida, avistei no final da trilha a praia de Lajes. Foi a segunda parte de minha travessia, e, confesso, a mais mágica.

Tirei algumas fotos, maravilhada pela beleza do lugar. Às 8h30 continuei a caminhada pela praia rumo a Foles. Depois de uma hora de andança, parei perto de um riacho para descansar e mergulhar no mar. Água gelada, transparente. Mais 15 minutos de caminhada e se chega ao morro desmatado, que divide as praias de Lajes e Foles. No total, levei cerca de duas horas até chegar a Foles. Todavia, carregava uma mochila pesadíssima. Talvez seja possível fazer o percurso em apenas uma hora.

Descendo as pedras que ficam no início da praia, encontrei duas mulheres lavando roupa em uma espécie de tanque natural, formado pela queda d'água à beira da mata. Tratava-se da mãe e da irmã de Antônio. Informaram-me que ele e sua mulher haviam viajado de barco, naquela manhã, para buscar um casal de turistas em Cananeia.

Apresentei-me e disse que havia já um certo tempo que estava para vir visitar a família de Antônio. Só não tinha vindo depois da última reunião do Comitê, no dia 14 de dezembro, como havia combinado, porque Antônio passou mal durante aquela reunião. De fato, haviam escutado algum comentário a meu respeito. No entanto, notei que a mãe ficou ressabiada quando falei que pretendia ficar na casa do Antônio e mostrei-me disposta a esperar que chegassem de Cananeia. Expliquei que vinha a trabalho, que participava das reuniões junto com seu filho. Perguntei onde poderia deixar minha mochila e esperar pela chegada do casal. Ao contrário do que havia imaginado — que ao menos uma das mulheres iria abrigar-me em sua casa —, a senhora disse que eu poderia esperar no rancho dos barcos. "E almoçar?", perguntei. Havia algum lugar onde eu poderia comer algo? As duas mulheres silenciaram, desviaram o olhar e continuaram seu serviço. Depois de outros assuntos triviais que introduzi para quebrar um certo clima de constrangimento que acabou crescendo entre nós, Heloísa, a irmã, disse que se eu quisesse ela poderia cozinhar algo. Mas, alertou, iria ainda demorar ali. Não tinha escolha, levei minhas coisas para o rancho dos barcos. (Será que havia sido direta demais quando perguntei onde poderia almoçar?)

Esperei das 11h até as 16h no rancho dos barcos. A situação era, ao mesmo tempo, engraçada e desconfortável. Recebi alguns visitantes nesse meio-tempo: primeiro, o cunhado do Antônio veio pintar os bancos de sua canoa; depois, três meninas curiosas vieram me conhecer: Alice, Juliana e Cristiane.

Ajeitei-me como pude para descansar e fugir do sol escaldante. Escrevi, li um pouco, sentada dentro de uma canoa, no meio das redes de pescar. Encontrei uma velha rede de balanço e armei no rancho. Finalmente, depois de umas duas horas, Heloísa chamou-me para almoçar: arroz, feijão e peixe frito, como de costume por aqui. Acabei dando cinco reais em retribuição pela refeição. Heloísa ficou meio sem jeito, não queria aceitar de forma alguma. Também fiquei sem graça de oferecer dinheiro, talvez não devesse, mas a pobreza da casa deixou-me tocada. Aquele dinheirinho poderia ajudar em algo, pensei. Agradeci e voltei ao rancho.

Por volta das 16h as meninas voltaram e sugeri que entrássemos no mar. Nadamos um pouco até uma tempestade aproximar-se. Fiquei com medo dos raios. Disse às meninas que deveríamos sair do mar. Fomos tomar um banho de água doce na bica, que fica no quintal de Antônio. Aos poucos fui me aproximando das duas principais personagens de minha breve história na comunidade de Foles: as meninas, Juliana (dez anos) e sua prima, Alice (doze anos), sobrinhas de Antônio. Foram minhas guias ao penetrar pela primeira vez no mundo caiçara.

* * *

Fotografia 10 – Casa de moradores tradicionais em Foles, Ilha do Cardoso

Crédito: a autora

As casas de Foles são feitas de tábuas de madeira, elevadas do chão como palafitas do norte do país — talvez porque fiquem numa área baixa bastante alagadiça. Os telhados das casas de Foles e Cambriú são de telhas de amianto. Percebe-se logo que o poder aquisitivo dos moradores deve ser bem menor do que o dos caiçaras do Marujá — onde quase todas as casas são amplas e bonitas, de alvenaria e com telhado de telha de cerâmica.

Antônio tem a casa maior e mais confortável da comunidade, não sei se pelo fato de receber turistas. Não havia perguntado quanto iria cobrar pela minha estadia. Só soube, depois de alguns dias por lá, que o sistema de hospedagem era completamente diferente do da comunidade do Marujá. Esse fato trouxe-me alguns constrangimentos memoráveis...[202]

No fim da tarde formou uma tempestade. Juliana sugeriu que fosse abrigar-me em sua casa, pois no rancho dos barcos choveria. Apanhei minha bagagem e, não tive dúvida: fui até sua casa, onde já havia almoçado. Heloísa, mãe de Juliana, foi paciente, ainda que um pouco distante. Ofereceu-me café com bolacha de sal. Disse que Antônio talvez não voltasse naquele dia. Comecei a me preocupar. Sabia que a mulher daria algum jeito para me acomodar durante a noite, mas, certamente, seria um grande constrangimento tanto para sua família como para mim. A casa era extremamente pobre e pequena.

Heloísa e seu marido, Wilson, são crentes. Têm quatro filhos: Juliana (dez), Jaime (cerca de oito), Ana (três) e Edinho (um). O marido pesca na canoa de Antônio. Heloísa, como todas as mulheres que conheci na Ilha, ocupa-se da criação dos filhos e da casa.

No final da tarde, para meu alívio, Antônio e Marilda chegaram.

Depois do costumeiro café ralo com bolacha, decidi caminhar um pouco dando tempo à família de Antônio para descansar e ajeitar as coisas depois da viagem.

Durante minha primeira conversa com Antônio Cubas e sua esposa, Marilda, soube que vivem praticamente duas famílias em Foles, bem como na comunidade vizinha, Cambriú: os Cubas e os Neves. Em Foles há sete casas, sendo uma desocupada.

Sobre as roças, disseram que há muito tempo não plantam mais. Antônio explicou-me que o sistema de plantio era o seguinte: plantavam um ano numa determinada área e seguiam plantando mais três anos no mesmo local, até que no quarto ano deixavam aquela área entrar em pousio e iniciavam o plantio em outra. Disse que faziam mutirão quando ele tinha treze a quatorze anos, portanto, há cerca de 30 anos. Sobre as casas, relatou que antigamente eram cobertas de palha — da palmeira guaricana — e as paredes eram feitas de tronco de palmiteiro lascado. As canoas usadas por

---

[202] Até aquele momento, o único local onde havia me hospedado era no Marujá. Nas demais comunidades da Ilha raramente existe alguma infraestrutura para hospedar visitantes. As poucas pessoas que pretendem dormir no local costumam pedir pouso em uma das casas dos caiçaras e devem trazer mantimentos para o preparo das refeições.

lá, dizem, são feitas das seguintes madeiras: guapuruvu, canela e cedro. São construídas no sul do país. O tio de Antônio parece que sabe construir as canoas de um ronco só, como faziam os indígenas na região. (Perguntei se ainda teriam o interesse de construir canoas. Antônio respondeu afirmativamente.)

Quanto à relação deles com os indígenas Guarani, que vivem atualmente na Ilha, contaram a seguinte história: há cerca de um ano os indígenas vieram ao Cambriú com um porco-do-mato amarrado numa corda para trocar por farinha, pão etc. Ninguém quis fazer negócio com eles, fechavam suas casas, fugiam do contato. Dizem que os indígenas dormiram na praia e *só andam pelos matos*. Marilda comprou umas esculturinhas de animais nativos feitos de *caixeta* — uma madeira abundante na região —, que costumam vender como artesanato. Não sei se na mesma ocasião, chovia muito e os indígenas pediram pouso em várias casas. Ninguém lhes deu abrigo. Marilda ficou com pena das crianças e os hospedou em sua casa. Ofereceram comida e roupas quentes para as crianças. Dormiram todos na sala, *mas ficaram conversando na língua deles um tempão, fazendo barulho...*

Sobre a religião, dizem ser católicos. Os cunhados, Admilson e Heloísa, são crentes. Marilda vai à igreja em Cananeia de vez em quando. Nas paredes da casa havia observado retratos dos santos católicos.

Finalmente, perguntei a respeito da relação deles com o atual diretor do Parque e com a SMA. Pareceu-me que Antônio *gosta do Marquinhos*. Por outro lado, tenho observado que foge das reuniões e *da Secretaria*, como ele diz. Resta saber o porquê.

* * *

A janta saiu tarde, por volta das 10h30 da noite: arroz, feijão e bife.[203] Como não há energia elétrica no local, Antônio tem um freezer a gás em casa. Ofereceu-me uma cerveja. Aceitei. Antônio fala pouco, menos ainda do que Eliseu, o primeiro caiçara que conheci na Ilha.[204] O filho menor, Joel,

---

[203] Havia mais de 15 anos que não comia carne vermelha, mas achei que seria uma terrível desfeita não comer o que me ofereciam.

[204] História de vida 1 (com base em relatos obtidos em 1999): Antônio Cubas, morador de Foles, membro do Comitê de Gestão do Peic, é pescador. Tem quarenta e um anos, é neto do famoso João Máximo, que, por sua vez, era filho de uma indígena. A mãe de Antônio, Dona Madalena, casou-se, pela segunda vez, com Sr. Tenório, morador mais idoso de Foles e único lavrador atualmente na Ilha do Cardoso. O pai de Antônio, também pescador, morreu na *boca do canal da barra*. Casou-se com Marilda, uma prima distante, quando tinha dezessete anos. Têm cinco filhos. Os dois mais jovens moram com o casal em Foles. Os dois mais velhos, casados, vivem em Cananeia. Mirian, a filha do meio, mora no Marujá, é casada com um dos filhos de Eliseu. A família hospeda turistas com

é bastante tímido. Tímidos e reservados, assim me parecem esses primeiros moradores com os quais tive contato em Foles. Nunca me perguntam nada: o que faço, de onde venho, muito menos da minha vida pessoal. Momentos de profundo silêncio entrecortavam nosso diálogo. Deduzi que se tratava do "jeito caiçara".

Às 23h30, disse que iria dormir. O quarto foi ajeitado às pressas para mim: havia uma cama de ferro nova e um beliche, uma cortina de pano dividia o quarto do corredor. Tudo bem simples.

Naquela noite, Antônio fez as seguintes perguntas a mim: *Se puder voltar a construir canoa, será que cada pessoa terá o direito de ter uma canoa? Que tipo de madeira poderá se cortar? Será que vou poder reformar minha casa?* (Antônio diz que pediu autorização ao Comitê). Tais perguntas indicam que Antônio vê o Comitê de Gestão de forma distanciada. Talvez, o entenda como parte da SMA. Como veem o Comitê? Tais questões centrais neste livro são abordadas ao longo deste álbum.

* * *

QUARTA-FEIRA, 20 DE JANEIRO DE 1999
EM FOLES

Não dormi muito bem. O barulho altíssimo dos grilos incomodou-me no início do sono. Demorei a levantar-me de manhã. Além do sono, queria esperar que as pessoas usassem o único banheiro da casa. Procurava sempre que possível evitar atrapalhar o ritmo dos moradores.

Antônio saiu cedo para Cananeia. Foi buscar um pessoal que se hospedaria uns dias em sua casa. Viriam para pescar. Tratava-se de dois grupos diferentes de São Paulo: o grupo de Seu Lyra e a família de Maurício.

Depois do parco café da manhã — café preto ralo e açucarado com bolacha de sal —, fui dar um passeio pela praia. O dia estava claríssimo e muito ensolarado. Fui até as pedras que dividem Foles de Folezinho tirar algumas fotos. Aos poucos, me deixei levar pelo encantamento diante da beleza daquela paisagem.

---

certa frequência. A maioria vem para pescar, geralmente da cidade de São Paulo. Trazem suas famílias e ficam vários dias convivendo com a família nativa (tive a oportunidade de presenciar esse tipo de contato, que relatei anteriormente neste diário). Gabriel, o filho adolescente, ficou em São Paulo durante uma temporada na casa de Maurício, que também conheci por lá. Segundo a esposa, Antônio gosta muito de ler. Indicando-me a pilha de livros no quarto — trata-se da coleção completa de Jorge Amado —, disse que o marido teria lido cada livro mais de três vezes.

A praia de Folezinho (Folinho, como dizem aqui) é pequena — tem cerca de 500 metros. É margeada, de um lado, por um costão rochoso, do outro, por um morro alto que termina numa espécie de falésia. Pedras cobertas por crustáceos, pedras verdes onde nascem algas, pedras de todo tamanho e formatos. O mar cristalino reflete a floresta da encosta íngreme. Ondas quebram formando rendas branquíssimas. Que lugar encantado! Entreguei-me à beleza do local, maravilhada.

Após uma hora e meia de caminhada, voltei para conversar com Marilda. Aproveitei para observar melhor a casa: quatro quartos (dois com cama de casal e outros dois com beliches, perfazendo um total de 11 leitos), uma sala ampla com dois televisores, radioamador, toca-fitas portátil, antena parabólica, pôsteres de desenhos infantis, santos católicos e paisagens paradisíacas, todos misturados cobrindo as paredes. O banheiro tem chuveiro a gás, a cozinha é ampla com chão de cimento queimado. Tudo muito simples, paredes de tábua sem pintura nem verniz, com muitas frestas. Com exceção da cozinha construída em alvenaria, o restante da casa é todo de tábuas, suspenso da superfície do solo.

Às 12h chegaram os primeiros turistas. Via-se que os três homens pertenciam à classe média. O mais jovem, Walter, é médico (tem cerca de trinta anos), seu pai, também chamado Walter (sessenta anos) e Seu Lyra, um senhor de setenta anos, escritor e jornalista aposentado, que frequenta o lugar há alguns anos. Trouxeram suas próprias provisões: verduras, frutas, caixas de cerveja e cachaça. Aos poucos vai caindo por água abaixo a ideia que tinha: que em Foles só se vive da pesca. (Aliás, perguntava-me por que Antônio não estava pescando naquela época.)

* * *

Hoje conheci Seu Tenório, o mais idoso da comunidade, padrasto de Antônio.

Segundo o padre de Cananeia, é o único lavrador na Ilha, no presente.[205]

---

[205] Havia conversado com o padre de Cananeia antes de iniciar o trabalho de campo. Sugeriu-me algumas pessoas para entrevistar. Nosso contato foi amistoso, mas muito breve. História de vida 2 (relatos em 1999): Seu Tenório, morador mais idoso de Foles. Seu Tenório é padrasto de Antônio. Fui visitá-lo em sua casa. No local, encontrei seus dois filhos. Deixaram-me a sós com ele. O velhinho escuta muito mal. Não é possível dialogar com ele, no entanto o senhor me contou várias histórias... Seu Tenório nasceu na praia de Lajes e seus pais morreram cedo. Tem noventa e cinco anos. É famoso por trabalhar na roça até hoje, indiferente às leis ambientais. *Minha profissão é lavrador. Pescar, pescava só para mantimento.* Foi criado pelos irmãos (?) e começou a trabalhar na roça bem cedo. Sempre trabalhou pesado: *Trabalhei para morrer, não para viver. Quem quiser criar seus filhos, tem que trabalhar menos!* Ainda rapaz, passou um tempo no sul do país (Guaraqueçaba...). Trabalhou durante um ano

* * *

Vários turistas chegaram hoje à casa de Antônio. Além dos três senhores que já descrevi (Walter pai, Walter filho e Seu Lyra), chegou a família de Maurício: ele e a esposa, Sheila, a cunhada, Sônia, e seus três filhos — dois rapazinhos e uma menina de seis anos. Portanto, os hóspedes somaram dez, contando comigo.

Tinha cama e colchões suficientes para todos. Os dois grupos trouxeram suas compras, Maurício trouxe duas caixas enormes de isopor. Fartura!

Fiquei observando a relação dos *de fora* com a família nativa. Maurício já parece da casa. Diga-se de passagem, é ele que financia as reformas da casa de Antônio. Foi ele mesmo quem me disse que trouxe as tábuas para a sala e agora iria começar a reformar a cozinha. Além disso, traz muitos presentes para os caiçaras.

O ritmo da casa mudou totalmente. O gerador passou a funcionar até tarde da noite suprindo a casa de energia elétrica. (Até o dia anterior a iluminação era feita por lampião). No café da manhã, passou a ter leite, queijo, bolo, vários tipos de biscoito, achocolatado. Nas refeições, comia-se carne todos os dias — um certo contrassenso para família de pescador.

Se é boa ou não essa situação para a família, ainda não posso julgar, mas sem dúvida os hábitos dos moradores locais vão aos poucos mudando...

---

numa serraria. Sua irmã escreveu-lhe uma carta pedindo que voltasse para a Ilha, caso estivesse ainda solteiro. Teve duas mulheres. Com a segunda, com quem vive até hoje, Dona Madalena, diz que casou no papel. Contou a história do bisavô de Antônio, que se casou com uma indígena encontrada no milharal. Desse casamento nasceu o lendário João Máximo, pai de Madalena. Seu Tenório teve três filhos com a primeira mulher: Antônio, Durval e Maria da Graça. Com Madalena tem quatro filhos. Em sua casa mora a neta, Alice, de doze anos. Contou-me que pescava só para o consumo. Já os produtos da roça, vendia: arroz, farinha de mandioca... Desde que foi operado nunca mais pescou, não consegue andar muito bem, mas ainda diz fazer sua rocinha. Não quis mostrar-me a área da roça. Argumentou que o caminho estava muito embrejado devido às últimas chuvas. (Fiquei pensando se o senhor estava com medo de eu ser da fiscalização do parque.) Mostrou-me alguns pés de mandioca em seu quintal, explicando que era de uma qualidade do Ceará. Disse que, sendo ele o único que planta por lá, todo mundo lhe traz mudas de diversas qualidades de planta, de diferentes lugares do Brasil, para ele cultivar em seu quintal. Levou-me para conhecer a casa de farinha. É um ranchinho pequeno, de uns 5 m² coberto de palha de guaricana e parede de tábua. O forno tem um tacho de cobre, do qual Seu Tenório muito se orgulha. Em seu quintal avistei alguns pés de bananeira, além de mandioca. Sobre a história da bisavó indígena de Antônio, Seu Tenório contou-me que, certa vez, Antônio Mendes e seus companheiros ouviram um barulho de conversa no milharal. Quando chegaram perto, viram que era um bando de índios, todos nus, que correram com a chegada dos caiçaras. Ficou uma indígena. Cobriram seu corpo com panos e levaram-na para casa. Deram banho, vestiram e alimentaram a indígena. Disse que ela gostou do lugar e foi ficando. Antônio Mendes tomou-a como mulher. Tiveram alguns filhos (quantos? Quem?). Um deles, João Máximo, contam ter sido um homem muito forte e corajoso. Seu Tenório disse que ninguém tinha tanta força para trabalhar na roça quanto ele. João Máximo é pai de Madalena, portanto, avô de Antônio. Seu Jerônimo, que conheci alguns dias depois, sogro de Seu Eliseu, também é filho de João Máximo.

(Marilda disse que não tomava bebida alcoólica. Agora bebe cerveja e caipirinha. Disse que aprendeu *com as mulheres de fora*.) Maurício trouxe litros de refrigerante, leite longa vida, e outras *maravilhas da cidade*. Fiquei surpresa ao ver Antônio matando a sua sede durante o dia com "Fanta".

Antônio, por outro lado, ficava o dia inteiro à disposição de Maurício. Saiu em sua avoadeira cedo para pescar com Maurício e Walter. Marilda contou-me que seu filho Gabriel, o adolescente, estava passando uns dias na casa de Maurício em São Paulo. Disse que Antônio estivera várias vezes na capital.

Perguntava-me nesses últimos dias: Até que ponto o contato com esse tipo de turista altera os valores dos moradores locais? O impacto na cultura poderia ser positivo? Em que aspectos? Se é negativo, em que aspectos? A solução para melhorar a qualidade de vida dos moradores de Foles estaria ligada ao turismo, aqui ainda bastante incipiente?

Nessa altura do trabalho de campo, começo a perceber uma dura realidade local: pobreza, alcoolismo generalizado, falta de perspectiva para os jovens, velhice desamparada, submissão e subserviência aos turistas e aos seus valores. Além disso, há uma espécie de apatia em relação ao autoritarismo que, até então, marcou as ações dos órgãos públicos de fiscalização. A maior contradição, porém, fica por conta de se encontrar, nesse mesmo local, exuberantes paisagens naturais lado a lado à evidente pobreza material de seus moradores.

* * *

Fotografia 11 – Visita ao cerco

Crédito: a autora

QUINTA-FEIRA, 21 DE JANEIRO DE 1999
EM FOLES

Presenciei uma cena intrigante quando caminhava pela praia por volta das 11h. Um aglomerado de gente encontrava-se em torno da avoadeira na beira da praia. Cheguei mais perto e percebi se tratar de uma filmagem. Interessante é que as pessoas pareciam daqui mesmo. Usavam uma câmara simples, pequena e percebi que estavam gravando uma espécie de propaganda do lugar:

Olhem os peixes que pescamos!
Olhem que maravilha este lugar!

Tirei fotos da cena, por acaso estava com minha máquina à mão. Perguntei ao rapaz com a câmara de vídeo do que se tratava a filmagem. Eles eram do Clube dos Pescadores de Iguape e organizavam grupos de turistas para conhecer a região. Disse que tinham um jornalzinho etc. Como quem não quer nada, perguntei se tinha muita gente que vinha ao lugar.

Ainda não, respondeu. O tal jovem é irmão de Wilson, cunhado de Antônio — e suplente no Comitê representando Foles.

Perguntava-me: Que tipo de turista irá frequentar essa praia no futuro breve? Qual será o impacto no ambiente e na cultura local do turismo? Como é possível organizar-se um tipo de turismo que não seja impactante e que beneficie os moradores locais? De fato, o turismo organizado parece-me a única alternativa para melhorar a qualidade de vida desses moradores. Talvez seja possível se quebrar o paradoxo local: paraíso natural *versus* pobreza (econômica e social) e desvalorização cultural dos caiçaras. Não pensava assim antes de conhecer essa comunidade.

Aproveitei o final da tarde para conversar com Seu Lyra, outro hóspede na casa de Antônio. Seu Lyra é jornalista aposentado e autor de alguns livros de romance. Tivemos uma conversa informal e agradável. Percebi que estava incomodado com a relação de certos hóspedes de Antônio com os caiçaras. Decidi entrevistá-lo. Ao final, declarou mais ou menos o seguinte: *Esse é um lugar maravilhoso... onde as pessoas são pobres e humilhadas pela ausência do Governo, e por essa ausência não tem perspectivas, nem há sonhos.*

* * *

SEXTA-FEIRA, 22 DE JANEIRO DE 1999
EM FOLES

Como de costume, saí para caminhar bem cedo. É o melhor momento para refletir sobre o que estou vivendo e anotar as observações feitas no dia anterior na minha caderneta de campo. Nessa meditação matinal, costumo levantar perguntas para orientar minhas observações em campo. O trabalho de campo é também um mergulho para dentro de mim mesma...

Transcrevo algumas frases recolhidas nos últimos dias:

Queriam tirar palmito para fazer uma salada pra gente, mas disseram que era melhor não, tinham medo que você fosse do Ibama... — Walter, o jovem médico que se hospedou na casa de Antônio ao mesmo tempo que eu.

Aqui a gente não pode construir... — Sheila, esposa de Maurício, lamentando o fato de o marido não poder construir uma casa no local.

Estou reformando esta casa. Trouxe estas tábuas [referindo-se às tábuas da parede da sala], *agora vamos reformar a cozinha...* — Maurício, comerciante de São Paulo, hóspede preferencial de Antônio.

A chegada de certos turistas irritou-me. Tive a impressão de que são pouco sensíveis ao ritmo e modo de vida dos moradores locais e dos demais hóspedes da casa. Fazem da casa de Antônio sua própria casa. Por exemplo: o gerador passou a ficar ligado até tarde, fazendo um barulho terrível até tarde da noite. Não se mostram tocados pela beleza do lugar e demonstram total indiferença à história, aos problemas e à cultura no local. O que procuram então aqui? Por que vêm? Essas pessoas que encontrei em Foles me fazem ficar preocupada com o futuro desses caiçaras. Os turistas que frequentam a comunidade do Marujá seriam diferentes? Inúmeras questões que giram em torno do tema turismo me instigam, pela primeira vez.

* * *

Ontem à tarde, caminhei até a comunidade do Cambriú, vizinha de Foles. Com a desculpa de ir visitar Dona Julieta, sogra do Eliseu, pretendia ter um primeiro contato com a comunidade, onde os moradores são famosos pela valentia. Poucos técnicos do Estado atrevem-se a visitá-los sem uma prévia e longa preparação...

A montanha alta e imponente, que se vê desde Lajes, debruça-se sobre a praia de Cambriú. É o local mais bonito onde estive até agora na Ilha. O paredão de montanhas íngremes cobertas pela densa Mata Atlântica termina na costa. A declividade é suavizada nas encostas até chegar ao nível do mar. As águas do rio Cambriú são azuis e límpidas. Um grupo de gaivotões repousavam por perto.

Três casinhas coloridas dão um charme especial no início do povoamento. A de Dona Julieta fica rodeada por árvores frondosas, no meio de um terreiro florido.

Na casa, encontrei o marido de Dona Julieta, Seu Jerônimo. Sisudo e muito econômico nas palavras, pareceu-me incomodado com minha visita. Disse que conheci sua esposa no Marujá, na casa de sua filha, Jurema. A cada dia me deparo com a principal característica dos caiçaras desses bairros isolados no extremo norte da Ilha: são extremamente arredios.

* * *

23 DE JANEIRO DE 1999
EM FOLES

Pretendia entrevistar várias pessoas em Foles, mas acabei achando que não era o momento. Desde a chegada dos turistas, o contato com os moradores locais tem sido quase impossível. A maioria dos que pretendia entrevistar são homens, e com a chegada de Maurício, dividiu-se o mundo dos homens e o das mulheres. Ficou ainda mais difícil penetrar no universo deles. Desisti.

Decidi me recolher e, simplesmente, observar tudo à minha volta. Hoje de manhã, encontrei Ditão, irmão de Marilda e representante da comunidade do Cambriú no Comitê de Gestão. Ditão é um caiçara forte, de traços indígenas marcantes que contrastam com os olhos azuis. Estava na casa de Antônio, e perguntei se poderíamos conversar sobre a comunidade do Cambriú. Respondeu-me que melhor seria depois que Maurício fosse embora.

* * *

Fotografia 12 – Despesca do cerco

Crédito: a autora

DOMINGO, 24 DE JANEIRO DE 1999
ÚLTIMO DIA EM FOLES

Resisti à minha quinta noite na casa de Antônio Cubas. A convivência com Maurício e sua família tem sido, de certa forma, penosa para mim. Hoje, é meu sexto dia de trabalho de campo, último em Foles. Amanhã iremos todos para Cananeia: os turistas, Antônio e Marilda. O casal vai visitar a filha e a neta recém-nascida.

Não tem sido nada fácil enfrentar a desconfiança desse povo e o olhar de desagrado de Maurício — que mais me parece o dono da casa. O pior é que seu tipo de postura, que julgo muito assistencialista e autoritária com a família dos caiçaras, deve influenciá-los de alguma forma. Como?

Seu Lyra disse ter pago cem reais para Antônio, além das compras, para ficar cerca de quatro dias em sua casa. Ao contrário do importuno que representou a chegada de Maurício, a convivência com o senhor e seus dois amigos, os Walter, foi muito agradável.

Antônio diz: *Agora que tá bom no Marujá, né?* O que quer dizer?

* * *

Passei alguns dias em Cananeia pesquisando documentos na Base do Peic e no Museu Municipal. Necessitava de uma trégua depois do período em Foles.

O diretor do Parque providenciou um barco para transportar-me até as comunidades da restinga, o extremo sul da Ilha: Pontal do Leste e a Enseada da Baleia. Contudo, ele aproveitou o transporte para encaminhar uma funcionária do Departamento Estadual de Proteção dos Recursos Naturais (DEPRN),[206] que deveria fazer inspeção de possíveis infrações ambientais no local. Joel, guarda-parque e meu antigo conhecido das reuniões do Comitê de Gestão Ambiental, foi designado para fazer nosso transporte.

Confesso que a ideia de viajar junto com a fiscal e o guarda-parque não me agradou. Os caiçaras certamente iriam me confundir com os funcionários da fiscalização... Por outro lado, sabia que Joel era uma pessoa ponderada e havia nascido em uma das comunidades que visitaria: a Enseada da Baleia. Além disso, não tinha muita escolha. O trajeto até as duas comunidades, localizadas no extremo sul da Ilha, só era feito uma vez por semana pelo *barco da Dersa*.

---

[206] O DEPRN é o órgão público que fiscaliza as áreas de proteção natural no estado de São Paulo.

* * *

SÁBADO, 30 DE JANEIRO DE 1999
EM PONTAL DO LESTE, NA CASA DE FIRMINO

Joel atracou no porto do Pontal do Leste, perto de um velho rancho de tábuas, à beira do canal. Mais tarde soube tratar-se do bar do Firmino, meu principal interlocutor naquela comunidade.

Do porto se avistavam alguns homens agrupados perto de uma construção. Joel informou-me que Firmino estava lá — eu mesma nunca o havia visto — e foi ao seu encontro. Pedi a Joel que me apresentasse e explicasse a razão da minha vinda, além de tratar com Firmino a respeito de minha hospedagem. Os dois homens conversaram rapidamente e vieram até mim.

Firmino é um homem claro de olhos azuis. Tem cerca de cinquenta anos. Vê-se que trabalha pesado, pela sua constituição corporal. Meio seco, no primeiro contato, conduziu-me até sua casa. Para minha surpresa, não me ajudou a carregar minha mochila. Levou-me até a sala de sua casa, onde fiquei esperando, sozinha, um tempo que me pareceu longo.

Sua esposa, Dona Adelaide, apareceu e perguntou-me se queria almoçar.

Senhora de ar severo, acentuados traços indígenas.

Resolvi dar uma volta pela comunidade, dando tempo para que a senhora preparasse a refeição. Esta mandou uma menina, que estava por perto, acompanhar-me. Era sua sobrinha de oito anos, Pricila, minha acompanhante oficial durante todo o período em que estive na comunidade.

Desde o primeiro dia, percebo que, nesse local, os moradores vivem mais unidos do que em Foles. As mulheres jogam vôlei todas as tardes com os homens. Adultos, adolescentes e crianças, todos se divertem juntos. Reúnem-se nas horas quentes do dia debaixo do pé de jamelão (*agapê*, como dizem aqui), tomam o tradicional café da tarde na cozinha da Dona Adelaide. É um clima de festa! Riem e brincam uns com os outros o tempo todo.

Os moços são bonitos e musculosos em virtude do trabalho diário na pesca. Moças e rapazes de traços harmoniosos, mistura dos loiros do Paraná e de seus ancestrais indígenas. (A família de Firmino é um bom exemplo. Sua irmã parece uma indígena; ele, loiro de olhos azuis.)

Diferente do que observei em Foles, os homens bebem pouco. Estive no fim de semana na comunidade e só os vi bebendo um pouco de cerveja na chegada das canoas. Logo no primeiro dia, tive impressão de estar numa comunidade feliz. Além disso, aqui fui aceita bem mais rapidamente pelos moradores. Me senti logo à vontade no *clã de Firmino*.

Conversei com Firmino e seu filho, Aldamir, naquela primeira noite, depois do jantar. Falaram abertamente sobre a relação deles com a SMA. Fizeram várias críticas ao Comitê de Gestão:

Firmino: *A gente não sabe falar direito, são sempre os mesmos que falam, os que se dão bem... Aqui* [Ilha do Cardoso] *é um parque, mas tudo é feito para os turistas. Aqui* [em Pontal] *não vem ninguém tirar o lixo, não tem telefone...*

Firmino diz ter entregue um abaixo-assinado solicitando a instalação de um telefone comunitário no mesmo dia que Seu Eliseu do Marujá. O telefone já foi instalado por lá.

Perguntei se mudou algo na vida deles com a nova direção do Parque:

Não cheira nem fede, não mudou nada, responde Firmino irreverente. *Deixei de ir na reunião porque o que a gente dizia era como se não dizia. Ninguém faz nada. Eles sempre vêm com um projeto novo, mas nunca se resolve nada.*

Sobre o turismo, comenta: *Não queremos tanto turista como no Marujá. Não queremos problema com maconha... Depois das 12h, queremos sossego! Também não queremos essa gente de barraca.*

> *Mas aqui* [na Ilha do Cardoso] *tudo é pro turismo. A lei é diferente pra cada comunidade. Só fazem as coisas até a Enseada* [comunidade vizinha ao Norte do Pontal]. *O cálculo d'água foi feito em cima de quantos turistas vão vir...*

Quanto à ideia recente das reuniões do Comitê passarem a ser realizadas nas comunidades, diz: *Agora com as reuniões aqui, aí vamos falar...*[207]

Os moradores do Pontal do Leste vivem, até hoje, só da pesca. Dizem que nunca dependeram da SMA e da administração do Parque para nada. O turismo não representa uma fonte de renda para eles, pelo menos até o momento. Autossuficientes, não veem o menor sentido em envolverem-se nas reuniões. Talvez, por essas características peculiares do lugar, identificam-se com a comunidade do Cambriú, no extremo norte da Ilha, onde também se vive da pesca.

Firmino contou-me com certa ironia e irreverência — características de sua personalidade — um fato recente ocorrido no Cambriú: a administra-

---

[207] As reuniões mensais do Comitê, em meados do ano de 1999, passaram a ser realizadas nas comunidades da Ilha, ao invés de acontecer na sede do Parque em Cananeia como era até então o costume.

ção do Parque teria demorado demasiadamente para aprovar uma picada na mata por onde passaria a tubulação de transporte d'água da cachoeira para a comunidade. Os moradores não tiveram dúvidas, abriram uma *enorme estrada, desmatando tudo que viam pelo caminho*. O desmatamento de uma área muito maior do que a necessária teria sido um tipo de provocação, ou protesto, pela morosidade da administração do Parque. Esse tipo de atitude não só é apoiada por Firmino, como estimulada:

> *Quero ver eles* [os fiscais do Estado] *irem lá autuar...!*

E acrescenta: *O problema é que a gente não é unido. Se todos fossem pra cadeia, mulher, criança..., queria ver se eles prendiam a gente.*

Nota-se que a ideia que os caiçaras têm do Estado é invariavelmente negativa, independe se este é representado pelo Ibama, pela SMA ou pela administração local do Parque. É o Estado que vem para autuar, prender, ditar as regras. As legislações federal e estadual são bastante restritivas. Caçar ou tirar palmito da mata são crimes inafiançáveis. Caiçaras passaram a ser considerados criminosos segundo tais leis. Suas atividades tradicionais de subsistência, proibidas — por exemplo, as roças de mandioca.

Firmino está ciente de todas essas restrições impostas pelo Estado. Todavia, essas regras vêm sendo modificadas no âmbito do Parque pelo Comitê de Gestão.

Essa é a novidade da qual algumas pessoas como Firmino talvez ainda não tenham se dado conta: agora existe uma possibilidade real de que as leis ambientais sejam modificadas na Ilha do Cardoso e em seu entorno. Será? E mais, os caiçaras talvez tenham chance de participar efetivamente da elaboração das novas leis, através de seus representantes no Comitê de Gestão. Mas o fato é que é mesmo muito difícil para os caiçaras acreditarem que agora eles próprios têm o poder de atuar na elaboração das leis ambientais que regulamentam suas atividades tradicionais. É ao que se propõe, pelo menos teoricamente, o Comitê de Gestão: o detalhamento e a implantação do PGA. Tal Plano foi elaborado conjuntamente entre o Estado, representantes da sociedade civil organizada e moradores locais. Esse processo está em andamento na Ilha do Cardoso desde as primeiras reuniões preparatórias, que se deram há quase três anos.

Há um porém: alguns caiçaras da Ilha, caso de Firmino, consideram inaceitável pedir autorização para o Comitê para o que quer que seja. (Por exemplo, para reformar ou construir um rancho de pesca, os pescadores devem encaminhar um pedido de autorização para o Comitê, antes de iniciar a obra.) Parece-me que a visão de Firmino de tal Comitê é a mesma que o pescador tem do Estado: trata-se de mais um colegiado que só serve para fiscalizar, penalizar, fazer cumprir as regras. O fato de ser membro formal do Comitê como representante de "sua" comunidade para ele não faz a menor diferença: "lá quem fala são sempre os mesmos e o que se diz, não ouvem"... Nesse caso, mesmo que ele esteja ciente do poder que está em suas mãos, Firmino parece não concordar que suas ações sejam submetidas ao julgamento de outros. Afinal de contas, sempre viveu neste lugar e nunca dependeu do Estado para quase nada.

* * *

DOMINGO, 31 DE JANEIRO DE 1999
PONTAL DO LESTE

Hoje chegou um casal de turistas que pretendia acampar no local durante o carnaval. Chegaram de barco e encontraram Firmino em seu rancho, à beira do canal.

Provavelmente, despachou-os para a esposa resolver o problema. Arredia como sempre a estranhos, Dona Adelaide não deu muita atenção e disse: *acampar não dá*. No entanto, mostrou a casa onde eu estava hospedada.

Fiquei atenta à chegada dos turistas, observando de longe como lidam com estranhos. De fato, mostram-se desinteressados à demanda dos turistas. A forma que lidam com *os de fora*, inicialmente beira a hostilidade.

No Pontal, uma preocupação: os filhos de Firmino não querem mais pescar. Um deles mudou-se para Cananeia, comprou uma avoadeira e faz passeios com os turistas. O único que pesca é Aldamir, o mais velho. Qual será o futuro dessa geração? Talvez só exista mesmo um caminho: o turismo.

* * *

Fotografia 13: Despesca do cerco

Crédito: a autora

Nesse mesmo dia de domingo, acompanhei algumas mulheres e crianças da família de Firmino que atravessaram o canal de barco para visitar seus parentes no *lado do Paraná*. A comunidade do Pontal do Leste é separada, pelo estreito canal de Ararapira, de uma outra comunidade caiçara, situada ao norte do Paraná, no continente. Aquele povoamento encontra-se também em uma área de reserva ambiental: o Parque Nacional de Superagui.

Do *lado do Paraná*, como dizem, a infraestrutura me pareceu bem melhor. As casas bem construídas e coloridas, todas com banheiro. Ter-reiros limpos, veem-se muitas rocinhas de mandioca e árvores de fruta. Toda casa tem energia solar, água encanada de boa qualidade. Segundo me informaram, os moradores não pagam nada pela infraestrutura instalada pelo governo federal. Também tem um posto telefônico e uma escola, onde a educação é voltada para a realidade local.[208]

Logo que chegamos à casa dos parentes do povo do Pontal, presenciei um ritual de bênção dos mais velhos, executado com grande cerimônia. O visitante pede bênção aos parentes mais idosos com as duas mãos juntas. Os que recebem a visita falam algo baixo — não entendi o que diziam — e depois dão um *cheiro* caprichado no parente. (Curiosamente esse é o mesmo costume do povo do interior do Nordeste.) Todo o rito é executado com muito respeito e de forma lenta, solene.

As mulheres falaram exaltadas sobre as últimas tempestades. Todos têm muito medo das *trevoadas*. Até o horário da pesca foi antecipado nos últimos dias para dar tempo das canoas chegarem na comunidade antes das fortes chuvas que costumam cair à tarde. Na semana passada, o vento arrancou as telhas das casas e raios caíram sobre árvores. Tive notícias de que várias pessoas já morreram atingidas por raios na região. Foi o tema da conversa durante toda a tarde. Às vezes tive dificuldade de entendê-los. Falam rápido, utilizam palavras que não conheço e a melodia da fala é também estranha. O povo daqui parece manter seus fortes laços culturais, talvez por estarem isolados por imensas áreas de Mata Atlântica destinadas à preservação ambiental. O acesso por terra, até aqui, é quase impossível. Também não vi televisores em nenhuma casa. Parece que o único contato que têm com o mundo exterior é o rádio.

* * *

Percebo que Firmino tem uma posição de destaque no Pontal. Todos são seus parentes. Mas seu poder estende-se realmente a toda a comunidade? Andando pelo local, percebi que, em algumas casas mais afastadas de Firmino, moradores desconhecidos me olhavam de forma quase hostil. Queria saber quem morava naquelas casas...

Conversei à tarde com Júnior, rapazinho de doze anos, sobrinho de Firmino. Mostrei o mapa da comunidade elaborado no recente cadastramento dos moradores e pedi que ele me dissesse quem morava em cada casa. Analisando uma por uma no desenho que apresentava, disse-me que em todas as

---

[208] Conheci um dos professores. Disse que a educação nesta comunidade é conduzida por uma ONG (Amprodec) em parceria com o governo do Paraná. As aulas dividiam-se em módulos e eram voltadas para a realidade local. Além disso, havia um curso especial de alfabetização de adultos.

casas moravam seus parentes — com exceção de André Beer, comerciante de Cananeia, e o caseiro deste, Antônio Cavica. Não percebi nenhuma reticência no menino enquanto me esclarecia quem eram os moradores.

* * *

SEGUNDA-FEIRA, 1º DE FEVEREIRO DE 1999
TERCEIRO DIA NO PONTAL DO LESTE

Conversei longamente, ontem à noite, com Firmino e seu filho mais velho, Aldamir. Ao contrário da costumeira discrição e reserva dos caiçaras que havia conhecido até então, ambos são falantes, diretos e bastante críticos. Firmino deixa claro que não depende de nenhum órgão público para viver como vive no Pontal: só da pesca. Critica os órgãos públicos, sempre com argumentos bastante sólidos. O filho segue seus passos.

Acompanhei as mulheres até o porto para esperar a chegada das canoas. Esclareceram-me que todas as embarcações pertencem a Firmino. No total saem seis homens para pescar em alto-mar todos os dias, mesmo aos domingos. *Tem dias que matam bastante peixe, outros dias, não dá nada*, diz uma das mulheres. Ontem chegaram a pescar 600 quilos de cação. Vendem a quatro reais o quilo no Ceagesp de Cananeia.

Não sei como dividem os lucros nem como é feita a partilha dos peixes para o uso das famílias. Quando as canoas chegam, as mulheres vão para a beira do canal, escolhem os peixes que vão preparar no dia, os limpam ali mesmo. Creio que todas as mulheres, que se servem à vontade dos peixes, são esposas ou parentes próximas dos pescadores.

Ainda que não se mostrem muito receptivos ao turismo, por outro lado aqui no Pontal já existe um certo tipo de infraestrutura para receber turista. Firmino construiu uma casinha — simples, mas confortável, para alugar eventualmente quando algum turista chega. Casa forrada e mobiliada que permite alojar cerca de oito pessoas com certo conforto. Ampla e arejada, com piso de cimento queimado vermelho, paredes rebocadas e recentemente pintadas, a casa é agradável e muito superior ao padrão das casas dos pescadores que visitei no Pontal.

Um problema sério nessa comunidade é o lixo. Tem muito lixo espalhado e observei as crianças jogando papéis de bala e cascas de frutas em qualquer lugar. Certamente por essa razão há tanta mosca no local.

Notei que os homens estavam construindo o barracão para os freezers a gás. Revezavam-se, cada um trabalhando algumas horas por dia. Mas não seguem o modelo de barracão, orientado pelos técnicos. Firmino comenta, ironicamente, que vão fazer uma construção bem maior, *porque se o freezer não vier, a gente usa o galpão pra fazer forró.*

Essa parece ser uma comunidade que, ao meu ver, expressa um *espírito realmente comunitário*: todos trabalham e se divertem juntos. Como nas outras comunidades da Ilha que conheci, aqui vive praticamente só uma família bastante extensa. Senti, em vários momentos, alegria no ar...

Como havia previsto, tive minha última conversa com Firmino à noite. Usando uma linguagem que sabia que entenderia, tentei deixar claro, mais uma vez, que eu não tinha nenhum tipo de ligação profissional com a SMA e que vinha para fazer um estudo pessoal.[209]

Durante os três dias no Pontal, procurei criar um clima de amizade com todos. Aproximei-me principalmente das mulheres, com quem troquei todo tipo de conversa do "universo feminino". Obedecendo à esposa de Firmino, Dona Adelaide, sua sobrinha Pricila sempre me acompanhou por todo canto. A menina de oito anos era minha guia. Dormia comigo todas as noites na casa de hóspedes. Muito falante, contou-me histórias sobre a vida que levava por lá. Com homens, procurei ser sempre amigável, mas reservada. Minha vivência de três anos no sertão do Ceará ensinou-me, na prática, que essa postura era a mais adequada para evitar qualquer tipo de problema com os homens ao aproximar-me demasiadamente da vida cotidiana deles. Antes de partir, despedi-me de Teresa, mãe de Pricila e cunhada de Firmino. Esta me tratou calorosamente desde minha chegada. Ficamos amigas. Deixei meu telefone e endereço. Pretendia manter o contato.

Não sei como Firmino me viu, não sei se acreditou em mim, mas fui muito bem tratada por ele e por sua família numerosa. Deram-me toda a atenção, foram sempre amigáveis e brincalhões, homens e mulheres. Às vezes um pouco desconfiados, mas sabe-se que essa é uma característica da cultura caiçara. Enfim, senti-me bem à vontade e foi prazeroso conhecer um pouco mais desse povo pescador.

---

[209] A maioria dos caiçaras tinha dificuldade de entender quais eram meus verdadeiros objetivos visitando as comunidades. Teve gente que pensou que eu fosse fiscal do Ibama, outros, que era técnica da Secretaria. Só depois de uma convivência de dias é que começavam a perceber "de que lado eu estava". Por essa razão, passei a deixar claro, durante as conversas travadas posteriormente à visita no Pontal, que eu não estava interessada em fiscalização, que eu era ligada à universidade, mas que procurava apoiar os caiçaras no Comitê: conhecer os problemas deles e levar essas informações para o Comitê. Também procurava deixar claro que, por mais que eu estivesse do lado deles (e creio que realmente sempre estive), não sabia se poderia ajudá-los, de alguma forma, a melhorar a qualidade de vida no local.

Deixei o Pontal satisfeita pelo trabalho realizado e torcendo para que as coisas melhorassem para eles no futuro. Não sei como posso apoiá-los, não fiz promessas, e nem sei bem se é esse o meu papel...

* * *

TERÇA, 2 DE FEVEREIRO DE 1999
CHEGANDO À ENSEADA DA BALEIA

O Pontal do Leste é a comunidade situada no extremo sul da Ilha, ao final da estreita faixa de restinga. De lá se pode caminhar cerca de 18 quilômetros, pela praia, até chegar no costão de pedras do Marujá. O trajeto rumo ao norte, do Pontal do Leste até a Enseada da Baleia, leva menos de uma hora. Cheguei na Enseada por volta das 10 horas.

Fotografia 14 – Detalhe da pesca no cerco

Crédito: a autora

Joel nasceu na Enseada, toda sua família é daqui. O pai, Seu Manoel, é o *notável* do local.

Alojei-me num quarto da casa de Joel, que possui uma saída externa, garantindo certa privacidade. Muito charmoso, o quartinho dá para a varanda que contorna toda a casa. Paredes verde-claras e janelinhas azuis, parece uma casa de bonecas. Desfiz a mochila e arrumei minhas coisas cuidadosamente nas prateleiras. Pela primeira vez, durante esse período de trabalho de campo, senti ter um canto mais reservado. Desfrutei com grande prazer o aconchego daquele quartinho.

Fotografia 15 – Salga do peixe na (antiga) Enseada da Baleia, Ilha do Cardoso

Crédito: a autora

Fotografia 16 – Barracão de armazenamento do pescado salgado e seco

Crédito: a autora

Ainda pela manhã, atravessamos de avoadeira o canal para *o lado do Paraná* acompanhando amigos paulistanos — que encontrara na Enseada, por acaso — até o posto telefônico, no Parque Estadual de Superagui. Quem fazia nosso transporte era Augusto, cunhado de Joel e membro suplente do Comitê de Gestão do Parque.

* * *

Conversei rapidamente com Joel.

Interessante, todos esses personagens que Joel critica vivem no Marujá, a comunidade que recebe mais turistas na Ilha. Seu Eliseu, sem dúvida, é um dos principais alvos dos caiçaras. Por quê?

Pedi a Joel que me indicasse algumas pessoas para entrevistar. Sugeriu-me Ruben, seu cunhado e membro suplente no Comitê de Gestão. Indicou-me também seu pai, Manoel, segundo ele, o mais idoso da comunidade.

* * *

QUARTA-FEIRA, 3 DE FEVEREIRO DE 1999
SEGUNDO DIA NA ENSEADA DA BALEIA

Procurei Ruben. Este já me conhecia das reuniões do Comitê. Disse-me que, naquele momento, estava ocupado e que me procuraria depois.[210] Tomei coragem e decidi ir logo entrevistar o polêmico Seu Manoel da Enseada.[211]

Ao contrário de Ruben, Seu Manoel interrompeu suas atividades — devia estar fazendo algum tipo de controle financeiro, pois anotava em um caderno várias contas. Colocou-se totalmente à minha disposição.

Imaginava encontrar um homem forte e hostil. Para minha surpresa, sua figura era totalmente diferente da que eu imaginara. Baixo e franzino, tinha dificuldades de locomoção. De fala mansa e pausada, concordou de imediato com meu pedido de *contar um pouco a sua história*. A conversa deu-se em seu bar/restaurante, à beira do canal.

O polêmico bar e restaurante do Manoel atrai inúmeros turistas e *pescadores de fim de semana*, que costumam trafegar pelo local. Vistoso, colorido e bem construído, o barracão foi embargado recentemente pela fiscalização ambiental. Trata-se de uma enseada de onde se tem uma das vistas mais bonitas da Ilha, mas a área é ambientalmente frágil e está em avançado processo de erosão.[212]

Firmino, da comunidade vizinha, também tem um "bar" à beira do canal, conforme já se mencionou. Em seu rancho de madeira, o pescador guarda o pescado no gelo em isopores grandes e, eventualmente, vende

---

[210] Durante os três dias que permaneci na comunidade, Ruben não me procurou. Nos encontramos várias vezes, ele sempre reticente. Achei melhor não insistir.

[211] Seu Manoel foi assunto de várias discussões no Comitê de Gestão por ter construído um barracão/restaurante numa área de risco ambiental, na beira do canal de Ararapira.

[212] Tinha em mente as inúmeras discussões que ocorreram nas reuniões do Comitê de Gestão sobre a construção ilegal do barracão de Seu Manoel. Em resposta à deliberação do Comitê que solicitou a retirada da edificação, Seu Manoel lançou um desafio: que destruiria sua construção caso fosse também destruída a casa do veranista Padilha, embargada havia bastante tempo. De certa forma, Manoel colocou o poder do Comitê em jogo. Por sua vez, o diretor do Parque e coordenador do Comitê passou a adiar uma deliberação definitiva para o caso. Havia meses não se comentava mais sobre o assunto…

cerveja. Tal rancho, situado a mais ou menos quatro quilômetros ao sul do restaurante de Seu Manoel, é uma construção bastante precária: chão de areia, paredes de tábuas velhas, sem janelas nem mesas.

De mentalidades completamente diferentes, os *clãs de Firmino* e *de Manoel* representariam os dois extremos em termos de modo de vida caiçara hoje coexistentes na Ilha: os primeiros vivem exclusivamente da pesca (até quando?); os segundos obtêm do turismo sua principal fonte de renda.[213]

* * *

À tarde caminhei pela praia até a *casa do Melão*, que possui uma das construções mais chamativas que se vê quando se navega pelo canal. Trata-se de uma edificação imensa que se divide em três ou quatro casas grandes, amplas, nos moldes das habitações urbanas em bairros nobres. Ocupa um trecho bonito da restinga com uma saída para o mar e outra para o canal. Contaram-me que o Melão é um rico comerciante de Registro, parente próximo do conhecido político de mesmo nome. O que chama tanto atenção são as fileiras de *casuarinas* — um tipo de pinheiro dos países temperados — que separa o que considera sua propriedade do restante. Na entrada da área, encontra-se um placa: "proibida entrada, propriedade particular". Um enorme quiosque foi construído na entrada do lado da praia. O local é gramado, bem cuidado. Fiquei curiosa para entrar, mas não arrisquei. Joel depois me contou que o Melão aluga a casa para um pessoal de São Paulo.

* * *

Entrevistei alguns moradores da Vila Rápida, parte um pouco afastada da comunidade Enseada da Baleia, em direção ao norte. Ouvi vários

---

[213] Història de vida 4 (relatos obtidos em 1999): Seu Manoel das Neves: *Meu pai sempre dizia, o que o mar faz, desfaz* — começa dizendo. Filho adotivo de Antônio Valeriano Martins, que comprou de Seu Trindade um lote de 800 m² neste local há 40 anos. Depois que o pai morreu, a terra foi dividida entre os filhos e ficou com 70 m². Todos deixaram o local, com exceção de Seu Manoel e sua esposa e irmã de criação, Dona Darci. Os principais problemas que enfrentam é falta de infraestrutura básica: água, posto de saúde e telefone. Contou-me que seus filhos são caseiros dos *veranistas* e recebem salário. Explica que com a aposentadoria de 130 reais não dá para viver. Por essa razão abriu o comércio onde vende bebida, refeição, *um pouquinho de tudo: Não dá pra enriquecer, mas consigo um dinheirinho pra comprar café e açúcar.* O turismo é para os moradores da Enseada uma importante fonte de renda. Seu Manoel diz que não pescam mais. *Não há mais peixe, tanto no canal como no mar.* Quanto aos problemas que enfrenta no local, segundo ele, o mais grave é a erosão da beira do canal, que está avançando cada vez mais. Diz que em poucos anos o canal vai destruir tudo o que possui: seu bar e restaurante — já a poucos metros da água —, sua casa, as casas de seus filhos. *O Parque e essa gente do Meio Ambiente são contra qualquer tipo de obra para evitar a erosão.* A prefeitura também parece ser omissa. Manoel é fatalista. Talvez se explique o que disse no começo de nossa conversa: *o que o mar faz, desfaz.*

caiçaras reclamarem que na Vila Rápida os pescadores que venderam casas para os turistas *não conseguiram ser caseiros* como foi o caso dos moradores da Enseada.

Seu Tenório:

Seu Tenório vive só da pesca. Tem muitos filhos. Diz ter dificuldade para vender o que pesca e que *a pesca tá pouca*. Tem uma pequena casa perto da sua que aluga para turistas. Vê-se que o que tem mal dá para sustentar a família.[214]

José Mendonça:

José é casado com Neusa, do Paraná. Pesca de canoa a remo em mar aberto.

Quando perguntei do Comitê, disse: *Ah, esse negócio de freezer?*. Contou-me que *o cabo Bini e um Paulo vieram escolher o local para a casa do freezer. Destruíram uma casa no local para aproveitar o alicerce, mas o material não chegou até hoje*. Diz que o freezer seria bom para eles, que dependem da pesca.

Nesta parte da comunidade Enseada da Baleia há água, luz solar, só o comércio do peixe que é difícil (provavelmente por não possuírem barco a motor, necessário para vender o pescado em Cananeia).

* * *

4 DE FEVEREIRO DE 1999
ENSEADA DA BALEIA,
UM DOS RECANTOS MAIS BONITOS DA ILHA

Re-encanto

Este lugar é realmente um paraíso! O manguezal logo à frente é emoldurado pelas montanhas do Paraná — o Parque Nacional de Superagui. As águas do canal são de um azul intenso. Lugar bem cuidado, sem lixo, coberto

---

[214] Uma de suas filhas costumava ajudar Rosa, mulher de Joel, quando recebia turistas. O filho adolescente era contratado para limpar os terreiros dos veranistas.

por plantas ornamentais e muitas árvores. (Minha amiga paulistana garante que veranistas ensinaram o povo daqui a cuidar do local.)

Somente um terço das casas são ocupadas por moradores tradicionais, todos da família do Seu Manoel. As demais casas foram ocupadas por veranistas que "compraram" as casas há vários anos.

Um *forró pé duro* tocando alto na casa de Ruben transporta-me até o sertão nordestino. A maioria das casas foi recentemente pintada de azul--marinho e branco. Casas de madeira construídas para os veranistas, habilidosamente, pelos caiçaras — a maioria, verdadeiros mestres carpinteiros/marceneiros. Certamente, as mesas que se encontram à sombra de árvores frondosas — chapéus-de-sol e jambolões — também foram arquitetadas pelos *de fora*.

Neste lugar sinto-me à vontade. Aqui, ser *de fora* não é um problema. São todos amigos dos *veranistas* (aliás, dizem: *nossos amigos*). O atual diretor do Parque já havia me alertado de que a relação dos moradores com os turistas era muito boa na Enseada. O mesmo não ocorre na Vila Rápida onde estive ontem.

À tarde fui até um local que fica cerca de um quilômetro depois das *casuarinas* do Melão. É um recanto agradável com inúmeras árvores de frutas. Lá encontrei algumas casas de madeira, recentemente pintadas, muito bem cuidadas. Logo veio uma senhora — que se via ser *de fora*. Encontrava-me naquele momento distraída, sem o menor desejo de convencer quem quer que fosse a me escutar, responder às minhas perguntas...

A senhora foi bastante agressiva. Decerto achava que eu era da fiscalização. Naquele momento, confesso, não estava disposta a "ser pesquisadora". Queria deixar- me simplesmente envolver pela beleza daquele lugar, sem ter que assumir um distanciamento crítico e alerta — postura que, em geral, se considera necessária a um "pesquisador".

A senhora vive com o marido aposentado em Curitiba. Disse-me que comprou aquela casa havia cerca de oito anos. Avistam-se várias casas na área que parece ser um sítio. Nesse local também ocorre erosão na beira do canal, mas parece que a situação está sob controle após ter sido construído um enorme dique de sacos de areia.

Fotografia 17 – Despesca do cerco

Crédito: a autora

Insistiu em fazer inúmeras denúncias sobre moradores locais da comunidade vizinha. Repeti que não estava interessada em fiscalizar nada. Soube mais tarde que seu marido é um dos maiores grileiros da região (!).

* * *

Naquela manhã Joel e a esposa, Rosa, resolveram pescar de rede no canal. Tiveram sorte, capturaram cerca de 40 *paratis*, uma corvina grande e uma tainha. Finalmente o cardápio mudou um pouco: peixe cozido![215]

---

[215] História de vida 5 (relatos obtidos em 1999): Joel. Joel tem trinta e sete anos. Nasceu na Enseada da Baleia. Quando criança, lembra-se bem, viviam da pesca e plantavam mandioca para farinha. No local, havia uma fábrica de secar peixe. A mercadoria era vendida em Registro. Conta que, antes de seu pai, o principal *líder* local era seu tio. Quando o tio vendeu a terra para uma pessoa de São Paulo (Pedro Camilo), seu pai, Manoel, não concordou em vender sua parte. O Padre de Cananeia o apoiou. Casou-se com Rosa Mendonça, que morava *mais embaixo* na própria Ilha. Diz Joel que os filhos trabalhavam para o pai, até hoje. Segundo Joel, o turismo começou há 15 anos. Começaram alugando quartos. Há 13 anos os moradores tradicionais passaram a vender casas para veranistas. Tornaram-se caseiros, mas afirma: *Nunca se deixou encher, nem acampar. Fora* [das casas] *não fica*. Pararam então de pescar. Em 1988, passou a ser funcionário do Parque na função de guarda-parque (fiscalização). Mudou-se há três anos para Cananeia para que seus filhos pudessem continuar a estudar. Passou a participar da pastoral há muitos anos estimulado pelo padre de Cananeia. Conta que também faziam parte do movimento pastoral: Seu Eliseu e Rubens do Marujá, Rosália e Ivo de Itacuruçá, ele próprio e a esposa Rosa da Enseada... No Pontal e no Cambriú as pessoas foram sempre menos envolvidas com a Igreja. Somente Mirtes,

Na Enseada, fica claro que todos se tornaram pequenos comerciantes ou prestadores de serviço aos turistas e veranistas durante essa parte do ano. Caseiros, barqueiros, dono de pousada ou do restaurante, os membros da família de Manoel diferenciam-se de seus vizinhos pescadores. Suas casas também são mais espaçosas e bem acabadas, os quintais muito asseados, bastante arborizados.

* * *

SÁBADO, 6 DE FEVEREIRO DE 1999
DE CANANEIA ATÉ O CAMBRIÚ

O desfecho do rito de passagem: conseguir penetrar no "Camburiú"

Navegar através da barra que separa a Ilha Comprida da Ilha do Cardoso nas canoas dos pescadores é um verdadeiro desafio. Notei que eles próprios têm medo. Esse trecho de mar aberto conhecido como *boca da barra* é traiçoeiro. Muitos pescadores experientes já morreram nessa travessia. No entanto, para mim, a travessia até o seio da comunidade do Cambriú — ou Camburiú, como dizem os daqui — seria, sem dúvida, o maior desafio do trabalho de campo. Há uma espécie de mito em torno dessa comunidade: o de que seus moradores são muito ariscos, e raramente aceitam alguma intervenção do Estado. Dizem também os caiçaras de outras comunidades que *o povo é meio índio*.

---

irmã do Firmino, chegou a fazer parte do grupo da Igreja. Também participava das reuniões da *Sudelpa*. Diz que *foi assim que surgiu a contratação no Parque*. Na época foram contratados alguns moradores locais: Rubens do Marujá (filho mais velho de Seu Eliseu), ele da Enseada, uma pessoa de Itacuruçá e três de Cananeia. No total eram três guardas-parque. Na opinião de Joel, é muito difícil que os caiçaras das comunidades isoladas como Cambriú e Foles participem ativamente do Comitê de Gestão. *Eles nunca foram atendidos!* Cita o Cambriú. Diz que é um local desconhecido (para quem?). Acredita que o fornecimento de água para a comunidade poderia ser uma boa porta de entrada para a SMA *chegar no Cambriú*. Mas *ficam jogando* [o problema] *para a prefeitura...* Para Joel, *para fazer as pessoas participarem mais têm que conseguir algo para as comunidades* (como a água para o Cambriú). Segundo ele, a comunidade do Marujá é sempre a mais beneficiada. *Lá tem o turismo, é onde está se arranjando mais. Começaram pela comunidade mais populosa, mas, na verdade, onde tem mais turista. Não pensam no povo, nas pessoas que realmente precisam.* Quanto ao turismo diz: *É difícil segurar o turismo. A pesca tá difícil. Até o Firmino está abrindo para o turismo. Mas tem gente que não quer. O turismo vai ser o futuro.* Ainda mais agora que se tem a possibilidade de abrir três ou quatro quartos para os turistas nas casas de moradores tradicionais na Enseada e no Marujá. Explicou-me ainda que a Colônia dos Pescadores é um tipo de sindicato, luta pelo direito dos pescadores. O principal problema na Enseada, segundo Joel, é a erosão. Já foi encaminhado um estudo para o Comitê sobre o problema, *mas acham muito caro*. Há também o problema de água. Na época de pico (réveillon e carnaval) hospedam-se no máximo 60 pessoas de fora na comunidade.

A trajetória começou logo de manhã. Deveria conseguir uma carona na canoa dos pescadores que costumam vender o peixe pela manhã em Cananeia. Partem logo em seguida para a comunidade de Cambriú, situada na parte nordeste da Ilha do Cardoso. Estava preparada para o pior: que recusassem a me transportar até lá. Havia falado rapidamente com Roberto e Ditão — esse último, o representante oficial da comunidade no Comitê de Gestão — sobre minha intenção de ficar uns dias por lá. Esperava que já tivessem espalhado a notícia da minha chegada. Contudo, sabia, se não quisessem que eu visitasse a comunidade por alguma razão, de nada valeria o contato prévio com aqueles caiçaras do local.

Cheguei no trecho do porto onde sabia que os moradores do Cambriú descarregam o pescado. Conheci uma de suas canoas típicas — feitas em um tronco só, muito coloridas e imponentes — e procurei saber de quem era. O pescador disse que só iria mais tarde, mas me indicou o *Isaías*, que estava aportando justo naquele momento. Ao contrário dos outros moradores do Cambriú que conheci, todos com traços bem indígenas, o Isaías tem a pele muito branca. Seu rosto parecia ferido pelo sol forte e constante. Foi amigável e combinamos o local e horário de saída. A primeira prova havia passado!

Esperei durante umas duas horas na sede do Parque. Como era sábado, lá só estava o vigia, Augusto. Simpático, contou-me muitas histórias…

Augusto deve ter cerca de quarenta anos. Cresceu em um sítio na Ilha do Cardoso. Seus pais e avós tinham roça de mandioca para fazer farinha. Além disso, plantavam arroz, feijão, cará, batata-doce, banana e cana-de--açúcar — da qual faziam melado e um tipo de rapadura. Vendiam banana e lenha em Cananeia. Contou-me que naquele tempo quase não se usava gás, *tudo era à lenha*. O transporte costumava ser feito por barco a remo. Não havia barco a motor na região.

Sua família deixou o sítio porque *lá tinha muita assombração*. Os objetos mexiam-se à noite, escutavam correntes no telhado, gemidos. Certa vez, um enorme tacho de cobre, usado no forno de fazer farinha, voou da cozinha até a sala caindo sobre a cama onde se sentavam. Se não tivessem sido rápidos, morreriam todos. Depois desse incidente foram morar definitivamente na Ilha da Casca, lugar ermo, sem água potável, uma ilhota pequena no canal de Trapandré, que liga as comunidades da restinga da Ilha a Cananeia. Pararam então de plantar (*por causa das assombrações e porque ficou proibido*). Passaram a pescar. Para Augusto, as assombrações eram os escravos que lá viveram no passado.

O vigia trabalha no parque há 25 anos. Falou muitas outras coisas sobre sua família, sua vida. É um bom exemplo de como a atuação do Estado, nessa região do Vale do Ribeira até hoje, seguiu a seguinte política: impondo severas restrições ao uso dos recursos naturais e, ao mesmo tempo, deixando a população desassistida em suas necessidades mais básicas. Relatou como seu irmão morreu por negligência ou incompetência da saúde pública em Cananeia. Revelou-me muitos detalhes de um passado recente.

Por volta das 14h30, Isaías fez sinal de que partiríamos. Augusto ajudou-me a levar minhas compras até a canoa. Como naquela altura já sabia que não existia nenhum tipo de comércio na Ilha, dessa vez levava mantimentos para passar uns dias na casa de Dona Julieta: arroz, feijão, café, biscoitos, verduras e frutas — claro que na quantidade que também suprisse o consumo dos demais moradores na casa.

A travessia da *boca da barra* foi tranquila. O mar estava manso, não ventava. Dia claro e sem nuvens. Fiquei na proa observando a paisagem por um ângulo completamente novo para mim. O Morro dos Três Irmãos, símbolo do Peic, encontra-se logo atrás do núcleo de pesquisa Perequê. A visão que eu tinha do morro modificava-se à medida que a canoa avançava mar adentro. Transformava-se em *Dois Irmãos*, até um ponto onde se enxergava somente um único pico muito imponente. Estava curiosa para ver como aquela montanha — um dos pontos mais altos da Ilha — terminava na praia de Cambriú, conforme havia observado quando estive na comunidade algumas semanas atrás. Nos mais diferentes pontos da Ilha, avista-se tal morro.

Isaías navegava a maior parte do tempo em pé na canoa. As tradicionais canoas a motor dos pescadores da Ilha assemelham-se às gôndolas venezianas, com a proa e a popa inclinadas para cima. Muito coloridas, deslizam sem dificuldades através do trajeto perigoso em mar aberto até atingir uma área protegida pela Ilha do Bom Abrigo. O trajeto dura cerca de uma hora naquele tipo de canoa.[216]

Cruzando a Ponta de Itacuruçá, avista-se uma pequena praia (Ipanema) e depois o costão rochoso que se estende até o rio Cambriú, já na praia de mesmo nome. Desse lado da Ilha na costa atlântica, o relevo é montanhoso e a vegetação densa. Avista-se ao longo de toda a viagem o citado Morro, que se debruça, abrupto, sobre a praia do Cambriú feito um guardião severo.

---

[216] Quando parti de Foles para Cananeia havia três semanas, fizemos o mesmo trecho em cerca de meia hora, na lancha grande e possante do hóspede de Antônio.

Aportamos por volta das 15 horas. Muito sol. Meninos brincavam na praia e ajudaram-me com os sacos de compras. Parecia que todos estavam à minha espera. Chegando à casa de Dona Julieta, encontrei vários homens que trocavam as tábuas das paredes. A senhora recebeu-me com certa reserva.

Desejava descansar um pouco. O sol estava ainda muito forte para uma primeira caminhada. As redes embaixo dos sombreiros no terreiro costumavam ser o local de descanso para os dois homens da casa, depois do almoço. Segui o exemplo deles. Mais tarde, resolvi caminhar até o rio. O rio Cambriú nasce nas matas da encosta do *Morro do Bico Grande* — como chamam localmente o Morro dos Três Irmãos — e deságua na praia. Recanto tranquilo onde sempre se encontram diversos pássaros: garças, gaivotões, maçaricos. É o rio mais volumoso e bonito que vi até agora em toda a Ilha.

Tomei banho de mar durante mais de uma hora. Anoiteceu e usei a bomba d'água de Marieta, filha de Dona Julieta, para tirar o sal do corpo. Na comunidade não há água encanada. Muito menos energia elétrica. Poucos moradores têm poço. Água trata-se de uma das principais dificuldades para os moradores locais. Onde estive hospedada, a senhora é obrigada diariamente a coletar água para beber na pequena cachoeira que fica a cerca de 1 km de sua casa, do outro lado do rio. Na maré cheia não é possível atravessá-lo. Nessa época, Dona Julieta utiliza a bomba manual da filha, mas reclama: *a água não é tão gostosa.*

No total há cinco bombas d'água na comunidade. Para os moradores que moram mais distantes das bombas — caso de Dona Julieta, Lia e Dona Maria José —, buscar água todos os dias costuma ser um trabalho árduo. Nas poucas reuniões do Comitê de que participaram os representantes do Cambriú, água foi a principal demanda. Pretendem instalar canos de coleta na cachoeira no alto do morro até as casas. A lentidão dessa obra prometida pelos técnicos do estado de São Paulo acabou sendo o principal ponto de descrédito por parte dos moradores locais.

À noite tive a oportunidade de aproximar-me da vida cotidiana da família que me hospedava. O casal (Dona Julieta e Seu Jerônimo) são os sogros de Seu Eliseu. Vive ainda na casa o filho Zeca, de quarenta e oito anos. Contaram-me muitas histórias. Os três falavam ao mesmo tempo comigo. Era um pouco difícil de entendê-los. Eufóricos, penso que minha presença os alegrava. Num determinado ponto da conversa, Dona Julieta fala num tom solene: *nós somos de família de índio!*[217]

Seu Jerônimo é filho de João Máximo, o lendário caiçara que foi picado de cobra nove vezes. Meu anfitrião é irmão de Dona Madalena, mãe de Antônio, da comunidade de Foles. Relatei o que havia me contado Seu Tenório sobre a descoberta da indígena no milharal. As histórias confirmavam: tal indígena era a mãe de João Máximo, portanto, avó de Seu Jerônimo. Já a Dona Julieta é filha de Pacífico Generoso, também filho de indígenas.

Fiz questão de ajudar Dona Julieta no preparo da janta. Como não há energia de nenhum tipo na comunidade, jantamos à luz de velas: arroz, feijão e peixe frito com farinha, como sempre. *No tempo de dantes se fazia farinha, beiju, tirava aipim, o peixe era mais farto. Mas, agora, não pode mais plantar.* Repetem sempre o mesmo lamento contra a ação *daquela gente da Secretaria.*

Todos dormem cedo, por volta das 21 horas. Arrumaram minha cama com lençóis novos no único quarto da casa. Na sala dormiram os três adultos em colchões no chão.

✳ ✳ ✳

DOMINGO, 7 DE FEVEREIRO DE 1999
PRIMEIRO DIA NO CAMBRIÚ

Costumo ser especialmente cautelosa nos primeiros momentos em uma comunidade que não conheço. No Cambriú, redobrei meus cuidados. Decidi não fazer entrevistas no primeiro dia. Preferi caminhar para conhecer um pouco o lugar e, eventualmente, conversar com uma ou outra pessoa.

Haviam me alertado que deveria mostrar-me corajosa com as pessoas daqui. Cautelosa e ao mesmo tempo firme, procurava descobrir a melhor forma de aproximar-me dos moradores de Cambriú. No fundo, tinha um pouco de medo da reação das pessoas caso me rejeitassem por alguma razão. São famosas as histórias de agressões dos moradores daqui às pessoas de fora, sobretudo técnicos do Estado. Não tinha a menor ideia de como seria comigo. Procurava estar atenta a cada gesto, a cada olhar, a cada sinal.

Pela manhã, fiz um passeio até Foles, a comunidade vizinha onde estivera hospedada durante uma semana. Sabia que lá seria bem rece-

---

[217] De fato, na primeira vez que avistei a senhora no Marujá havia alguns meses, chamou minha atenção sua cor e traços indígenas. Perguntei para alguém quem era aquela mulher que parecia tanto uma indígena. Alegrei-me de saber que se tratava da sogra de Seu Eliseu, dono da casa onde costumava hospedar-me no Marujá.

bida por Marilda e Antônio. À tarde, andei pela praia até a casa de Ditão, representante da comunidade no Comitê. Conversar com ele significava, de certa forma, receber um tipo de autorização para *entrar na comunidade*. Também decidi não tirar nenhuma fotografia do lugar antes desse contato. Seria uma medida cautelosa, mesmo que um pouco exagerada, mas preferia evitar qualquer problema. Cumprimentei todos pelo caminho, não desviei meu olhar de ninguém. Sabia não ser costume deles cumprimentar pessoas desconhecidas. Procurava ser amigável e, ao mesmo tempo, queria mostrar-lhes que não estava acuada.

Chegando à casa de Ditão, disseram-me que não estava. Limitei-me a escrever, ler e conversar com meus anfitriões, nesse primeiro dia.

* * *

SEGUNDA-FEIRA, 8 DE FEVEREIRO DE 1999
TERCEIRO DIA NO CAMBRIÚ

Terceiro dia na comunidade e começo a deparar-me com os principais problemas dos moradores: não há abastecimento de água e de energia e nem serviço de saúde no local. Também já senti o quanto são arredios.

Ditão, membro oficial do Comitê, literalmente fugiu de mim ontem à tarde. Ao mesmo tempo que me dirigia até o extremo da praia onde o pescador mora, ele teria fugido pela mata adentro, que margeia as casas até o extremo oposto (Dona Julieta contou-me o fato, achando muita graça). Por que me evitava daquela forma quase desesperada? Como convencê-lo a conceder-me uma entrevista? Há mais de três semanas na Ilha do Cardoso, os dois únicos membros efetivos do Comitê de Gestão do Parque que ainda não conseguira entrevistar foram: Antônio, da comunidade vizinha de Foles onde me hospedei por uma semana, e seu cunhado, Ditão, daqui do Cambriú. Curiosamente, as duas comunidades vizinhas também são as mais ausentes nas reuniões mensais do Comitê de Gestão, ao lado do Pontal do Leste. Meu próximo desafio seria, portanto, conseguir entrevistar Ditão. Ainda não sabia bem como.

Dona Julieta é incisiva nas críticas ao Estado: *não adianta ir em reunião, só ficam falando, falando, nunca resolve nada. Faz uns dois anos que um vereador falou de colocar água pra cá. Nada! Mesmo essa energia solar, era pra vir pra cá e foi parar no Ariri.*

Isolados pelo mar bravo e, de certa forma, abandonados pelo Poder Público, esse povo vive à sua própria sorte.

Choveu forte o dia todo. As atividades dos moradores na casa onde eu estava restringiram-se a dormir e comer. Aliás, a comida de dona Julieta é saborosíssima! Criativa, todo dia inventa um prato diferente com o peixe fresco que consegue junto aos pescadores locais.

Fiquei em dúvida, no final da tarde, se deveria novamente procurar Ditão. Pedi para sua filha avisá-lo que passaria em sua casa pela manhã. Começou a chover, desisti. Poderia muito bem sair debaixo da chuva fina, mas achei que não deveria demonstrar tanto interesse em contatá-lo.

Se o povo de Cambriú é arredio e arisco no primeiro contato, o mesmo não ocorre quando se consegue chegar ao interior de uma família local — não saberia dizer como é essa relação com as demais famílias daqui. Sinto-me bem à vontade junto à Dona Julieta e Seu Jerônimo. Contam suas histórias, eu as minhas. Fazem poucas perguntas sobre minha vida pessoal. (São sempre discretos os caiçaras!) Ajudo Dona Julieta a preparar as refeições, Seu Jerônimo faz comentários brincalhões. Zeca, o filho solteiro que mora com o casal, é também amigável, mas distante. Soube pela mãe que bebia muito, mas *agora só toma uma caipirinha de vez em quando*. Trata-se de um homem forte e bem alto para os padrões locais. Cara de indígena, tem cerca de cinquenta anos. Está sempre limpando o terreiro, reformando a casa. Dizem que pesca, mas ainda não vi os dois homens pescando. Quem trabalha duro mesmo na casa é Dona Julieta. E a falta de água potável dificulta a vida da senhora.

Quanto ao contato com os turistas, tive a impressão de que os poucos que chegam até aqui são bem recebidos por essa família em particular. Dona Julieta lembra-se com carinho *dos meninos de Curitiba*, que costumam acampar em seu terreiro nas férias de verão. Passam dias surfando. A senhora cozinha para eles.

Trazem os mantimentos da cidade. Segundo Dona Julieta, sempre trazem presentes e ajudam muito a família.[218]

* * *

---

[218] Dona Julieta contou-me que lhe pagaram um tratamento médico em Santos. Foram 20 dias de hospedagem em um *hotel muito confortável*, além do tratamento médico da coluna. É muito grata *aos meninos*.

Finalmente consegui encontrar-me com Ditão. Estava tecendo uma rede de pesca no rancho quando cheguei de surpresa.[219]

Pela fala de Ditão e nas conversas com Dona Julieta e Seu Jerônimo percebe- se um total descrédito na administração do Parque. Cansados de tantas promessas, ano após ano, continuam dependendo de si próprios para sobreviver.

A maioria dos homens pesca, as mulheres invariavelmente cuidam dos filhos e da casa. Sem energia e água à disposição, o trabalho é dobrado. Higiene também é precária. Nenhuma casa tem banheiro. Outro exemplo da precariedade do lugar: Dona Julieta lava a louça num correguinho escuro que passa por detrás da casa. Roupa, lava numa pequena fonte que sai da cachoeira. Hoje, teve que cavar um buraco na areia para juntar água para beber. Quando choveu, coletaram um pouco d'água que caiu do telhado para cozinhar.[220]

---

[219] História de vida 6 (relatos obtidos em 1999): Ditão. Ditão nasceu no Cambriú. Seus avós eram da praia da Lajes — ou *Laje*, como dizem aqui —, situada a uns quatro quilômetros ao sul. Estudou até a terceira série. Lembra-se que durante sua infância não havia embarcação na comunidade. *Viviam da roça, só da roça*, mas *pegavam picaré na beira da praia*. Para ir para Cananeia, atravessavam o costão a pé até a praia do Pereirinha, onde passam muitos barcos rumo a Cananeia. Há uns 40 anos apareceram as primeiras canoas. Na roça plantavam mandioca e batata *para o uso*. Quando começaram a pescar, vendiam o *peixe escalado* (seco ao sol) em Cananeia. *Dona Vevé ainda faz roça aqui no Cambriú, faz farinha...*, conta o caiçara, *mas roça dá muito trabalho... Demora ano para tirar a mandioca...* Diz que Seu Tenório faz farinha até hoje, toda semana. Para Ditão, nada mudou depois que a Ilha virou Parque. *O pior que mudou foi o Florestal que não deixa fazer roça*. Mas garante: *Aqui eles não vêm, é difícil pra eles vir. Quando o mar tá liso a gente não caça. O Florestal pode aparecer*. Diz que pescam perto da costa e vendem em Cananeia. *Qualquer marca de peixe. Todo mundo pesca aqui. Estou pescando, mas tá fraco. Dá para tirar mais ou menos 40 quilos de peixe por dia nesta época*. O preço varia entre 1 e 2 reais e 50 o quilo. Mas, para ele: *vida de pescador é ingrata porque tem semana que dá, tem semana que não dá. No inverno, tem semana inteira que não dá nada*. Mas na época da tainha pescam bastante: *Aqui dá tainha pra caramba! Maio começa, bom mesmo é junho*. Quanto ao turismo diz: *Turista é difícil de vir pela barra, tem medo de mar. Pelo Marujá* [a pé] *é mais difícil*. Garante que não é contra o turismo, mas: *Turista pra morar aqui, é ruim, mas pra ficar uns cinco dias, em barraca ou nos quartos, tudo bem* (como costumam fazer no Antônio, cunhado de Ditão). *A turma pode vender um peixe para eles, dá um dinheirinho pra gente*. Sobre as principais dificuldades no Cambriú, respondeu: *O principal problema aqui é água. Na seca, seca tudo. Tem que ir pelas pedras pegar água na cachoeira. Tem três bombas manuais na comunidade. Já furaram muito poço e a água é salobra*. Sobre o Projeto de puxar água da cachoeira para abastecer a comunidade, comentou: *A picada já tá aberta pra tirar água. Depende só do material do Marquinhos* [Marcos Campolim, o diretor do Parque]. *Tem que fazer uma espécie de tanque. Mas nós não entendemos nada. Tem que vir alguém que entende. Podemos ajudar a levar os canos, colocar...* Quanto à energia solar diz que *seria bom. Só veio para a escola. Foi aqui e no Foles* — ou *Soles*, como dizem alguns do local — *que não saiu. Aqui vem muita gente, mas só vem, fala e não adianta nada!* Indaguei por que não participa mais das reuniões: *Nas reuniões a gente ficou animado, com a história do freezer também, mas, se vão fazer... Muita demora, eu e o Roberto começamos a desanimar. Marquinhos falou que ia sair rápido a água. Era só fazer o picadão e o material já vinha. Faz dois meses. A turma foi tudo pro mato, se animaram...* (reclama que logo a vegetação crescerá e terão que fazer a picada novamente). *Firmino diz que não ia mais. Perdia um dia de trabalho e não faziam nada. Só promessa*. O diretor do Parque incentivou Ditão a representar a comunidade no Comitê. *Não vou, não tenho estudo. A gente que vai tem mais estudo* (Ditão e Roberto chegaram a ir a algumas reuniões. Há pelo menos seis meses não comparecem aos encontros do Comitê).

[220] Presenciei a mesma situação nos anos em que vivi na caatinga, no Ceará, mas no estado de SP, em plena Mata Atlântica, essa situação é inimaginável.

Ontem à tarde choveu muito. Marilda, esposa de Antônio, acompanhou-me de Foles ao Cambriú depois do almoço que me ofereceu em sua casa. Presas na casa devido à forte chuva, passamos a tarde toda tomando café na cozinha da família que me hospedava. Os moradores alegravam-se com nossa visita. Os homens faziam piadas, brincadeiras. Dona Julieta, no entanto, é sempre mais reservada. Mas, à medida que a noite foi chegando, percebi que o filho Zeca estava um tanto quanto "estranho". Falava muito, sem parar. Não conseguia entendê-lo. A mãe estava cada vez mais brava. Só então foi que me dei conta de que tanto o filho como o marido estavam completamente bêbados!

Confesso que fiquei um pouco apreensiva, sem saber o que fazer. Os dois homens bêbados queriam minha atenção, contavam histórias que não entendia mais. Tive medo. Dona Julieta parecia cada vez mais enfezada e, para o meu alívio, em um determinado momento despachou-os para a sala. Foi um dos momentos mais delicados durante o trabalho de campo.

Ariscos, dizem que por aqui as famílias costumam brigar entre si. A grande maioria dos homens bebe demais — como pude constatar com grande constrangimento. Contaram-me que vez ou outra *sai briga de faca*. Escutei muitas histórias sobre a valentia desse povo. Algumas professoras da rede pública negam-se a trabalhar aqui. Também não há igreja na comunidade. Contaram-me que o padre de Cananeia teria vindo uma só vez por aqui. Dizem que nunca mais voltou.

* * *

QUARTA-FEIRA, 10 DE FEVEREIRO DE 1999
ÚLTIMO DIA NO CAMBRIÚ

O dia amanheceu muito chuvoso. Demorei o máximo para levantar-me da cama. Os acontecimentos de ontem à noite deixaram-me abatida. O que fazer hoje caso chova o dia inteiro?, me perguntava. Meu desejo era partir o mais rápido possível para o Marujá e encerrar, por ora, o trabalho de campo. Ansiava por deixar um pouco de lado aquele "papel de pesquisadora".

* * *

No dia seguinte, consegui uma "carona" de canoa até Cananeia com um pescador. Iria passar o carnaval na maior comunidade da Ilha, Marujá, para observar a relação dos caiçaras com os turistas. Este representa o período de maior fluxo turístico para a Ilha.

Cheguei em Cananeia justo na hora em que o barco grande que transporta turistas, chamado Lagamar, deixava o porto rumo ao Marujá. Mal deu tempo de pular da canoa para a embarcação. A bordo encontrei Seu Eliseu e Dona Jurema, que transportavam as compras para seu restaurante e pousada. Muitos moradores locais, como eles, preparavam-se para enfrentar o período movimentado do carnaval.

Aportamos no Marujá, na hora do almoço. O dia estava radiante. Havia ainda poucos turistas. A maioria chegaria no sábado de carnaval.

Elaborei um roteiro de perguntas para entrevistar os turistas. Contudo, antes de mais nada, desejava descansar. Na casa de Seu Eliseu e Dona Jurema, sentia-me cada vez mais em casa. O aconchego daquele lar me faria muito bem depois da temporada no Cambriú...

* * *

INVERNO
7 DE JUNHO DE 1999
VILA DO MARUJÁ

época de pesca da tainha, há quatro dias chove sem parar e faz frio...

Ao contrário do que ocorre no verão, nesta época a maioria dos moradores vive em função da pesca. A costa atlântica da Vila do Marujá é dividida em três partes, ou áreas imaginárias, onde três grupos diferentes de pescadores revezam-se para *lancear* (ou *caloar*) à noite.[221] As três áreas são revezadas, pois algumas delas são mais piscosas. A parte próxima ao costão de pedras, ao norte da comunidade, é mais farta de peixes.

Parece-me que a lógica da divisão dos grupos segue a do parentesco e também das relações de compadrio: famílias que vivem mais próximas, vizinhas, formam um grupo. Haveria algum outro tipo de ligação ou afinidade entre aquelas pessoas que determinaria o agrupamento? Quais os tipos de laços que os unem?

Nesta época se faz três tipos de pesca no Marujá:

---

[221] *Caloar, lancear na costa* ou *pegar picaré* é um tipo de pesca que fazem na beira da praia, arrastando uma rede estreita e muito longa. Algumas pessoas seguram a rede na parte rasa, perto da areia, e outras levam a rede um pouco mais para o fundo. Quando a rede está toda esticada no fundo, arrastam-na para a areia. Como esse tipo de rede tem peso só de um lado, o outro fica mais alto e consegue-se cercar todos os peixes que estão dentro da área da rede. Esse tipo de pesca é feito na maior parte das vezes de madrugada, hora em que os peixes aproximam-se da praia.

1. nos cercos de inverno (pesca da tainha)
2. na costa, lanceando (pesca de *calôa*)
3. *batendo nas pedras*[222]

A tainha, pescado principal desta época, é vendida a uma peixaria em Cananeia.

* * *

14 DE JUNHO DE 1999
ENSEADA DA BALEIA

época de *rebojo*...[223]

Há quase duas semanas cheguei à Ilha do Cardoso. Chove sem parar.

No Marujá, permaneci cerca de uma semana. Além da chuva, fez muito frio. A pescaria na costa (*lanceando*) não estava rendendo nada. Só quem tem cerco conseguiu despescar algumas tainhas.

No Pontal do Leste a situação dos pescadores era ainda pior. Havia duas semanas que os homens não saíam para pescar. No Pontal só se pesca em mar aberto e como o tempo estava ruim (*chuva e muito frio*, explicam) não conseguiram pescar nada, nem para o consumo das famílias.

Aqui na Enseada da Baleia a situação é bem melhor. A despesca de tainha nos sete cercos está excelente este ano.[224] No dia que os acompanhei, foram despescadas cerca de 500 tainhas graúdas. O depósito de Seu Manoel está abarrotado de *tainhas escaladas*.[225] Mas nem todos têm a mesma sorte...

Seu Tenório, que vive com sua família a uns 500 metros de Seu Manoel, teve seu cerco roubado. Levaram grande parte dos peixes que estavam encurralados nos labirintos do cerco. Disseram que o cerco terá que ser vigiado à noite, para evitar futuros problemas. Além disso, o lugar do cerco de Seu Tenório não é *tão bom de peixe*. Há pontos bons, outros mais fracos. Seu Manoel tem os melhores pontos!

---

[222] Pescar *batendo nas pedras*: pescar de vara, no morro de pedras que divide o Marujá da praia da Lages.

[223] *Rebojo*: época de chuva fina e constante, que costuma durar vários dias, quando sopra o vento sul antecedendo a entrada de uma frente fria.

[224] *Despesca do cerco*: com uma rede apropriada, no mínimo três homens, *trepados* no alto das treliças do cerco, retiram os peixes aprisionados na armadilha. À medida que vão sendo retirados da rede, os peixes são jogados numa canoa, ou avoadeira, para serem transportados.

[225] *Tainha escálada*: tainha cortada longitudinalmente pelas costas (não pela barriga), descamada, limpa, salgada e seca ao sol.

* * *

Fiquei hospedada na Enseada da Baleia até o dia do aniversário de Seu Manoel. Ele havia dito, durante minha estadia no verão: *aqui também tem a festa da tainha*, e convidou-me para participar. Bem diferente do caráter mais turístico que tem a festa do Marujá, foi uma festa de família para a comemoração do aniversário desse *notável*. Este ano, coincidiu também com o noivado de seu filho adotivo com uma moça que também trabalha para o Seu Manoel. Mas, interessante, na festa da tainha, a maioria dos convidados estava mesmo interessada no churrasco de carne bovina...

* * *

FESTA DA TAINHA NO MARUJÁ — DE 9 A 11 DE JULHO

A Festa da Tainha atrai turistas da região de Iguape e Cananeia. Há uma grande divulgação local, muitos cartazes são fixados pela cidade de Cananeia, barcos especiais transportam os visitantes para a Vila do Marujá.

As barracas da festa são individuais. Não há nada coletivo. Quem se interessa, monta sua barraca para vender comidas e bebidas. Há um torneio de futebol durante o dia e forró à noite no centro comunitário.

No local, misturavam-se, curiosamente, políticos e pessoas da alta sociedade de Cananeia (inclusive o prefeito e sua família) e os pescadores. O forró estava bem animado, com música ao vivo. O tempo não ajudou muito. Como sempre, choveu durante a festa.

* * *

TERÇA-FEIRA, 5 DE OUTUBRO DE 1999
MARUJÁ

Chuva fina e frio...

Hoje é o quarto dia consecutivo de chuva. Os dias arrastam-se lentos. Todos se ocupam com alguma atividade dentro de casa. Aqui, na família de Seu Eliseu, fazem pequenos reparos na casa: colocam forro onde não havia, fazem portas para os banheiros da pousada... (Os caiçaras são famosos por serem exímios carpinteiros e marceneiros.)

Despesca-se do cerco as últimas tainhas — mais *para o gasto* da família. Dona Jurema e as outras mulheres cuidam dos trabalhos domésticos de sempre: lavar roupa, fazer pão, cozinhar, limpar...

Difícil terem tempo para minhas "bobagens" de mapas, calendários, entrevistas... Devo exercitar minha paciência. Em tempo de chuva, o que é muito frequente aqui na Ilha, tenho que aguardar a boa vontade das pessoas para responderem às minhas perguntas. Tenho bastante cuidado para não incomodá-las. Os livros costumam ser bons companheiros nessas horas. Caminhar debaixo de chuva é meio desagradável, mas procuro fazer algum movimento ao ar livre todos os dias.

O trabalho de campo é antes de mais nada um exercício interno. Exige cautela, uma boa dose de perspicácia. Parece ser um aprendizado contínuo e sem fim...

* * *

CAPÍTULO 5

DESAFIOS DE UMA GESTÃO AMBIENTAL PARTICIPATIVA O PROJETO DE PRESERVAÇÃO DA MATA ATLÂNTICA E A EXPERIÊNCIA DO COMITÊ DE GESTÃO DO PARQUE ESTADUAL DA ILHA DO CARDOSO

Fotografia 18 – Moradores tradicionais da (antiga) Enseada da Baleia, Ilha do Cardoso

Crédito: a autora

A diretriz participativa destaca-se na grande maioria de projetos socioambientais no Brasil. Esse tipo de abordagem passa a imigrar do universo das ONGs para o setor público, há cerca de 30 anos. Experiências multiplicam-se desde então em todo o território nacional refletindo uma tendência mundial, conforme já se discutiu antes.

Algumas iniciativas-piloto apontaram mudanças no ordenamento territorial por procurar envolver diversos grupos da sociedade civil e várias instâncias e setores do governo. Projetos pioneiros para elaboração participativa de planos de gestão em UCs propunham-se a contrabalançar medidas de proteção ambiental e necessidades de desenvolvimento local. Contudo, para suplantar o antigo modelo administrativo brasileiro nas áreas protegidas, vários desafios devem ainda ser enfrentados...

Fonte: documento consultado na sede do Peic

Projeto de Preservação da Mata Atlântica: litoral paulista e Vale do Ribeira

Imagem 3 – Folder do Projeto de Preservação da Mata Atlântica mostrando sua área de abrangência

O principal pano de fundo que utilizo para a análise dos desafios envolvidos em uma gestão ambiental participativa é o PPMA e, em particular, a experiência do Comitê de Apoio à Gestão Ambiental do PEIC, considerada por muitos, exemplar. Ao longo deste capítulo, também se fará menção a outras experiências mais conhecidas, visando apresentar um panorama geral da participação da sociedade civil na gestão ambiental no Brasil.

O PROJETO DE PRESERVAÇÃO DA MATA ATLÂNTICA

A SMA estabeleceu, em 1996, uma parceria com o governo alemão para implantação do PPMA. A área de abrangência do PPMA incluía os maiores trechos remanescentes contínuos de Mata Atlântica no estado de São Paulo. Estendia-se pelo litoral paulista, Vale do Ribeira e parte do Vale do Paraíba numa área superior a 17.300 quilômetros quadrados (1.713.723,04 ha) e sobrepunha áreas de 39 municípios.[226]

> Segundo dados oficiais do PPMA, os principais objetivos do Projeto eram: a melhoria do controle ambiental florestal na região do Vale do Ribeira e Litoral Paulista, e o planejamento e consolidação de nove UCs paulistas. Os planos de manejo — ou PGAs — dessas áreas foram coordenados pelo IF e pela FF, órgãos da SMA.

O PPMA foi estruturado em *quatro componentes* principais: fiscalização, consolidação das UCs, apoio e coordenação. Transcrevo, a título de análise, o que se incluía em cada componente:

> Componente A: Fiscalização
>
> Este componente vai receber mais de 50% dos recursos previstos em todo o projeto, visando à otimização da fiscalização dos recursos naturais, através do aprimoramento tecnológico dos métodos de detecção, mapeamento dos danos ambientais e da sistematização das informações e o aparelhamento das equipes técnicas do Departamento Estadual de Proteção dos Recursos Naturais (DEPRN), da Polícia Florestal e de Mananciais, através do 3º Batalhão, de modo a subsidiar uma ação mais efetiva dos agentes de fiscalização.
>
> Componente B: Consolidação das Unidades de Conservação
>
> Neste componente, que vai receber 27% dos recursos do projeto, a principal meta é a consolidação das ações visando a implantação das Unidades de Conservação (UCs), admi-

[226] Informações consultadas no ano de 2000 no antigo *site* do PPMA, que, infelizmente, não está mais ativo.

nistradas pelo Instituto Florestal, que integram o PPMA: Núcleos Cubatão, Caraguatatuba/São Sebastião, Santa Virgínia e Picinguaba, do Parque Estadual da Serra do Mar, Parque Estadual da Ilha do Cardoso, Parque Estadual de Pariquera-Abaixo, Parque Estadual de Ilhabela e as Estações Ecológicas dos Chauás e Bananal.

Componente C: Apoio aos Componentes

Planejar as ações para a implantação das UCs através dos Planos de Gestão é a principal meta deste Componente [...].

Componente D: Coordenação Geral e Consultoria

[...] É neste componente que estão o gerenciamento e a articulação geral do Projeto, de modo a viabilizar e acompanhar as ações, bem como aferir os resultados técnicos e financeiros. Liderada pelo secretário do Meio Ambiente, a organização do projeto é formada por um grupo executivo de coordenação, onde fica a Coordenação Geral, por equipes executoras e por estruturas de apoio técnico-administrativas. Todo o trabalho tem o acompanhamento e assessoria técnica de uma Consultoria Independente, contratada através de concorrência internacional.[227]

Nota-se que grande ênfase era dada à fiscalização das áreas da Mata Atlântica contempladas no Projeto. Cinquenta por cento dos recursos seriam destinados a subsidiar um sistema sofisticado de controle e monitoramento ambiental e para equipar os "agentes de fiscalização", no qual se incluía a Polícia Florestal:

Num prazo de 4 anos (julho de 1995 até o presente), US$ 29,971,522 milhões de dólares estão sendo investidos para ampliar a capacidade de fiscalização e monitoramento nestas regiões. O governo de São Paulo entra com 44% dos recursos e o Banco KfW, órgão financiador do Governo da Alemanha, responde por 56% dos investimentos, metade dos quais na forma de doação.[228]

Além da fiscalização, 27% dos recursos seriam destinados ao *componente B* (*Consolidação das Unidades de Conservação*), em que se previa "aquisição de veículos, equipamentos e materiais permanentes, realização de obras e reformas de instalações".[229] Os 20% restantes dos recursos destinam-se ao

---

[227] Informações consultadas no antigo *site* do PPMA na internet, no ano de 2000.

[228] Informações consultadas no antigo *site* do PPMA na internet, no ano de 2000.

[229] "Os investimentos previstos no PPMA são destinados à aquisição de veículos, equipamentos e materiais permanentes, realização de obras e reformas de instalações. A contrapartida do Tesouro do Estado é composta por recursos humanos, compra de material de consumo e serviços de terceiros, capacitação e treinamento." *Ibid.*

planejamento e implantação dos planos de gestão nos nove parques estaduais paulistas, além de ter que cobrir os gastos da coordenação e consultoria.

Tendo em vista o montante dos recursos destinados a cada um dos componentes do Projeto, pode-se concluir que o PPMA teria como principal objetivo a *preservação* dos recursos naturais[230] — o que está claro no próprio nome do Projeto. Para isso, o Projeto nem mesmo esquivar-se-ia de lançar mão de estratégias repressivas de controle ambiental à medida que estabelecia parceria com a Polícia Florestal (que faz parte da Polícia Militar).

Contraditoriamente à ênfase principal do Projeto, no mesmo documento consultado, afirma-se que:

> Planejar as ações para a implantação das UCs através dos Planos de Gestão é a principal meta deste Componente [componente C]. Elaborados com a participação da comunidade local, de representantes dos municípios, de cientistas, de ONGs ambientalistas e de instituições diversas, os Planos de Gestão Ambiental são o resultado de *processos dinâmicos, interativos e participativos* para a definição dos objetivos, metas e atividades de uma Unidade de Conservação, dentro dos limites de atuação da Secretaria do Meio Ambiente e diretrizes legais.
>
> O zoneamento, os programas de educação ambiental e ecoturismo, a pesquisa, a interação sócio-ambiental e a conservação dos ecossistemas, vão orientar *estratégias de ação que buscam solucionar ou minimizar conflitos e assegurar sustentabilidade ecológica, econômica e social* de cada Unidade de Conservação.[231]

Assim, pode-se notar nesse discurso que a abordagem "participativa" estaria incluída entre as principais diretrizes do PPMA. Mas como seria possível integrar a *participação* de grupos locais na gestão ambiental à política essencialmente preservacionista que caracterizava o PPMA? Até que ponto o "processo dinâmico, interativo e participativo" seria uma mera estratégia de legitimação social do Projeto junto à sociedade civil organizada?

Quando se levam em conta os documentos oficiais sobre o PPMA, veiculados para o grande público via internet ou através de folders e car-

---

[230] Segundo o Snuc: "Art. 2º Para os fins previstos nesta Lei, entende-se por: PRESERVAÇÃO: conjunto de métodos, procedimentos e políticas que visem a proteção a longo prazo das espécies, habitats e ecossistemas, além da manutenção dos processos ecológicos, prevenindo a simplificação dos sistemas naturais" (BRASIL, 2000b).

[231] SÃO PAULO. Secretaria do Meio Ambiente do Estado de São Paulo. Planos de Manejo das Unidades de Conservação. *Diário Oficial do Estado de São Paulo*, 27 mar. 1998a. (Série Projeto de Preservação da Mata Atlântica). Mimeografado. (grifo próprio).

tazes aqui apresentados, pode-se aferir que a *participação* cumpriria um papel cosmético no Projeto. Mas esse não era bem o caso... A construção de uma metodologia própria para o PPMA envolveu determinados técnicos da SMA realmente preocupados em enfrentar um dos maiores desafios do gerenciamento das áreas protegidas no Brasil:

> [...] incorporação da dimensão ambiental no processo de desenvolvimento, inclusive em sua integração regional, e possibilitar a participação dos diversos atores sociais interessados nas ações de conservação ambiental.[232]

No trabalho citado, Maretti *et al.* apresentam as bases conceituais e as principais diretrizes dos planos de manejo do PPMA, além de relatar como se deu o processo de construção de uma metodologia que visava, antes de mais nada, criar um novo modelo de gerenciamento para as UCs paulistas pautado na "conjugação de interesses locais e regionais".

A metodologia da PPMA contou com algumas contribuições da metodologia dos planos de manejo das UCs de uso indireto do Ibama e espelhou-se na tendência internacional de incorporar a dimensão participativa no manejo das áreas protegidas, divulgada especialmente pela União Mundial para a Natureza (UICN).[233]

As principais diretrizes da metodologia do PPMA estão explicitadas nos itens a seguir:

> • **A participação efetiva, tanto no âmbito interno da instituição, como em relação à população local e da sociedade em geral**, permitindo envolver os atores sociais interessados, incorporando suas aspirações e necessidades nas diretrizes do Planejamento, buscando a sustentalidade social, política, ecológica e econômica das UCs;
>
> • a elaboração [dos planos de manejo] em fases [...];
>
> • o equilíbrio nas funções de cada UC, principalmente conservação, pesquisa e educação ambiental e ecoturismo,

---

[232] Documento na forma de mimeo baseado no artigo de MARETTI, C. C. *et al*. A construção da metodologia dos planos de gestão ambiental para Unidades de Conservação em São Paulo. *In*: CONGRESSO BRASILEIRO DE UNIDADES DE CONSERVAÇÃO, 1., 1997, Curitiba. *Anais* [...]. Curitiba: IAP/UNILIVRE/Rede Nacional Pró Unidade de Conservação, 1997. 2 v. p. 234-247.

[233] A UICN, fundada em 1948, reunia ao final dos anos 1990 Estados-nação, agências governamentais e ONGs reunidos em uma aliança de mais de 800 membros distribuídos em 132 países e 6.000 especialistas voluntários e equipes técnicas centradas na conservação das espécies e da biodiversidade e no manejo de hábitas e recursos naturais: BORRINI-FEYERABEND, G. *Manejo participativo de áreas protegidas*: adaptando o método ao contexto. Quito: IUCN, 1997. (Temas de Política Social).

> **inclusive procurando compatibilizar a presença das comunidades locais e "tradicionais";**
>
> • a aproximação entre planejamento e administração e administração da unidade, **evitando o excessivo cientificismo,** a carência de propostas práticas e a separação nítida de equipes de planejamento e execução; e
>
> • o cumprimento de suas funções na conservação dos processos ecológicos fundamentais e da biodiversidade e no desenvolvimento sustentado regional.[234]

A participação é ressaltada em diversas partes desse documento:

> Uma das bases deste trabalho, a forma participativa, apesar de economicamente custosa, permite a busca de um maior consenso e a associação do planejamento à sua aplicação, admitindo que se planeje e se implemente — aplique as decisões — num processo integrado e sistemático, e não de forma estanque. A participação, não podendo ser somente interna, envolve todos os atores sociais interessados na unidade de conservação. Procura-se a obtenção de melhores resultados — com melhor processo de reflexão —, a maior compreensão das unidades de conservação e suas atividades pela sociedade e, consequentemente, o aumento do apoio social e político, trazendo maior efetividade na conservação, no cumprimento das demais funções das UCs, e o estabelecimento de parcerias.[235]

Nesse mesmo texto, refere-se às populações tradicionais de forma diferente da habitualmente encontrada no discurso da maior parte dos técnicos da SMA ainda hoje:

> Entende-se, neste trabalho, que, embora não devendo estar entre as suas diretrizes principais, a permanência da população 'tradicional' não é incompatível com a existência dos parques estaduais — equivalentes regionais dos parques nacionais —, mormente quando eles foram decretados sobre a existência de atividades de comunidades locais e se estas atividades não forem muito impactantes ao funcionamento dos ecossistemas protegidos. Com isso se preserva, também,

[234]MARETTI, C. C. *et al.* A construção da metodologia dos planos de gestão ambiental para Unidades de Conservação em São Paulo. *In*: CONGRESSO BRASILEIRO DE UNIDADES DE CONSERVAÇÃO, 1., 1997, Curitiba. *Anais* [...]. Curitiba: IAP/UNILIVRE/Rede Nacional Pró Unidade de Conservação, 1997. 2 v. p. 6. (grifo próprio).

[235]MARETTI, C. C. *et al.* A construção da metodologia dos planos de gestão ambiental para Unidades de Conservação em São Paulo. *In*: CONGRESSO BRASILEIRO DE UNIDADES DE CONSERVAÇÃO, 1., 1997, Curitiba. *Anais* [...]. Curitiba: IAP/UNILIVRE/Rede Nacional Pró Unidade de Conservação, 1997. 2 v. p. 6. (grifo próprio).

> a possibilidade de que a própria existência dessa comunidade, através da sua ocupação do espaço, colabore com a proteção dos recursos naturais, além de respeitar seus direitos tradicionais [...].[236]

Quando se contrapõe o discurso dos documentos oficiais do Projeto aos documentos mais internos sobre a metodologia do PPMA — como no exemplo de Maretti *et al.* citado —, observa-se uma certa contradição. Ocorre que existem diferentes posições entre grupos internos da SMA quanto à defesa do direito de permanência de populações tradicionais no interior das UCs. Essa temática polêmica deve ser aqui resgatada por ser fundamental na investigação dos obstáculos à participação no projeto estudado.

Na análise que se segue, são enfatizadas algumas atividades que fizeram parte do processo de construção da matriz de planejamento, e posterior adequação à realidade local pelo comitê gestor do Peic. Os principais limitadores para se atingir o ideal de participação, propalado pelo Projeto, podem ser agrupados em dois grandes eixos: o primeiro parte do ponto de vista político e metodológico; o segundo, do ponto de vista simbólico.

PRINCIPAIS OBSTÁCULOS À PARTICIPAÇÃO NAS UCS

Inúmeros aspectos envolvidos numa gestão participativa estariam sujeitos a uma reflexão teórica criteriosa. Contudo, selecionei aqueles que considero os pontos de conflito e de fragilidade mais relevantes nos processos participativos em que estive envolvida, direta ou indiretamente. As experiências que serviram de base para esta análise não se restringem às chamadas áreas protegidas, ou UCs.[237] Assim, para discutir a temática da gestão ambiental participativa no contexto específico dos parques estaduais paulistas, é feita uma breve apresentação do histórico da criação de UCs no Brasil, bem como uma caracterização do modelo em que se inspiraram

---

[236] MARETTI, C. C. *et al.* A construção da metodologia dos planos de gestão ambiental para Unidades de Conservação em São Paulo. *In*: CONGRESSO BRASILEIRO DE UNIDADES DE CONSERVAÇÃO, 1., 1997, Curitiba. *Anais* [...]. Curitiba: IAP/UNILIVRE/Rede Nacional Pró Unidade de Conservação, 1997. 2 v. p. 121. (grifo próprio). Trecho em rodapé no texto citado.

[237] Integrei as equipes técnicas em dois *projetos participativos* conduzidos por ONGs: o *Projeto Tecnologias Alternativas* da ONG Esplar no Ceará; e o Procav, coordenado pela ONG Instituto Ecoar de Cidadania com sede em São Paulo. Como pesquisadora, estudei dois projetos governamentais que possuíam uma forte conotação participativa: *Wastelands Developpment Programme* na Índia, tema de minha dissertação de mestrado, e o *Projeto de Preservação da Mata Atlântica* da SMA, principal pano de fundo da presente pesquisa de doutorado. Aqui, também se fará referência a uma outra experiência na qual estive envolvida brevemente na região metropolitana de João Pessoa (PB): o *Programa Nacional de Gerenciamento Costeiro* (Gerco) do Ministério do Meio Ambiente.

as primeiras reservas naturais no país: o parque nacional de Yellowstone, criado nos Estados Unidos, em 1872. Ainda dentro do primeiro eixo de análise, teço comentários a respeito de alguns aspectos mais operacionais do PPMA enfatizando a análise do "método participativo" de origem alemã utilizado, o *Zopp*, muito difundido no final dos anos 1990 em todo o país.

No segundo eixo de análise enfoco certas características ligadas à identidade sociocultural que dificultariam o consenso entre diferentes indivíduos envolvidos em um processo participativo. Nessa última sessão, se faz menção aos aspectos mais simbólicos da cultura e de sua relação com o espaço. Resgatam-se, para essa discussão, autores clássicos da Geografia Cultural e da Geografia Humanista.

A) OBSTÁCULOS DO PONTO DE VISTA POLÍTICO E METODOLÓGICO

A problemática das "áreas protegidas" no Brasil

O principal dilema das UCs no Brasil refere-se ao tipo de modelo operacional até agora vigente. Inspirado no modelo americano no qual não se admite a presença humana no interior das áreas destinadas à proteção ambiental, a atual concepção de UC, sobretudo as de uso indireto (parques nacionais, reservas biológicas, estações ecológicas etc.), traz uma série de problemas para os povos tradicionais que vivem no local.[238]

Como se sabe, a ocupação humana das áreas decretadas UCs no Brasil é muito anterior à própria implantação jurídica daquelas reservas. A imposição de uma série de restrições de uso dos recursos naturais por moradores locais, nessas áreas públicas, criou um sério impasse: como preservar a rica biodiversidade e criar condições de subsistência e sustentabilidade, tanto material como simbólica, para a população local? Até o momento poucas são as alternativas para a maioria dos povos tradicionais que vivem no interior ou no entorno das UCs, sobretudo no estado de SP.[239]

---

[238] DIEGUES, A. C. *O mito moderno da natureza intocada.* São Paulo: Hucitec, 1996. A respeito da legislação específica que regulamenta as UCs, ver os comentários sobre o Snuc e o Código Florestal no capítulo 3.

[239] Exceção eram algumas propostas discutidas no Seminário *Alternativas de Manejo Sustentável dos Recursos Naturais no Vale do Ribeira — Mata Atlântica,* organizado pela FF (SMA), Nupaub/USP e Laboratório de Silvicultura Tropical (Lastrop)/Esalq/USP em junho de 1999, na Ilha Comprida, publicadas em: DIEGUES, A. C.; VIANA, V. M. (org.). *Comunidades tradicionais e manejo dos recursos naturais da Mata Atlântica.* São Paulo: Nupaub/USP; ESALQ/USP, 2000.

Embora existam inúmeros estudos e trabalhos publicados que discutem a problemática jurídica das UCs no Brasil,[240] a reflexão sobre experiências de manejo participativo envolvendo comunidades tradicionais que vivem nessas áreas é ainda incipiente.[241]

Do meu ponto de vista, um dos principais obstáculos à ampliação dos espaços de participação comunitária nas UCs estaria ligado a uma tendência preservacionista radical existente no movimento ambientalista no Brasil. Segundo esse grupo, as comunidades humanas residentes no interior de UCs deveriam "ser deslocadas de modo que seja garantida a preservação do patrimônio natural".[242] Tal proposição confronta-se com o direito de uso da terra e dos recursos naturais de forma sustentada pelos moradores tradicionais, posição defendida por parte dos grupos que compõem o movimento ambientalista brasileiro. A respeito dessa questão, diferentes visões da realidade e os diferentes interesses em jogo entram em conflito...

QUESTIONAMENTOS ÀS INICIATIVAS PARTICIPATIVAS EM CURSO, NO ESTADO DE SÃO PAULO

Além do obstáculo de ordem jurídica para que seja efetiva uma gestão territorial participativa em áreas protegidas, algumas características metodológicas e institucionais do PPMA apresentavam-se como sérios limitantes para a concretização do ideal de participação. As especificidades da experiência de gestão ambiental participativa na Ilha do Cardoso serão analisadas em detalhes à frente, mas vale enfatizar, desde já, que a grande maioria dos PGAs, elaborada ou implantada no Brasil até meados dos anos 2000, tem em comum várias características observadas no PPMA aqui em análise, a saber:

1. tomam como ponto de partida, no processo de planejamento, diagnósticos socioambientais realizados, exclusivamente, do ponto de vista técnico e instrumental;

---

[240] WIEDMANN, S. M. P. Estatutos jurídicos dos habitantes de parques nacionais brasileiros. *In*: AMEND, S.; AMEND, T. (coord.). *Espacios sin habitantes?*: parques nacionales del Sur. Barcelona: Nueva Sociedad/UICN, 1992, entre outros.

[241] Exceção era, na época, a experiência do Manejo Participativo de Mamirauá (AM).

[242] Folder da Rede Nacional Pró-Unidades de Conservação contendo carta de princípios, funções e estrutura da rede e critérios para adesão, distribuído no Encontro Nacional de Unidades de Conservação, em setembro de 1997, em Curitiba.

2. envolvem "metodologias participativas" que visam, principalmente, neutralizar os conflitos existentes nas áreas, muitas vezes de forma superficial e artificial;[243]

3. ignoram formas tradicionais de conhecimento sobre a dinâmica da natureza e o manejo dos recursos naturais;

4. desconsideram, durante o processo participativo, a diversidade cultural e a existência de formas particulares de linguagem e de expressão dos povos tradicionais;

5. os comitês de gestão ambiental, ou grupos gestores, no geral, detêm um poder limitado para concretizar as medidas reivindicadas coletivamente durante as oficinas de planejamento.

Os diagnósticos socioculturais e socioeconômicos, nos projetos ambientais, quase que invariavelmente, são muito insuficientes face aos diagnósticos naturais. Além disso, o fato de os moradores tradicionais não serem envolvidos no diagnóstico das áreas indica que não são levados em conta, no início do processo de planejamento ambiental, o conhecimento e as práticas de uso do espaço utilizados por esses povos, há muito tempo. Alguns estudiosos do campo da etnociência consideram tais práticas responsáveis pelo alto grau de preservação das áreas protegidas em todo o mundo:

> [...] as populações 'tradicionais', seringueiros, castanheiros, ribeirinhos, quilombolas, mas principalmente as sociedades indígenas, desenvolveram através da observação e experimentação um extenso e minucioso conhecimento dos processos naturais e, até hoje, as únicas práticas de manejo adaptadas às florestas tropicais (MEGGERS, 1977; DESCOLA, 1990; ANDERSON & POSEY, 1990). Embora estas populações corporifiquem um modo de vida tradicionalmente mais harmonioso com o ambiente, vêm sendo persistentemente desprezadas e afastadas de qualquer contribuição que possam oferecer à elaboração das políticas públicas regionais, sendo as primeiras a serem atingidas pela destruição do ambiente e as últimas a se beneficiarem das políticas de conservação ambiental.[244]

---

[243] Caso do *Zopp*, analisado adiante.

[244] ARRUDA, R. "Populações tradicionais" e a proteção dos recursos Naturais em Unidades de Conservação. *Ambiente & Sociedade*, Campinas, n. 5, p. 79-92, 1999. Disponível em: https://www.scielo.br/j/asoc/a/RfgDyLnkxRnFNqQcWTR6bQG/#. Acesso em: 5 jan. 2001. (O tema será analisado à frente.)

Há, no entanto, controvérsias à visão daqueles que acreditam que os povos tradicionais vivem em completa harmonia com a natureza — ideia que prevalecia entre ambientalistas internacionais, segundo Kay Milton.[245] Por outro lado, para esse autor, a ideia de que não existam fora do mundo industrializado e cientificamente orientado culturas que contribuam de forma significativa com a preservação da biodiversidade também seria uma generalização precipitada.[246]

Uma das razões de tantos equívocos, apontada pelo mesmo autor, seria o fato de muitos ambientalistas agirem, na maior parte dos casos, ignorando o que os inúmeros trabalhos de profissionais das ciências humanas teriam a oferecer para o aprofundamento da temática ambiental:

> Em particular, o entendimento da relação ser humano e ambiente não incorpora a cultura como mediação principal e a falta deste conhecimento tem seriamente comprometido os argumentos apresentados no discurso ambiental em nível global.[247]

Quanto aos comitês de apoio à gestão, sabe-se que a maioria não possui caráter deliberativo. Logo, delega-se a esferas do Poder Público a competência da implantação e do acompanhamento dos programas propostos coletivamente. Além disso, não se tinha notícia de projetos ambientais implantados no estado de São Paulo até meados dos anos 2000 em que membros da comunidade local foram envolvidos na definição dos objetivos gerais do projeto; e se desconheciam até então estratégias de avaliação e reorientação das intervenções propostas pelo chamado "público-alvo".[248]

No PPMA, por exemplo, houve mudança posterior, feita pela coordenação técnica da SMA, em programas propostos na oficina de planejamento, na qual estavam presentes vários membros de grupos locais da sociedade civil, para que se adequassem ao cronograma e à capacidade operacional dos parques estaduais. Os ex-participantes não teriam sido, ao menos, comunicados...

---

[245] Alguns estudiosos teriam pesquisado as principais causas do alto nível de preservação dos ambientes onde vivem povos tradicionais (ou "primitivos", segundo alguns autores). Os estudos de R. F. Ellen, citados por Milton (1996, p. 112), e a coletânea de Seeland (SEELAND, K. *Nature is culture*. Londres: Intermediate Technology Publications, 1997) contribuem para se pensar nessa questão específica.

[246] MILTON, K. *Environmentalism and cultural theory*: exploring the role of anthropology in environmental discourse. Londres: Routledge, 1996. p. 114.

[247] *Ibid.*, p. 222.

[248] O centralismo que marca a administração das áreas protegidas no Brasil é também apontado por BRITO, M. C. W. *Unidades de Conservação*: intenções e resultados. 1998. Dissertação (Mestrado em Ciência Ambiental) — Programa de Pós-Graduação em Ciência Ambiental, Universidade de São Paulo, São Paulo, 1998a.

De modo geral, um dos maiores desafios dos projetos considerados "participativos" seria como dar sustentabilidade ao projeto, ou, em outros termos, qual é a hora de sair da comunidade e deixar que eles "andem com suas próprias pernas", como dizem os técnicos. Além disso, muitos se perguntam se é possível compassar tempo e ritmo da comunidade ao tempo previsto para o cumprimento do projeto. Via de regra, as agências multilaterais de cooperação, bem como instituições nacionais públicas ou privadas, só financiam projetos que apresentam um cronograma minucioso, que deve ser cumprido à risca. Uma série de resultados é também esperada em um prazo definido *a priori*, ou seja, no momento da apresentação da proposta do projeto. Contudo, raramente essa urgência e relevância das atividades propostas são compartilhadas por aqueles que representam o principal "público-alvo" desses projetos: os moradores locais.

Limites inerentes aos "métodos participativos" mais utilizados

Os chamados *métodos participativos* eram nos anos 1990 mais conhecidos por siglas e abreviações (Zopp, Metaplan, Mapp, PES, Cefe, Pesa...). Foram inventariados em uma publicação do Sactes/Abong, em 1995. Logo na introdução dessa coletânea, define-se método como "caminho para se chegar a um fim" e metodologia, "estudo dos métodos", mas se admite que ambos os conceitos são usados no mesmo sentido.[249]

Discutiu-se, no início deste trabalho, que os princípios emancipatórios, que alguns autores diziam fundamentar o uso desses métodos, representavam, no melhor dos casos, somente uma intenção, e no pior, mera retórica. Não se quer dizer com isso que não existam ou não existiram experiências exitosas nesse sentido, mas se formos analisar com cuidado o que se publica e o que se ensina sobre métodos participativos — e a publicação da Abong/Sactes não fugia à regra — veremos que se tratavam invariavelmente de um conjunto de conselhos práticos e indicações de instrumentos de planejamento, aliás todos muito parecidos. O *Planejamento Estratégico* incluído na coletânea mencionada, por exemplo, é de origem militar e podia ser utilizado por "empresas, órgãos públicos, ONGs, associações, sindicatos, movimentos etc.,[250] segundo o autor do artigo. Essa mesma neutralidade, que era então conferida a esse método, também seria aconselhada para a escolha do mediador.

---

[249] KLAUSMEYER, A.; RAMALHO, L. (org.). *Introdução a metodologias participativas*: um guia prático. Recife: SACTES/DED; ABONG, 1995.

[250] *Ibid.*, p. 44.

O papel do mediador, ou facilitador, era destacado em vários dos artigos como um agente necessariamente neutro. Na grande maioria dessas "metodologias participativas" utilizadas nos projetos de proteção ambiental, não se fazia nenhum tipo de referência aos pressupostos ideológicos e/ou filosóficos que lhes serviam de base, como se aquele instrumento se justificasse por si só. Portanto, o que chamavam de método, na verdade, era mais uma técnica, mero instrumento de planejamento.

Os métodos participativos costumavam ser aplicados pelo estado de São Paulo e ONGs — muitas vezes em parceria — para orientar intervenções em projetos de desenvolvimento ou de proteção ambiental. Nas áreas das UCs, eram frequentemente utilizados por entidades que atuavam junto às comunidades tradicionais. Além disso, os mesmos instrumentos também eram aplicados nas mesmas instituições proponentes em momentos de avaliação interna, ou no planejamento de suas atividades. Um fenômeno então crescente era a proliferação de práticas participativas no mundo empresarial.

No caso específico do PPMA, um aspecto limitador da participação dos moradores locais durante as oficinas de planejamento, no meu ponto de vista, dizia respeito ao "método participativo" utilizado: o Zopp.[251] Este foi desenvolvido na Alemanha e foi amplamente difundido em países da África, Ásia e América Latina nas últimas três décadas do século XX pela GTZ, agência governamental alemã, responsável pelos serviços de cooperação internacional.

Segundo a publicação mencionada anteriormente, eram enfatizadas as seguintes qualidades do Zopp:

> O método ZOPP permite que se dê o passo inicial, qual seja transformar um agrupamento de idéias e opiniões, às vezes divergentes, em uma estratégia consensuada para a ação conjunta [...]. Estas informações são integradas em uma matriz, que permite a rápida visualização dos mesmos, a Matriz de Planejamento do Projeto (MPP), conhecida também como Logical Framework ou Marco Lógico. A MPP resume os principais dados sobre o projeto, suas intenções, seus meios, seus recursos e indicadores de sucesso. Ela sintetiza o consenso e constitui o instrumento básico a partir do qual se dá a comunicação entre todos os envolvidos. Ela permite a fala coordenada e comum dos participantes.[252]

---

[251] O Zopp: Zielorientierungsprojektplannung (tradução livre do alemão: Planejamento de Projeto Orientado por Objetivos).

[252] BROSE, M. Gerenciamento participativo e o método ZOPP da GTZ. *In*: KLAUSMEYER, A.; RAMALHO, L. (org.). *Introdução a metodologias participativas*: um guia prático. Recife: SACTES/DED; ABONG, 1995. p. 22.

O Zopp constitui um instrumento de planejamento bastante complexo, que utilizava uma série de técnicas de visualização para expor e organizar as opiniões dos participantes da oficina de planejamento. Sua função principal é elaborar, de forma coletiva, um desenho dos programas de intervenção — a natureza dessas intervenções varia de acordo com o objetivo principal do projeto —, explicitando as várias fases do processo de planejamento de forma precisa e ordenada. No início do trabalho, todas as opiniões, os problemas a serem solucionados pelo projeto — segundo opinião dos participantes — devem ser dispostas em cartelas coloridas. Essas tarjetas são posteriormente organizadas em uma matriz de planejamento composta por objetivos, resultados esperados, ações programadas, cronograma etc... A matriz é dividida em diversos painéis, segundo as etapas do planejamento.

No Zopp, parte-se do princípio que o consenso é obtido através da *objetivação* por parte das pessoas do grupo, ou seja, através de uma visão essencialmente racionalista que se espera de todos os participantes.[253] Nos fóruns de construção da matriz, o papel do mediador é fundamental para organizar o material produzido (cartelas, cartazes, painéis...) e orientar os procedimentos que se sucedem de acordo com uma ordem particular e, diga-se de passagem, bastante rigorosa. O moderador também cumpre uma importante função de amenizar as eventuais discordâncias entre os participantes. É bem possível que tal "técnica" seja ainda utilizada em programas de desenvolvimento apoiados pelo governo alemão.

No contexto do Projeto de Preservação da Mata Atlântica (PPMA) notei que a maioria das pessoas que participava das reuniões do Zopp tinha grande dificuldade de entender o processo da construção da matriz de planejamento — independente do nível de escolaridade, do tipo de profissão ou da identidade sociocultural. Além de muita concentração, durante os longos períodos de trabalho dentro de uma sala fechada, exigia-se uma alta abstração intelectual dos participantes durante todo o processo de planejamento.[254]

---

[253] Partia-se do pressuposto de que o grupo dos participantes do fórum de construção da matriz de planejamento eram atores que possuíam um mesmo tipo de racionalidade. Essa ideia lembra muito a teoria de mobilização de recursos (recursos aqui entendidos como habilidades e valores) analisada por Finger: "A sociedade é, portanto, um agregado de atores racionais individuais e não necessariamente, como dizem os marxistas, uma massa estruturada (potencialmente) responsável e cidadãos autônomos que sempre se relacionam com o Estado-Nação. Além disso, a sociedade, de acordo com os teóricos da mobilização de recursos, é feita de múltiplas estruturas organizacionais. [...] A teoria da mobilização de recursos continua a refletir uma aproximação típica americana da participação pública..." (FINGER, M. NGOs and transformation theory. *In*: PRINCEN, T.; FINGER, M. *Environmental NGOs in world politics*. Londres: Routledge, 1996. p. 53). Esse tipo de racionalidade será questionado à frente.

[254] Os períodos de trabalho das oficinas do PPMA duraram uma semana, com uma média de 10 horas de trabalho por dia.

O maior agravante nas oficinas do Zopp, no caso do PPMA, teria sido o fato de não se levar em conta a linguagem, a lógica, o ritmo e os saberes dos povos tradicionais, tais como caiçaras e indígenas.[255] (Os dois caciques da etnia Guarani Mbya presentes sequer falavam português!) Além disso, no Zopp, parte-se do pressuposto de que os participantes expõem abertamente e de forma "lógica" — utiliza-se o termo repetidamente no artigo sobre o método — tudo o que realmente pensam. Mas que tipo de lógica seria essa?

Bourdieu faz considerações pertinentes a esse respeito quando analisa as pesquisas de opinião realizadas na década de 1970 na França:

> [...] exclui de fato aqueles que não detêm os meios de utilização dessa espécie de linguagem [...]. Além disso, o logocentrismo — forma que o etnocentrismo de classe assume logicamente entre seus intelectuais — leva a apreender e a enumerar como opiniões políticas produzidas segundo um modo de produção propriamente "político" os produtos simbólicos de um outro modo de produção [de discursos].[256]

Do meu ponto de vista, o Zopp é um instrumento de planejamento que serve, principalmente, para escamotear conflitos existentes entre sujeitos que atuam numa determinada área do Projeto. Durante as reuniões ou oficinas em que o método é utilizado, a mediação procura evitar, de qualquer maneira, que os debates prolonguem-se demais, sobretudo quando acalorados.[257] Ao final de todo o processo de planejamento, aquelas opiniões divergentes que

---

[255] Devo deixar claro que acredito que esses povos também possuam alta capacidade de abstração da realidade, mas que esse processo se dê de outra forma. Existem outros tipos de racionalidade "com semelhante grau de pensamento abstrato, raciocínio científico e também mítico, equivalentes, com todas as suas diferenças, ao da racionalidade de nossa sociedade" (ARRUDA, R. "Populações tradicionais" e a proteção dos recursos Naturais em Unidades de Conservação. *Ambiente & Sociedade*, Campinas, n. 5, p. 79-92, 1999. p. 88. Disponível em: https://www.scielo.br/j/asoc/a/RfgDyLnkxRnFNqQcWTR6bQG/#. Acesso em: 5 jan. 2001).

[256] BOURDIEU, P. Os doxósofos. *In*: THIOLLENT, M. *Crítica metodológica, investigação social e enquete operária*. 5. ed. São Paulo: Polis, 1987. (Coleção Teoria e História, v. 6). Bourdieu faz uma análise minuciosa sobre sondagens de opinião na França no início da década de 1970, nesse artigo. O autor discute sobre os perigos de se entender os outros, de classes sociais distintas, segundo lógica particular de uma classe social ou de uma categoria profissional específica. Esse não é um tema novo nas ciências humanas. Bourdieu também aborda em alguns de seus livros questão semelhante (BOURDIEU, P. *A economia das trocas simbólicas*. Introdução, organização e seleção de Sergio Miceli. São Paulo: Perspectiva, 1998. (Coleção Estudos, n. 20), e BOURDIEU. P. *O poder simbólico*. Rio de Janeiro: Difel/Bertrand, 1989): "Para Bourdieu, a organização do mundo e a fixação lógica de um consenso a seu respeito constitui uma função lógica necessária que permite à cultura dominante numa dada formação social cumprir sua função político-ideológica de legitimar e sancionar um determinado regime de doutrinação" (MICELI, S. Introdução: a força do sentido. *In*: BOURDIEU, P. *A economia das trocas simbólicas*. Introdução, organização e seleção de Sergio Miceli. São Paulo: Perspectiva, 1998. (Coleção Estudos, n. 20).

[257] Em situações de conflito, nas reuniões, observei que a tática da mediação era a seguinte: opiniões divergentes à maioria do grupo eram escritas nas fichas e incluídas no painel — dando a impressão de que serão discutidas em outro momento —, porém se evitava, ao máximo, o debate e, principalmente, votações. No entanto, a estratégia

haviam sido registradas anteriormente entram como apêndice no documento final, ou são literalmente descartadas. Portanto, ao meu ver, força-se uma situação de consenso.[258]

Para um dos coordenadores dos planos de manejo no PPMA, no entanto, o método Zopp teria uma grande vantagem, pois "todas as idéias são colocadas no papel". Esse fato foi considerado um avanço, levando-se em conta as políticas ambientais predecessoras nas quais "nunca se deu muita importância para as idéias e problemas dos moradores locais". Mas, na minha opinião, um processo participativo deveria ir muito além...

Como já foi alertado no início deste trabalho, o ideal de emancipação social que alicerçava propostas de *pesquisa-ação* latino-americanas, nas décadas de 1960 e 1970, não estaria mais presente na maioria das iniciativas participativas de gestão do espaço público conhecidas. Cumprir as exigências das agências financiadoras talvez tenha sido a principal razão de se incluir o "participativo" nos projetos que se conhecia então. Entretanto, um processo participativo envolvendo grupos locais da sociedade civil pode tomar rumos que, paradoxalmente, deflagrem um processo de organização social desses grupos, mesmo que o objetivo inicial do projeto não tenha sido esse. Dessa maneira, a análise do processo coletivo ao longo do tempo seria o mais relevante nessas experiências, não os resultados (produtos) em si. É desse ponto de vista que analiso, à frente, a *participação* no caso da gestão ambiental do Peic.

O PAPEL DO MEDIADOR E DOS ASSESSORES TÉCNICOS NOS PROCESSOS PARTICIPATIVOS

> O nascimento de um projeto contém fortes traços subjetivos. Os problemas não existem para todos. Uma situação objetivamente existente só se transforma em problema no ponto de vista de determinado observador. No jogo social/econômico/político, o que para um é problema, para outro é potencial [...] [No Zopp] É feito um mapeamento que reproduza os problemas e suas interrelações de causa/efeito, permitindo ao grupo integrar opiniões individuais — frequentemente conflituosas — em um diagnóstico grupal consensuado da situação atual.[259]

---

nem sempre surtia resultados positivos. No caso da oficina do Parque Estadual de Picinguaba, os caiçaras ficaram bastante contrariados e, aos poucos, abandonaram a reunião.

[258] Um dos coordenadores dos planos de gestão do PPMA assumiu que houve certa contradição na decisão de se utilizar tal método nas oficinas. O Zopp, a princípio, visava "amenizar os conflitos", enquanto que o Projeto de Preservação da Mata Atlântica pretendia levantar os conflitos existentes nas áreas dos parques, para poder solucioná-los.

[259] BROSE, M. Gerenciamento participativo e o método ZOPP da GTZ. *In*: KLAUSMEYER, A.; RAMALHO, L. (org.). *Introdução a metodologias participativas*: um guia prático. Recife: SACTES/DED; ABONG, 1995. p. 132.

No discurso anterior, se atribui ao Zopp um papel de regulador de conflitos e supressão da subjetividade e dos interesses individuais em prol da coletividade. Essa função lembra muito a do Estado na sociedade contemporânea: zelar pelo interesse comum. Tal função estaria, nesse caso, personificada na figura do mediador, ou facilitador, do processo participativo. Substituem-se, assim, as funções do Estado em uma escala infinitamente pequena?

Tal semelhança parece não ser casual. As políticas de cooperação internacionais para o Brasil nos anos 1990 priorizavam o financiamento de projetos não governamentais ou, onde existia comprovada parceria entre governo e entidades da sociedade civil (ONGs e entidades de base popular), de maneira a driblar a burocracia e corrupção de boa parte dos órgãos públicos brasileiros. Essa seria uma boa hipótese para justificar o fato de as agências multilaterais de cooperação exigirem, de forma explícita, a inclusão da diretriz "participativa" nos projetos aprovados, como se mostra aqui no boletim do Banco Mundial:

> No que diz respeito ao GEF — Global Environmental Facility (Fundo para o Meio Ambiente Mundial), a política do Banco [Mundial] é incluir inteiramente Ongs no desenvolvimento e na implementação deste Fundo. Em 1992, foi formado um comitê deliberativo composto por Ongs e agências financiadoras.[260]

Em sua missão de *zelar pelo interesse comum*, o mediador desempenharia um papel fundamental nos processos participativos. Qual seria, portanto, o perfil exigido para uma pessoa que ocuparia tal função?[261]

Nas oficinas de planejamento ambiental em que estive presente, também se observou, com bastante frequência, um "descompasso" na comunicação entre os participantes, em função de suas diferentes formações profissionais. No início do trabalho, havia invariavelmente a necessidade de afinação dos conceitos mais utilizados e esclarecimentos sobre aspectos

---

[260] *Environmental Bulletin*, v. 4, n. 4, 1992, p. 5 (periódico do Banco Mundial) citado por PRINCEN, T.; FINGER, M. *Environmental NGOs in world politics*. Londres: Routledge, 1996. p. 19. Sobre o Fundo para o Meio Ambiente Mundial (GEF) ver artigo de VIOLA, E. O GEF e o Brasil: institucionalidade e oportunidades de financiamento. *Ambiente & Sociedade*, Campinas, v. 1, n.1, p. 5-26, 1997.

[261] Em um minicurso sobre métodos participativos, proferido durante o III Simpósio Brasileiro de Etnoecologia em junho de 2000 em Piracicaba (SP), organizado pela Sociedade Brasileira de Etnobiologia e Etnoecologia, foram levantadas junto aos participantes — alguns com experiência na aplicação de instrumentos participativos — as seguintes qualidades exigidas ao moderador: sensatez, objetividade, clareza, ser democrático, observador, criativo, sensível, humilde, perceptivo, flexível, ético, compromissado, interativo, respeitoso, autocrítico, ter capacidade de síntese, intuição, bom senso, dinamismo, otimismo, reconhecer o seu limite e de cada um, entre outras.

operacionais ligados à proteção ambiental e à metodologia do trabalho de planejamento.[262] Observava-se, no entanto, que a dificuldade de comunicação era ainda maior quando o encontro envolvia indivíduos de códigos culturais muito diferenciados. Por mais habilidosa que fosse a mediação, o consenso almejado entre profissionais de áreas de conhecimento distantes e entre membros de culturas muito distintas era arduamente atingido. O que estava então no cerne da questão era a contradição entre os diferentes interesses advindos de diferentes leituras da realidade, dificilmente conciliáveis...

B) OBSTÁCULOS DO PONTO DE VISTA DA REPRESENTAÇÃO

O uso do espaço sob diversas óticas

Questões que giram em torno da diversidade sociocultural e de sua relação com o ambiente são discutidas pela Antropologia desde seus autores clássicos. A percepção espacial singular de cada cultura influencia, de forma direta, o tipo de uso que se faz dos recursos naturais. No campo disciplinar da Geografia, essa temática remete às principais questões epistemológicas da Geografia Cultural, que floresceu no início do século XX, na América do Norte.

A relação cultura/espaço foi estudada, especialmente, a partir da década de 1920 por Carl Sauer da Escola de Berkeley. Também na França, um dos discípulos de Vidal de La Blache, Jean Brunhes, teria feito as primeiras investigações a respeito de atributos mais abstratos da cultura relacionados à espacialidade humana, e ressaltaria o valor simbólico da paisagem.[263] Diversas questões, que giram em torno de temas tais como o sentido dos lugares e da relação entre identidade cultural e espaço vivido, ecoariam com maior intensidade na pesquisa geográfica, no decorrer das décadas de 1960 e 1970, na América do Norte. Yi-Fu Tuan e seus alunos, Edward Relph e Leonard Guelke, seriam os principais representantes desta linha de pesquisa fenomenológica na Geografia denominada por alguns autores *Geografia Cultural Humanista.*

---

[262] Foi o caso da Oficina de Planejamento da Região Metropolitana, em João Pessoa, no âmbito do Programa Gerco do Ministério do Meio Ambiente. A afinação dos conceitos e elucidação dos procedimentos da oficina levou quase um dia inteiro. O conflito sobre a questão indígena, na oficina de planejamento da Ilha do Cardoso, relatado anteriormente também reflete essa dificuldade de comunicação entre as diferentes áreas de conhecimentos dos envolvidos. Nesse caso específico, deve-se ressaltar que a maior parte dos diretores de parques, bem como boa parte de suas equipes, além dos assessores contratados para elaborar as "cartas de zoneamento", que serviriam de base para o planejamento participativo, eram profissionais das áreas das ciências naturais. Havia uma clara ausência de profissionais das áreas das ciências humanas e/ou sociais. Na prática, esse fato revelou-se um grande problema quando se pretendeu avaliar as práticas agrícolas e extrativistas tradicionais durante as reuniões de planejamento.

[263] CLAVAL, P. *A geografia cultural*. Florianópolis: Editora da UFSC, 1999. Publicação original de 1995.

Segundo Roberto Lobato Corrêa, a importância dessa área de conhecimento foi retomada pela Geografia Cultural:

> A natureza e o espaço socialmente produzido, do qual o homem é parte integrante, constituem o ambiente geográfico. Este, contudo, não é vivenciado nem percebido do mesmo modo pelos diversos grupos sociais diferenciados entre si segundo um amplo leque de atributos que combinam entre si de modo complexo: renda, sexo, idade, as práticas espaciais associadas ao trabalho, crenças, mitos, valores e utopias. A percepção do espaço tem uma base eminentemente cultural[264]

Seguindo essa mesma linha de pensamento, inúmeros autores consideram o ambiente uma construção social, onde a cultura e a história seriam dimensões determinantes.[265] Tuan destaca-se, entre os geógrafos, nos estudos sobre a experiência humana e sua relação com a espacialidade. O autor traria algumas contribuições relevantes para as ciências humanas ao realizar um estudo ontológico sobre "espaço" e "lugar".[266]

No capítulo 3, discutiu-se a respeito da relação entre território e identidade caiçara. Como se pôde observar em campo, à medida que esse território é construído através de representações locais — como aquelas que se referem às diversas modalidades da pesca artesanal, por exemplo —, a identidade caiçara é rearticulada e vivenciada transformando aquele território em *lugar* (na mesma concepção de Tuan).[267] A mesma área geográfica, a Ilha do Cardoso, quando observada por ambientalistas, técnicos da SMA ou outros visitantes não caiçaras, adquire outros significados. Como fruto de visões diferentes de mundo e de maneiras diversas de se relacionar com a natureza, o imaginário de cada um desses grupos em relação ao mesmo espaço físico é divergente.

---

[264] CORREA, R. L. A dimensão cultural do espaço: alguns temas. *Espaço e Cultura*, Rio de Janeiro, n. 1, p. 1-22, 1995. Disponível em: https://www.e-publicacoes.uerj.br/espacoecultura/article/view/3479/2409. Acesso em: 5 fev. 2001.

[265] CHRISTOFOLETTI, A. *Perspectivas da Geografia*. São Paulo: Difel, 1982; FERRARA, L. D. As cidades ilegíveis: percepção ambiental e cidadania. *In*: DEL RIO, V.; OLIVEIRA, L. (org.). *Percepção ambiental, a experiência brasileira*. São Paulo: Studio Nobel, 1996; LOWENTHAL, D. Geografia, experiência e imaginação: em direção a uma epistemologia geográfica. *In*: CHRISTOFOLETTI, A. *Perspectivas da Geografia*. São Paulo: Difel, 1982; OLIVEIRA, L. Percepção e representação do espaço geográfico. *In*: DEL RIO, V.; OLIVEIRA, L. (org.). *Percepção ambiental, a experiência brasileira*. São Paulo: Studio Nobel, 1996; TUAN, Y. F. *Topofilia*: um estudo da percepção, atitudes e valores do meio ambiente. São Paulo: Difel, 1980. Publicação original de 1974, entre outros autores.

[266] Yi-Fu Tuan aborda neste livro temas tais como o espaço mítico, os valores espaciais, a relação tempo e espaço experiencial e ressalta a importância das relações subjetivas na constituição dos lugares (TUAN, Y. F. *Espaço e lugar*: a perspectiva da experiência. São Paulo: Difel, 1983).

[267] TUAN, Y. F. *Espaço e lugar*: a perspectiva da experiência. São Paulo: Difel, 1983.

Assim, sentidos diferentes atribuídos à Ilha pelos grupos que de alguma forma relacionam-se com essa área representariam a principal causa dos conflitos de interesse quanto ao uso do espaço. Haveria, no entanto, possíveis interesses comuns quanto ao uso da área que se materializariam na forma de um PGA coletivo? Como conectar possíveis elos comuns entre caiçaras, biólogos que pesquisam a fauna e flora locais, representantes do governo municipal, militantes das pastorais e o padre do município, ambientalistas membros de ONGs, o administrador do Parque e representantes de órgãos governamentais de fiscalização ambiental?[268] Além disso, uma outra questão que aqui parece relevante seria: pode-se articular, de alguma forma, saberes e fazeres tradicionais aos aspectos mais técnicos e gerenciais de um PGA? Como?

Nas oficinas de elaboração dos planos de gestão, o primeiro obstáculo à participação mais efetiva dos moradores locais teria sido o método participativo adotado nas reuniões, o Zopp, como já se discutiu. É pouco provável que os imaginários caiçara e indígena pudessem ser revelados através da lógica instrumental predominante naqueles fóruns coletivos do Projeto. O mundo simbólico do indígena — e mesmo do caiçara — certamente foge de uma "ordem simbólica totalizadora" urbana e materialista que marca as políticas das áreas protegidas no Brasil.[269]

A legislação que rege as UCs no país até o momento, o Snuc, praticamente proíbe a presença de moradores nessas áreas. Tal modelo operacional preservacionista resultaria de um arcabouço ideológico de seus defensores que prega: *primeiro*, haver uma clara separação entre homem e natureza; *segundo*, que o ser humano é, invariavelmente, destruidor dessa natureza considerada selvagem e, portanto, deve manter-se à distância; *terceiro*, que conhecimentos e metodologias mais adequadas de preservação da biodiversidade são frutos exclusivos da ciência moderna, sobretudo das ciências naturais (biologia, ecologia, geologia...).[270]

---

[268] Atributos dos membros que compunham o Comitê de Gestão do Peic.

[269] Essa "ordem simbólica totalizante" racional e materialista presente no modelo teórico clássico da sociologia é contestada por estudiosos dos *novos movimentos sociais* tais como Lúcia da Costa Ferreira. A autora considera o movimento ambientalista brasileiro uma expressão desses novos movimentos e de sua atual ação coletiva "orientando-a à defesa das identidades pessoais e coletivas, da manutenção e reprodução subjetiva ou de grupos, e da vida de um modo geral (FERREIRA, L. C. Conflitos sociais contemporâneos: considerações sobre o ambientalismo brasileiro. *Ambiente & Sociedade*, [s. l.], n. 5, p. 35-54, 1999. Disponível em: https://www.scielo.br/j/asoc/a/7bvX3fKYLmzTft9F5CCyMHx/abstract/?lang=pt#. Acesso em: 3 fev. 2001).

[270] DIEGUES, A. C. Saberes tradicionais e etnoconservação. *In*: DIEGUES, A. C.; VIANA, V. M. (org.). *Comunidades tradicionais e manejo dos recursos naturais da Mata Atlântica*. São Paulo: Nupaub/USP; ESALQ/USP, 2000b. p. 9-20.

Essa ótica positivista da realidade permeia as políticas ambientais restritivas que regem as UCs até o presente. Tal visão de mundo dos propositores de medidas preservacionistas das UCs resulta de um "mito moderno" existente na sociedade contemporânea, segundo o qual a natureza, em alguns locais especiais, se encontra em estado selvagem, e deve ser preservada a qualquer custo.[271] Esse ideal de um parque desabitado tomado pela mata virgem e exuberante representaria um tipo de santuário, principalmente para muitas pessoas da cidade. A concepção vigente de áreas protegidas atrela-se, portanto, a um simbolismo contemporâneo, um *neomito*. Nas palavras de Diegues:

> Por mais que a sociedade urbano-industrial e o avanço das ciências tenham dessacralizado o mundo e enfraquecido os mitos, a imagem de parque nacional e outras áreas protegidas como um paraíso em que a natureza virgem se expressa em toda a sua beleza, transformando-se num objeto de reverência do homem urbano, ressalta a idéia de que as mitologias têm vida longa e podem renascer à sombra da racionalidade.[272]

A leitura que as diferentes culturas e grupos sociais fazem do espaço seria, portanto, permeada por suas respectivas ideologias[273], ou universo simbólico. Para Berger e Luckmann, é nesse universo do simbólico, através da interação social, que ocorre a construção da realidade:

> O universo simbólico é concebido como a matriz de todos os significados socialmente objetivados e subjetivados reais. A sociedade histórica inteira e toda a biografia do indivíduo são vistas como acontecimentos que passam dentro deste universo. No interior do universo simbólico estes domínios separados da realidade integram-se em uma totalidade dotada de sentido que os "explica" e talvez também os justifique [...]. O universo simbólico é evidentemente construído por meio de objetivações sociais. No entanto sua capacidade de atribuição de significações excede de muito o domínio da

---

[271] Antonio Carlos Diegues discute em seu livro, *O mito moderno da natureza intocada*, que grupos sociais urbanos também possuem seus próprios mitos e símbolos a respeito da natureza, os quais, evidentemente, diferenciam-se dos mitos dos povos nativos das florestas brasileiras (DIEGUES, A. C. *O mito moderno da natureza intocada*. São Paulo: Hucitec, 1996).

[272] *Ibid.*, p. 157.

[273] Ideologia, aqui, entendida do seguinte ponto de vista: "[...] é um fenômeno inultrapassável da existência social, na medida que a realidade social tem, desde sempre, uma constituição simbólica e comporta uma interpretação, em imagens e representações, do próprio elo social" (RICOEUR, P. *Do texto à ação*. Porto: Éditions du Seul, 1989. p. 310).

> vida social, de modo que o indivíduo pode "localizar-se" nele, mesmo em suas mais solitárias experiências.[274]

Ainda hoje, em pleno século XXI, é o imaginário de um grupo específico de profissionais — a maioria formada nas ciências naturais — que se expressa e, ao mesmo tempo, orienta a grande maioria dos programas de conservação ambiental no território brasileiro. São esses "especialistas do meio ambiente" os principais responsáveis em diagnosticar e recomendar intervenções técnicas, bem como propor políticas públicas para as UCs, impondo sua *ordem simbólica totalizadora*.[275] Mas será que não haveria outro caminho possível?

Uma das questões centrais neste trabalho seria: Como estabelecer pontes de comunicação intercultural para se chegar a soluções viáveis em busca da sustentabilidade da vida na Mata Atlântica?[276] Desvelar aspectos culturais, que influenciariam a relação dos povos que aí vivem com o lugar, seria o primeiro passo nessa empreitada. Compreendendo melhor as relações dos moradores tradicionais com o meio onde vivem, poder-se-ia apontar necessidades de investigação sobre pressupostos da gestão ambiental participativa em áreas protegidas, não somente do ponto de vista instrumental, mas também levando-se em consideração o conhecimento tradicional e possíveis relações entre territorialidade e identidade, ou seja, aspectos socioculturais que fazem parte de uma dimensão mais subjetiva do ser humano.

Não se trata, contudo, de reificar a cultura — uma das críticas mais severas à Geografia Cultural clássica. Pouco se sabe a respeito do mundo simbólico de culturas tradicionais não indígenas *que mantêm*, até hoje, relações estreitas com a Mata Atlântica, mas que, ao mesmo tempo, *articulam-se*, periodicamente, ao modo de vida e às formas de pensamento que prevalecem na sociedade urbana contemporânea — caso dos caiçaras que vivem no interior ou no entorno das florestas, há muitas gerações. Ainda hoje são poucas as informações amplamente divulgadas a respeito de saberes e ideais de uso do espaço de moradores tradicionais das UCs.

---

[274] BERGER, P.; LUCKMANN, T. *Construção social da realidade*. Petrópolis: Vozes, 1996. p. 132.

[275] Milton (1996, p. 154) coloca a separação do conhecimento tradicional, intimamente imbricado ao contexto onde este se origina, do tipo de conhecimento baseado na "racionalidade científica" de experts como típica do processo de globalização. Pierre Bourdieu também discute essa questão em *O poder simbólico* (1989).

[276] Milton (1996, p. 114) teria discutido as limitações da comunicação intercultural. No entanto, admite que para contribuir com a construção do discurso público ambientalista — discurso entendido nesta obra como processo e produto — a comunicação e a negociação entre diferentes atores seria uma realidade cada vez mais frequente em que se devia procurar ultrapassar as barreiras culturais.

Essa é uma das principais razões que me levou a questionar o sentido do "participativo" atribuído aos planos de manejo e PGAs do Projeto de Preservação da Mata Atlântica conduzidos pelo Poder Público, no estado de São Paulo.

AS SINGULARIDADES DO PROCESSO PARTICIPATIVO NA ILHA DO CARDOSO

Acompanhei o processo de elaboração do PGA do Peic de 1998 até o ano de 2001,[277] Os contatos mensais com moradores da Ilha, durante as reuniões do Comitê de Gestão, bem como os períodos mais longos em que mergulhei na vida cotidiana daquelas comunidades caiçaras, contribuíram para a reflexão sobre limites e possibilidades da gestão ambiental participativa.

A análise do processo de formação do Comitê e de seu funcionamento, durante os primeiros anos de sua existência, apontou para uma nova forma de gestão das UCs. A singularidade do trabalho do Comitê de Gestão da Ilha do Cardoso residiu no fato de terem sido criados mecanismos de cogestão da área. Um processo de diálogo direto e continuado entre membros das comunidades caiçaras e representantes de instituições ligadas ao meio ambiente (governamentais ou não) resultou numa série de avanços na resolução de conflitos locais ligados à proteção ambiental da Ilha.

O COMITÊ DE APOIO À GESTÃO DO PARQUE ESTADUAL DA ILHA DO CARDOSO

O Comitê de Apoio à Gestão Ambiental do Peic foi regulamentado em 23/9/1998, ocasião na qual foi publicado seu estatuto no Diário Oficial.

Compunham o Comitê os seguintes membros na época:

1 responsável pelo expediente do Parque (o diretor do parque)

1 representante da prefeitura de Cananeia

1 representante do Ibama/APA de Cananeia/Iguape/Peruíbe

1 representante do Instituto de Pesca (Secretaria da Agricultura do Estado)

---

[277] Participei também das primeiras reuniões e oficinas do PPMA no Parque Estadual da Serra do Mar no Núcleo Picinguaba, no município de Ubatuba. Finalmente resolvi priorizar a Ilha do Cardoso como principal foco de meu estudo empírico.

1 representante da Colônia de Pescadores de Cananeia

1 representante da Pastoral dos Pescadores de Cananeia

2 representantes de ONGs (SOS Mata Atlântica e Gaia Ambiental)

6 representantes das comunidades tradicionais da Ilha (Itacuruçá, Foles, Cambriú, Marujá, Enseada da Baleia, Pontal do Leste)

É interessante notar que o Comitê Gestor da Ilha do Cardoso contava então com quatro representantes do Poder Público e dez representantes da sociedade civil organizada (um membro da Colônia de Pesca, um membro da Pastoral dos Pescadores, dois membros de ONGs, seis membros de comunidades).

As primeiras reuniões do Comitê ocorreram no início de 1998. Desde então, todas as medidas relacionadas à gestão ambiental do Peic, tomadas pelo diretor do Parque, levaram em conta as discussões e decisões coletivas que houve no Comitê. Assim, se oficialmente os comitês do PPMA deveriam atuar de forma consultiva, segundo orientações da SMA, vale ressaltar que, no caso específico da Ilha do Cardoso, este adquiriu, na prática, um caráter deliberativo.[278] Essa era uma peculiaridade interessante do parque em questão. Nas outras oito UCs estaduais que faziam parte do PPMA, os membros dos conselhos não se reuniam com frequência e, no geral, pode-se dizer que o diretor da unidade continuava seguindo o "antigo modelo" centralizador de administração dos parques. Contudo, tais procedimentos de tomada de decisão coletiva que caracterizaram a ação do Comitê da Ilha deviam, vez ou outra, enfrentar uma série de limites impostos pelas esferas superiores da própria SMA.[279]

É preciso ressaltar que o envolvimento dos moradores das comunidades caiçaras também aumentou significativamente a partir do momento em que as reuniões do Comitê deixaram de acontecer na sede do Peic, em Cananeia, e foram transferidas para as comunidades. Cada comunidade, na forma de rodízio, passou a sediar a reunião responsabilizando-se não somente pelo apoio logístico — organizar um local adequado para a reunião,

---

[278] Isso se devia principalmente à postura do então diretor do Parque, Marcos Campolin. Desde que assumiu a coordenação do Comitê, passou de certa forma a delegar ao grupo o poder de decidir coletivamente os encaminhamentos que ele, como administrador do Parque, deveria tomar. Assim, não abdicou do seu poder de deliberar as medidas necessárias à gestão ambiental do Parque, mas o estendeu, indiretamente, a todos os membros do Comitê.

[279] O então diretor do IF, Oswaldo Poffo, enviou ofício datado de 5/4/99 aos diretores das UCs informando a respeito de uma portaria que baixou proibindo reformas e construções na área. Essa medida inviabilizou grande parte do trabalho que vinha desempenhando o Comitê de Gestão da Ilha do Cardoso, na época. Grande parte das deliberações do Comitê referiam-se à regulamentação de construções e reformas nas comunidades caiçaras. A portaria causou indignação nos membros do Comitê e paralisou os trabalhos que vinham sendo desenvolvidos.

preparar lanche para os participantes etc. —, mas também por apresentar os problemas específicos vivenciados pela população local. Assim, os membros do Comitê puderam tomar contato mais direto com a realidade de todas as comunidades, e, paralelamente, os moradores tiveram a oportunidade de conhecer mais de perto o trabalho do Comitê. Mesmo as comunidades mais isoladas da Ilha que, havia um longo período, não participavam das reuniões chegaram a sediar reuniões e não deixaram de expor suas queixas, solicitações e questionamentos para o diretor do Parque e demais membros do Comitê.

As deliberações realizadas pelo Comitê Gestor da Ilha baseavam-se, em grande parte, nos dois documentos que foram apresentados antes (Quadros 3 e 4) e na Matriz Geral de Planejamento, espécie de lei orgânica do Parque. No meu entender, esses documentos representavam proposições políticas, que faziam com que se reafirmasse a identidade *tradicional* dos caiçaras. Por exemplo, autorizações para reformar casas ou para construir foram concedidas pelo Comitê com base em tais documentos. Por outro lado, estes vetaram, à maioria dos *não tradicionais* e *veranistas*, esses mesmos direitos. Segundo o diretor do Parque e coordenador do Comitê Gestor, a legitimidade das deliberações feitas pelo Comitê para a área do Parque apoiavam-se nas orientações da Promotoria do Meio Ambiente do Vale do Ribeira.

Nesse caso, pode-se dizer que teria havido um certo avanço na garantia dos direitos de permanência e de uso da terra pelos caiçaras ao longo do processo de elaboração do PGA do Peic. Tais direitos seriam resultantes de sucessivos acordos políticos travados entre técnicos do estado de São Paulo, moradores da Ilha e representantes da sociedade civil organizada (ONGs e entidades de base), durante o processo participativo que se iniciou com uma série de reuniões no local para a preparação da Oficina de Planejamento, em meados dos anos 1990, e teve continuidade durante as reuniões mensais do Comitê de Gestão até pelo menos o ano 2000.

Há que se ressaltar, no entanto, que durante esse processo dois grupos contestaram as medidas que vinham sendo tomadas. Primeiro, indivíduos ou setores da própria SMA[280] e, logo depois, um grupo de moradores não tradicionais coligados com *veranistas* que possuíam casa no bairro do Marujá organizaram-se através de uma ONG denominada Adeic para reivindicar seus direitos.[281]

---

[280] Como já se comentou, determinados setores e técnicos do IF teriam questionado tais direitos que, de certa forma, beneficiavam os caiçaras. Segundo grupo mais conservador na SMA, as atividades tradicionais caiçaras comprometeriam a conservação da biodiversidade característica da Mata Atlântica, abundante na Ilha. No entanto, através da intervenção da Procuradoria Pública do Vale do Ribeira no processo, os direitos dos moradores tradicionais foram consolidados.

[281] Na verdade, o objetivo desse grupo era defender os interesses dessa categoria de pessoas que tinham vínculos eventuais com a Ilha. De acordo com o PGA, a maioria deles deveria "sair da Ilha", ou seja, perderia o direito de

A partir do início de 1999, alguns dos membros da ONG começaram a participar assiduamente das reuniões do Comitê como convidados e até conquistaram uma vaga oficial naquele colegiado. Ao defender seus próprios interesses — os quais, certamente, se diferenciavam dos interesses gerais dos moradores caiçaras —, ameaçavam, de certa forma, o caráter consensual que caracterizou as reuniões do Comitê da Ilha do Cardoso nos primeiros meses de sua existência.

ter uma casa no local. Somente alguns destes, que construíram suas casas antes da regulamentação do parque (1962), detinham direitos mais favoráveis, como se pode observar no documento apresentado (Quadro 3).

CAPÍTULO 6

LIMITES DO CONSENSO

Fotografia 19 – Moradores tradicionais do Marujá, Ilha do Cardoso

Crédito: a autora

O ideal do consenso surge com o próprio nascimento da democracia na sociedade ocidental moderna e constitui-se, até hoje, em um dos princípios básicos da *democracia representativa*. Para Alain Tourraine, é na interdependência de três dimensões — respeito pelos direitos fundamentais, cidadania e representatividade dos dirigentes — que se constitui a democracia.[282] Contudo, pergunta-se: Esses mesmos princípios de consenso e da "representatividade dos governantes" — que, segundo Touraine: "implica na existência de atores sociais cujos agentes políticos sejam os instrumentos, os representantes" — seriam, indiscriminadamente, válidos para outros grupos sociais que possuem códigos culturais distintos dos nossos? Se a resposta for afirmativa, mesmo assim é preciso pensar, no caso da reflexão aqui em pauta, como estabelecer critérios e condições para que a comunicação entre representantes de culturas, categorias profissionais e grupos ideológicos distintos considere a diversidade discursiva de cada um dos participantes sem privilegiar uns em detrimento dos outros. Como encontrar um caminho que concilie pontos de vista e interesses divergentes na conservação ambiental? E mais: Como a participação de povos tradicionais em projetos conduzidos por agentes externos às comunidades se relaciona com o poder local?

Neste capítulo, se discutirá a respeito dos limites da negociação coletiva, observados durante o processo de gestão ambiental em áreas protegidas da Mata Atlântica. Para esta análise, as contribuições teóricas de alguns autores tais como Alain Tourraine,[283] Kay Milton,[284] Matthias Finger,[285] Lúcia da Costa Ferreira,[286] Clifford Geertz[287] e Homi Bhabha,[288] entre outros menos citados, estão alinhavadas aos dados empíricos levantados durante a pesquisa de campo que resultou neste livro. Nesta colcha de retalhos pretende-se apontar questionamentos sobre as *abordagens participativas* popularizadas no setor ambiental.

---

[282] TOURRAINE, A. *O que é a democracia?* Petrópolis: Vozes, 1996. p. 43.

[283] TOURRAINE, A. *O que é a democracia?* Petrópolis: Vozes, 1996.

[284] MILTON, K. *Environmentalism and cultural theory*: exploring the role of anthropology in environmental discourse. Londres: Routledge, 1996.

[285] FINGER, M. NGOs and transformation theory. *In*: PRINCEN, T.; FINGER, M. *Environmental NGOs in world politics*. Londres: Routledge, 1996. p. 21-54.

[286] FERREIRA, L. C. Conflitos sociais contemporâneos: considerações sobre o ambientalismo brasileiro. *Ambiente & Sociedade*, [s. l.], n. 5, p. 35-54, 1999. Disponível em: https://www.scielo.br/j/asoc/a/7bvX3fKYLmzTft9F5CCyMHx/abstract/?lang=pt#. Acesso em: 3 fev. 2001.

[287] GEERTZ, C. *Nova luz sobre a antropologia*. Rio de Janeiro: Jorge Zahar, 2001.

[288] BHABHA, H. K. *O local da cultura*. Belo Horizonte: Editora da UFMG, 1998.

No caso mais específico deste trabalho, a pergunta balizadora seria: nos planos de gestão implantados nas nove áreas do PPMA foram levadas em conta as particularidades do modo de vida tradicional dos povos que ali vivem, sobretudo caiçaras, tais como suas formas próprias de comunicação e de representatividade?

Esta discussão tem como ponto de partida, portanto, a análise das *diferenças* — especialmente as culturais — que poderiam criar obstáculos para se levar a cabo a negociação entre os participantes envolvidos na gestão ambiental, no caso da Ilha do Cardoso. As diferenças sociais e políticas entre os diversos grupos envolvidos no processo "participativo" de planejamento e de gestão ambiental do PPMA são aqui brevemente apontadas. Elas compõem o cenário onde a diversidade cultural é especialmente focalizada.

Se as diferenças do ponto de vista sociopolítico, entre as várias categorias de participantes são, mais ou menos, evidentes, bem mais sutis são suas diferenças culturais. Valores culturais que vieram à tona para a pesquisadora, somente durante o período do trabalho de campo, parecem constituir, ao mesmo tempo, causas e consequências do contexto social e político no qual o processo participativo se deu.

Todavia, adentrar pelos interstícios desta amálgama que é a cultura caiçara foi um desafio que enfrentei correndo o risco de incorrer em simplificações grosseiras ou conclusões equivocadas. Mesmo assim, arrisquei.

AS DIFERENÇAS

O relativismo cultural, grosso modo, afirma que todas as culturas têm formas igualmente válidas de interpretar a realidade, propõe que não há uma verdade absoluta, muito menos um único regime de moralidade válido. Configura-se, assim, como uma arma contra o etnocentrismo, o racismo, a xenofobia e outras formas de discriminação negativa ao nos depararmos com o "outro", uma "outra" cultura.

Para Geertz, o principal alvo do relativismo é o que chama de *provincianismo*: "o perigo de que nossa percepção seja embotada, nosso intelecto seja encolhido e nossas simpatias sejam restringidas pelas escolhas excessivamente internalizadas e valorizadas de nossa própria sociedade". Contudo, ciente dos abismos que podem resultar de um relativismo levado até as últimas consequências (o "vale-tudo", ou "as pessoas de culturas diferentes vivem em mundos diferentes"), ele se declara, cautelosamente, *antiantirrelativista*, não se colocando integralmente a favor do relativismo, ainda que seja contra os antirrelativistas (que critica por "desconstruírem a alteridade", por procurarem "extrair das investigações biológicas, psicológicas, lingüísticas ou simplesmente culturais conceitos como Natureza Humana e da Mente Humana que independam do contexto"). Assim, o autor pondera que a grande contribuição dos antropólogos como ele é terem sido "os primeiros a insistir em vermos a vida dos outros através das lentes que nós próprios polimos e que os outros nos vêem através das deles".[289]

O papel desempenhado pela diferença cultural, principalmente nas negociações coletivas, é analisado pelo indo-britânico Homi Bhabha. Antes de mais nada, nega qualquer tipo de cultura pura, imutável no tempo e no espaço.[290] O local da cultura, segundo Bhabha, é um "entre-lugar", um espaço intersticial "entre identificações fixas [que] abre a possibilidade de um *hibridismo cultural* que acolhe a diferença sem uma hierarquia suposta ou imposta".[291] O autor analisa a constituição de sujeitos culturais híbridos, frutos da história colonial — como é o seu próprio caso — caracterizados por identidades, ao mesmo tempo, plurais e parciais. E, nesse espaço de *hibridismo* cultural, o autor vê a possibilidade de "evitar a política da polaridade e [de] emergir como os outros de nós mesmos".[292]

Se, por um lado, o relativismo radical que enfatiza amplas diferenças entre as culturas impossibilita o diálogo, por outro, a ideia de existir uma *natureza humana universal* traz inúmeros riscos para a autonomia cultural de diferentes sociedades — como a própria história mundial já comprovou. O que quer que se pense de tudo isso, as ideias de Bhabha a respeito da atual necessidade de transpor as polaridades apontam para um novo caminho. De certa forma, suas ideias, aqui rapidamente anunciadas, aproximam-se de considerações feitas recentemente por Michel Serres, Edgar Morin, Kay Milton, Stuart Hall e mesmo Boaventura de Sousa Santos a respeito da diferença cultural como sendo a principal fonte de novas estratégias de convivência e de desenvolvimento, rumo a um futuro melhor para toda a humanidade. Mesmo assim,

---

[289] GEERTZ, C. *Nova luz sobre a antropologia*. Rio de Janeiro: Jorge Zahar, 2001. p. 47-67.

[290] O autor cita como um dos exemplos que considera mais impactantes o "odioso nacionalismo sérvio" e sua tentativa de limpeza étnica.

[291] BHABHA, H. K. *O local da cultura*. Belo Horizonte: Editora da UFMG, 1998. p. 22.

[292] *Ibid.*, p. 69.

penso que é preciso conhecer primeiro as diferenças[293] para então tentar encontrar a melhor forma de articulá-las — se é que isso seja possível.

Voltando, então, para o caso do Projeto aqui analisado, quais seriam as diferenças entre os diversos grupos sociais participantes que poderiam colocar em risco a viabilidade do consenso?

Fotografia 20 – Cambriú, Ilha do Cardoso

Crédito: a autora

A) ORGANIZAÇÃO E REPRESENTATIVIDADE LOCAIS EM FOCO

[Numa democracia] É preciso também que a maioria reconheça os direitos das minorias e, em particular, não imponha a uma minoria a defesa de seus interesses e a expressão de seu ponto de vista unicamente pelos métodos que convêm à maioria ou grupos mais poderosos.[294]

---

[293] Claro que as diferenças não se dão naturalmente, mas são constituídas por meio de quadros classificatórios de um determinado grupo social ao analisar o(s) outros(s).

[294] TOURRAINE, A. *O que é a democracia?* Petrópolis: Vozes, 1996. p. 38.

O PPMA foi, originalmente, idealizado de modo a possibilitar, aos vários setores e instâncias do poder público e da sociedade civil, o diálogo em busca de medidas de conservação e de preservação das áreas remanescentes da Mata Atlântica, no estado de São Paulo. Para isso, foram escolhidas as seguintes áreas de atuação do Projeto: pesquisa, fiscalização, educação ambiental, ecoturismo e ocupação humana.

Primeiro, há que se ressaltar o caráter tutelar no início do processo. A participação não foi reivindicada pelos moradores locais, muito menos conquistada, mas sim outorgada pelo Estado. Após a aprovação do Projeto pela KfW, o processo teve início, na Ilha, com a convocação de todos os moradores para as "reuniões preparatórias" no Núcleo Perequê, na Ilha do Cardoso. Naquela ocasião, foram levantados os principais problemas enfrentados pelos moradores locais — inclusive pelos indígenas Guarani — arrolados numa espécie de "pré-matriz" de planejamento.[295]

Em cada uma das nove áreas (UCs) contempladas no PPMA, o primeiro passo foi selecionar o grupo de pessoas que, de alguma forma, mantinha relações estreitas com o local e, ao mesmo tempo, se relacionava com uma ou mais áreas de atuação do Projeto para elaborar, de forma coletiva, um "desenho" detalhado do Plano de Gestão para a área, durante a Oficina de Planejamento (analisada antes).

Após a elaboração "participativa" da chamada *matriz de planejamento*, ou seja, o esboço geral dos programas que compunham o Plano de Gestão para cada área, membros da coordenação do PPMA informaram que foram necessários certos "ajustes" dos Planos para que fossem exequíveis.[296] Depois dessa etapa, foram escolhidos os membros que comporiam os Comitês de Apoio à Gestão Ambiental, em cada uma das nove UCs. O papel do Comitê, como um colegiado meramente consultivo, seria auxiliar o diretor do parque na implantação do Plano de Gestão proposto.

O comitê do Peic contava então com representantes de órgãos governamentais e da sociedade civil. Conforme apontado antes, os representantes dos órgãos governamentais e ONGs foram indicados pelas próprias instituições. Quase sem exceção, eram pessoas que tinham uma relativa inserção antiga na luta pela proteção ambiental do Vale do Ribeira, sendo,

---

[295] Nesse fórum também se utilizou o método Zopp.

[296] Como o documento final das oficinas ficou registrado em diversos painéis, que seriam posteriormente sistematizados pela mediadora do evento e seu assistente, o produto "original" das oficinas não foi disponibilizado para um estudo. Assim, infelizmente, não foi possível realizar uma comparação dos planos "antes" e "depois" dos ajustes feitos para avaliar se a interferência foi expressiva.

também, sensíveis à problemática das populações tradicionais que ali viviam e ainda vivem. Mas como teriam sido escolhidos os representantes das comunidades caiçaras? Qual a representatividade dessas pessoas em suas respectivas comunidades?

Lúcia da Costa Ferreira analisa a representatividade quando discute a relação entre ator social e agente político no movimento ambientalista brasileiro, também levando em consideração a proposição de Alain Tourraine:

> O que está em jogo nessa oposição é a questão da representatividade dos agentes políticos perante interesses, aspirações e projetos que os diversos atores têm sobre a vida social (Tourraine, 1996). Para que exista representatividade é preciso que existam algumas condições. Em primeiro lugar, deve haver forte agregação das demandas provenientes de indivíduos e grupos bastante diferenciados na vida social. O máximo da representatividade só seria possível se houvesse total correspondência entre as camadas sociais e a oferta política. A segunda condição pressupõe a capacidade de organização autônoma das diversas categorias que compõem a vida social. A vida social e a constituição de atores é portanto anterior à própria constituição da vida política e dos agentes que lhe conferem sentido. Os elos entre a vida social e política não são por sua vez diretos, mas passam por mediadores que orientam as escolhas políticas e contribuem para formar a oferta política em inúmeros setores da vida social"[297]

As "condições da representatividade", ressaltadas pela autora supracitada, foram investigadas no caso da Ilha do Cardoso. Tive a oportunidade de conhecer e de conviver pessoalmente com os indivíduos que "representavam" suas comunidades no Comitê. Três fizeram parte do movimento das CEBs ou, de alguma forma, estiveram ligados aos setores progressistas da Igreja católica no passado — alguns caiçaras cultivavam esse tipo de vínculo com a Igreja até recentemente. Eram as pessoas mais presentes e atuantes nas reuniões. As outras três participavam esporadicamente dos encontros do Comitê e, no último ano, raramente estiveram presentes. Qual seria a razão?

Tourraine[298] teria questionado o que significa a livre escolha dos representantes, "se os governados não se interessam pelo governo, se não sentem

---

[297] FERREIRA, L. C. Conflitos sociais contemporâneos: considerações sobre o ambientalismo brasileiro. *Ambiente & Sociedade*, [s. l.], n. 5, p. 35-54, 1999. p. 42. Disponível em: https://www.scielo.br/j/asoc/a/7bvX3fKYLmzTft9F5CCyMHx/abstract/?lang=pt#. Acesso em: 3 fev. 2001.

[298] TOURRAINE, A. *O que é a democracia?* Petrópolis: Vozes, 1996. p. 44.

que fazem parte de uma sociedade política, mas somente de uma família, aldeia, categoria profissional, etnia ou confissão religiosa". Para o caso da representatividade no Comitê de Gestão da Ilha do Cardoso, percebi que, algumas vezes, o fórum era visto como algo estranho ou completamente à parte do mundo cotidiano dos caiçaras — sobretudo, nas comunidades onde se vivia essencialmente da pesca. A situação só mudava quando o Comitê passava a interferir diretamente na vida daquelas pessoas.[299]

Os representantes das comunidades Cambriú, Foles e Pontal do Leste costumavam ser então os membros mais ausentes nas reuniões. Como já apontei antes, esses eram os povoados mais isolados da Ilha e onde a grande maioria das pessoas praticava a pesca em mar aberto. Recortei alguns trechos do "Álbum de Retratos" para ilustrar a relação dessas pessoas com o Comitê de Gestão:

No Cambriú:

Indaguei por que não participam mais das reuniões do Comitê: *Perdia um dia de trabalho e não faziam nada. Só promessa.*

Eu também não vou, não tenho estudo. A gente que vai tem mais estudo, diz Ditão.

[Ditão e Roberto, então representantes do Cambriú no Comitê, chegaram a ir a algumas reuniões. Durante meses não compareceram nos encontros do Comitê.]

Dona Julieta [moradora do Cambriú] era incisiva: *não adianta ir em reunião, só ficam falando, falando, nunca resolve nada. Faz uns dois anos que um vereador falou de colocar água pra cá. Nada! Mesmo essa energia solar, era pra vir pra cá e foi parar no Ariri!*

No Pontal do Leste:

Firmino: *a gente não sabe falar direito, são sempre os mesmos que falam, os que se dão bem...*

Antes de mais nada, nota-se, pelos argumentos anteriores, que "os representantes" dessas três comunidades, em particular, não estabeleciam uma distinção entre o Comitê e a própria SMA. Pareciam confundir tipos de atuação e competências de ambas as instituições. Vendo o Comitê de Gestão mais como uma extensão da própria SMA, é bem provável que se negavam a fazer parte de uma organização que sempre teve uma conotação extremamente negativa no local. Segundo tais moradores, a SMA e órgãos coligados (Ibama e Polícia Florestal) limitaram-se, então, a lhes impor

---

[299] Ver relato de Firmino no "Álbum de Retratos".

uma série de restrições quanto ao uso dos recursos naturais, chegando em alguns casos a multá-los. Além disso, desconfiavam que, de alguma forma, podiam ser beneficiados pelo PPMA sendo que mesmo suas necessidades mais básicas raramente eram atendidas pelo estado de São Paulo.[300]

A ONG Guapuruvu, que participou do processo de construção do Plano de Gestão do Núcleo Picinguaba do Parque Estadual da Serra do Mar, outra área contemplada pelo PPMA, levantou as seguintes questões sobre o envolvimento das comunidades no Projeto:

> O primeiro ponto que dificulta a participação das comunidades é a própria representação social que estas fazem do Estado, isto é, elas percebem e vivenciam o Estado como alguém, uma pessoa que desde que 'chegou' somente os reprimiu, os puniu. Em outras palavras, a visão de um Estado autoritário, repressor e punitivo impede que os moradores tradicionais se sintam interessados e motivados a participar.[301]

Para ilustrar os argumentos colocados nesse mesmo documento, a Guapuruvu citava a fala de um de seus interlocutores caiçaras:

> *Se até hoje eles nunca viero aqui ouvi a gente [...]. Tem quase vinte ano que o 'meio ambiente' chegou e nunca se interessô em nos ajudá, se interessô em multá... porque agora eles querem sabê nossos problema? Não vô não, moça. Não adianta de nada, eles finge que ouve a gente, mas dispois isqueci.*[302]

A personificação do Estado na figura de um indivíduo repressor e autoritário foi igualmente percebida na Ilha do Cardoso. Alguns caiçaras referiam-se à ação da SMA, bem como do Ibama — que desempenham funções diferenciadas, ainda que em parceria — da seguinte forma:

> *O pior que mudou* [depois que a Ilha virou Parque] *foi o Florestal que não deixa fazer roça.* [Mas o pescador garante:] *Aqui eles não vêm, é difícil pra eles vir. Quando o mar tá liso, a gente não caça. O Florestal pode aparecer.*[303]

Além do mais, a noção de *liderança* no universo caiçara deve ser questionada. Antes de conhecer a Ilha, amigos da universidade e da SMA

---

[300] No Cambriú e no Pontal, por exemplo, reivindicavam o abastecimento de água potável por anos.

[301] KOCH, R. C. A perspectiva da ONG ambientalista. *In*: MARETTI, C. C. et al. *A participação em planos de gestão ambiental*. São Paulo: SMA/PPMA/FF/IF, 1998. p. 120. Mimeografado.

[302] KOCH, R. C. A perspectiva da ONG ambientalista. *In*: MARETTI, C. C. et al. *A participação em planos de gestão ambiental*. São Paulo: SMA/PPMA/FF/IF, 1998. p. 55. Mimeografado.

[303] Relato de um pescador que vive no Cambriú.

haviam indicado uma certa pessoa para ser entrevistada, que diziam ser uma das principais lideranças locais. Mas, quando passei um período mais longo naquela comunidade, percebi que, do ponto de vista dos outros moradores, por mais que tal pessoa tivesse papel importante como porta--voz das comunidades caiçaras em inúmeros fóruns de discussão a respeito das políticas ambientais para o Vale do Ribeira, no local, sua distinção e prestígio igualava-se, por exemplo, a um outro caiçara sênior que tinha um conhecimento excepcional sobre a arte da pescaria.

> Assim sendo, o exímio pescador e aquele que haviam me indicado como a mais expressiva liderança local seriam, ambos, igualmente representativos como porta-vozes caiçaras, sob a ótica dos moradores daquela comunidade. A princípio, a nenhum dos dois — e talvez a ninguém —, caberia o papel de "representar" a comunidade, já que vários dos moradores caiçaras teriam um papel diferenciado e igualmente importante dentro da comunidade. De qualquer forma, os primeiros "representantes" das comunidades, no Comitê, pertenciam ao grupo de indivíduos que possuíam maior prestígio na comunidade. Chamei-os de *notáveis*.
>
> Soube também que, na maior parte dos casos, não houve nenhum tipo de acordo coletivo, eleição ou similar para a escolha. Os próprios *notáveis* ofereceram-se para participar. Acontece que várias dessas pessoas, apesar de grande prestígio no seio da comunidade, não eram muito familiarizadas com os ritos de "nossas" reuniões coletivas, que envolvem, via de regra, uma linguagem e uma lógica próprias — nas quais nos formamos durante muito tempo —, além do tempo extremamente longo das reuniões. Conforme argumentaram meus interlocutores, sentiam-se muitas vezes intimidados por "não saberem falar", "não terem estudo". Salvo aquelas três pessoas que pertenceram ao movimento das CEBs, os "representantes" das outras quatro comunidades da Ilha afastaram-se do fórum.[304]

Quanto à organização local, a antiga associação dos moradores da Ilha do Cardoso (Amicard), que havia sido criada anos atrás, segundo informaram os próprios caiçaras, não conseguiu agregar pessoas de todas as comunidades. A Amomar (Associação dos Moradores do Marujá), que fez claros avanços para defender os interesses mais gerais dos moradores locais nos anos seguintes.

---

[304] Tive a grande surpresa quando, meses depois, dois dos *notáveis* foram substituídos por mulheres da comunidade, que, certamente, também se apresentaram voluntariamente para participar das reuniões.

Um fato curioso foi tomar conhecimento, na Vila Rápida, um bairro que fazia parte da comunidade Enseada da Baleia, de que pesquisadores ligados à universidade teriam exigido a criação de uma associação local como condição principal para a instalação de um freezer a gás para a conservação do pescado no local.[305] Ou seja, a necessidade de organização local muitas vezes era imposta por pessoas de fora das comunidades.

Certamente há formas de organização local entre os caiçaras, mas estas parecem diferir das "nossas". É claro que nessas comunidades existe uma heterogeneidade socioeconômica e diversos tipos de hierarquias. A propriedade dos equipamentos de pesca, por exemplo, é um dos fatores de concentração de poder, contudo há outras formas de poder que ultrapassam os parâmetros econômicos.

Levando-se em conta as condições de representividade levantadas antes por Lúcia Ferreira, um possível caminho que faria com que esses vários atores sociais se transformassem em agentes políticos, ao meu ver, passa necessariamente pela intermediação da cultura. De acordo com valores culturais particulares do universo caiçara, é conferido a algumas pessoas específicas um tipo de poder simbólico maior,[306] colocando-as em posição de destaque — como no exemplo dado, pelo domínio da arte da pescaria. Além disso, certos sujeitos são diferenciados do grupo devido à proximidade com indivíduos influentes da sociedade local (o padre ou o prefeito do município, por exemplo) ou por manterem alianças com grupos que vivem nos grandes centros urbanos e disponibilizam informações de interesse dos moradores tradicionais (ambientalistas, por exemplo). Esses aliados representariam os "mediadores", que Tourraine menciona como responsáveis por orientar escolhas políticas estreitando, assim, os elos entre a vida social e a vida política.[307] Portanto, atributos pessoais ou alianças que alguns estabelecem com "os de fora" diferenciam certos caiçaras, conferindo-lhes grande respeito perante os demais membros da comunidade. Mas, de qualquer forma, inferir que tais atores sociais representam os agentes políticos das comunidades seria uma afirmação pouco fundamentada.

Juntamente com alguns outros autores, penso que os atores sociais mais contemporâneos não devam ser analisados somente pela dimensão

---

[305] A distribuição de freezers a gas faz parte do Projeto PED, coordenado pela prefeitura de Cananeia, em parceria com a USP.

[306] BOURDIEU. P. *O poder simbólico*. Rio de Janeiro: Difel/Bertrand, 1989.

[307] TOURRAINE, A. *O que é a democracia?* Petrópolis: Vozes, 1996. p. 78.

política. Para Matthias Finger, um dos limites de teorias sociológicas clássicas é a de que partem da definição de "povo" do ponto de vista essencialmente político, não levando em conta as raízes culturais dos indivíduos. Vistos como "cidadãos do mundo", suas atividades, valores e comportamentos são ignorados, igualando necessidades e interesses de todos os povos oprimidos como similares, comparáveis e de igual valor, ou seja, considerando-os agregáveis. Nesses casos, são enfatizados, de maneira excessiva, os modelos clássicos de política na luta pelo poder. O autor questiona tanto o interesse como a capacidade de indivíduos e de grupos de interferirem no sistema político, tendo em vista a erosão do projeto da modernidade e a fragmentação dos grupos sociais, seus pontos de vista e interesses na pós-modernidade.[308]

Assim, no caso do estudo realizado, a heterogeneidade de indivíduos e de grupos dentro da mesma comunidade parecia criar diversos empecilhos para que fosse escolhido um único representante local. Essa é sempre uma realidade a se levar em conta quando se pretende incluir "representantes" das comunidades tradicionais nos projetos socioambientais.[309]

B) DISCURSOS E SILÊNCIOS

> Se eu for definir "ambiente" como a parte não humana do mundo natural, efetivamente excluiria deste meu discurso, a ser analisado, as visões daqueles que desejam discutir a diversidade cultural humana como uma possível solução ambiental, e aqueles que encaram algumas forças ambientais para além de naturais, supranaturais.[310]

Como se discutiu anteriormente, quando se optou pelo Zopp, como instrumento participativo no PPMA, se estabeleceram, de antemão, regras metodológicas rígidas — características do Zopp — e se utilizou um discurso excessivamente instrumental. A homogeneização do discurso nas oficinas excluiu todas as outras leituras possíveis de meio ambiente, bem como

---

[308] FINGER, M. NGOs and transformation theory. *In*: PRINCEN, T.; FINGER, M. *Environmental NGOs in world politics*. Londres: Routledge, 1996. p. 59-60. Rouanet faz uma análise profunda da pós-modenidade no texto *A verdade e a ilusão do pós-modernismo* (ROUANET, S. P. *A verdade e a ilusão do pós-modernismo*. São Paulo: Companhia das Letras, 1987). Voltarei a ele no próximo capítulo.

[309] É preciso ainda salientar que o "retorno" dado pelos representantes, no Comitê, aos seus representados era praticamente inexistente, com excessão do Marujá, onde havia um repasse de informações durante as reuniões da Amomar.

[310] MILTON, K. *Environmentalism and cultural theory*: exploring the role of anthropology in environmental discourse. Londres: Routledge, 1996. p. 169.

desqualificou medidas de proteção ambiental alternativas às convencionais. Para se criar novas medidas de conservação, conforme aponta Milton no excerto anterior, deve-se levar em conta outras formas de compreensão e de ligação com a natureza, ou seja, as diferentes formas de visão da natureza.[311]

Apesar da intenção legítima de alguns dos idealizadores do PPMA de apoiar as populações tradicionais que viviam nas áreas protegidas, ao se utilizar o Zopp nos fóruns participativos, foi imposta uma *ordem simbólica totalizadora*,[312] que envolveu a crença na supremacia da ciência e da téçnica como principal fonte para solucionar os problemas ambientais. Tais preceitos fazem parte da ideologia de um grupo específico de pessoas, não sendo, necessariamente, compartilhados pelos povos tradicionais que vivem nas UCs. Haveria um outro caminho possível?

Na antropologia pós-estruturalista, uma das preocupações principais seria como evitar a parcialidade das interpretações na comunicação intercultural. Segundo Kay Milton, que analisa essa questão do ponto de vista do discurso:

> A forma de evitar este tipo de parcialidade é estabelecer uma grande extensão de parâmetros para o discurso, possibilitando uma gama maior possível de definições do objeto em questão. Em outras palavras, é importante que os participantes em um discurso definam os seus limites, e não o analista.[313]
>
> Ora, sabe-se de longa data que opiniões contrárias — ou resistências? — da parte de povos tradicionais expressam-se na forma de *silêncios*[314] ou *não respostas*.[315]

José de Souza Martins,[316] referindo-se aos conflitos de terra no Brasil, que envolvem povos tradicionais tais como indígenas e camponeses, con-

---

[311] Diegues também aponta vários aspectos importantes nesse sentido em seu livro recente intitulado *Etnoconservação*. Um outro exemplo digno de apreço é o programa de instalação da Reserva da Biosfera no arquipélago de Polana-Bigajós, na África, coordenado na época por Cláudio Maretti, que levou em conta a existência de sítios sagrados e a interlocução com os guias espirituais das tribos locais (DIEGUES, A. C. *Etnoconservação*: novos rumos para a proteção da natureza nos trópicos. São Paulo: Hucitec, 2000a).

[312] FERREIRA, L. C. Conflitos sociais contemporâneos: considerações sobre o ambientalismo brasileiro. *Ambiente & Sociedade*, [s. l.], n. 5, p. 35-54, 1999. p. 40. Disponível em: https://www.scielo.br/j/asoc/a/7bvX3fKYLmzTft9F5CCyMHx/abstract/?lang=pt#. Acesso em: 3 fev. 2001.

[313] MILTON, K. *Environmentalism and cultural theory*: exploring the role of anthropology in environmental discourse. Londres: Routledge, 1996. p. 169.

[314] ORLANDI, E. *As formas do silêncio*. São Paulo: Editora da Unicamp, 1994. p. 31.

[315] BOURDIEU, P. Os doxósofos. *In*: THIOLLENT, M. *Crítica metodológica, investigação social e enquete operária*. 5. ed. São Paulo: Polis, 1987. (Coleção Teoria e História, v. 6).

[316] MARTINS, J. S. *A chegada do estranho*. São Paulo: Hucitec, 1993.

sidera que estes são compelidos a praticar uma vida de duplicidade ao se verem obrigados a "ocultar elementos de sua cultura e a revelar apenas o que é sancionado pelos que dominam".[317] Seguindo essa linha de pensamento, observa-se que grande parte dos "métodos participativos", utilizados nas oficinas de planejamento de muitos dos projetos ambientais no país, é social e culturalmente excludente na maior parte dos casos por intimidar aqueles que possuem outra lógica, outra linguagem e têm interesses distintos da maioria dos presentes. Assim, acabam sendo silenciados aqueles que possuem um outro universo simbólico. (O caso dos indígenas presentes na Oficina de Planejamento da Ilha do Cardoso é ainda um exemplo bastante ilustrativo.)[318]

> Os instrumentos de planejamento participativo mais conhecidos ainda hoje — como é o caso do Zopp — adéquam-se a grupos sociais que dominam a linguagem escrita e utilizam de um tipo de razão técnico-científica e positivista ao encarar a realidade.[319] Esse não é, em geral, o caso dos membros da cultura caiçara, muito mais fluentes na oralidade como forma de interpretação de seu mundo cotidiano e no ingresso de seu universo reflexivo particular.[320] Pode-se dizer, portanto, que, de início, houve uma desigualdade de condições entre os diferentes grupos de participantes frente aos principais parâmetros do PPMA. Os silêncios e as ausências de "representantes" caiçaras durante os diversos fóruns do PPMA, de certa forma, significam uma resistência a fazer parte de um processo que não compreendem ou pelo qual não se interessam ou, ainda, com o qual não concordam.[321]

---

[317] *Ibid.*, p. 31.

[318] A "participação" dos indígenas, na oficina de elaboração do plano de gestão do Peic, ilustra os limites do Zopp. Os indígenas presentes representavam duas aldeias Guarani Mbya, situadas na Ilha do Cardoso. A oficina de planejamento foi realizada em um local estranho a eles (Fazenda Intervales no Alto Vale do Ribeira) e teve duração de uma semana na qual se trabalhou mais de oito horas por dia, numa sala fechada. Os dois representantes das aldeias não falavam português e contaram com a assessoria de uma antropóloga do Ministério Público, somente em um único dia. O maior agravante, contudo, foi o fato de alguns pesquisadores presentes na oficina se colocarem contrários à permanência dos indígenas na Ilha. Como já comentei anteriormente, o pequeno grupo de biólogos tentou incluir, no documento final da oficina que seria publicado em Diário Oficial, uma monção de repúdio à continuidade da aldeia na Ilha. O tumulto criado gerou certo clima de hostilidade entre os participantes da oficina.

[319] Refiro-me aqui ao tipo de "razão fechada" discutida por Edgar Morin: "A razão fechada rejeita como inassimiláveis fragmentos enormes de realidade. Que então se tornam a espuma das coisas, puras contingências. Assim, foram rejeitados: a questão da relação sujeito-objeto no conhecimento, a desordem, o acaso, o singular, o individual (que a generalidade abstrata esmaga); a existência e o ser, resíduos irracionalizáveis" (MORIN, E. *Ciência com consciência*. Rio de Janeiro: Bertrand, 1996. p. 167).

[320] SCHMIDT, M. L. S. O passado, o mundo do outro e o outro mundo: tradição oral e memória coletiva. *Revista Imaginário*, São Paulo, n. 2, 1995, p. 89-100.

[321] Sobre um dos sentidos do silêncio, Eni Orlandi argumenta: "Pensar o silêncio é colocar questões a propósito dos limites da dialogia. Pensar o silêncio nos limites da dialogia é pensar a relação com o Outro como sendo

TRADIÇÃO ORAL NA CULTURA CAIÇARA

A oralidade é uma forma de expressão fundamental da cultura caiçara e diz muito a respeito da memória coletiva desses grupos.

Como observa Maria Luísa Schmidt, que pesquisou as narrativas em uma comunidade situada no interior da Estação Ecológica de Jureia-Itatins, litoral sul de São Paulo:

> A tradição oral comporta [...] pelo menos três aspectos relevantes para a elaboração da experiência do grupo: a repetição dos relatos tradicionais; o empreendimento de comentários e reflexões, atualizando valores e cosmologias; e a acolhida dos "casos" como acréscimos ao acervo tradicional que vai sedimentando, ao mesmo tempo em que se expande. Nesse processo, parece não haver rupturas, mas constante interpretação e reconstrução das realidades figuradas nas histórias. Os indícios de uma apropriação do mundo, através das narrativas que, pelo mesmo movimento, adequam-se à experiência do grupo, aparecem não só nos comentários e reflexões, mas também no texto mesmo das histórias.[322]

Segundo a autora, a tradição presente nas narrativas e a observação da natureza compõem visões ou imagens do mundo de forma inseparável. Ao ouvir e contar histórias essas pessoas não só lembram, mas também observam e refletem sobre a realidade presente, revendo suas opiniões e valores a respeito dos fenômenos naturais e também humanos.

O fato relevante é que o pensamento abstrato e reflexivo é bem mais familiar e fluente aos povos tradicionais do que alguns possam imaginar, ainda que as reflexões possam estar, muitas vezes, entrelaçadas a formas de narrativas de difícil decodificação para a maioria das pessoas de *fora*.

Logo, tendo em vista a particularidade de cada cultura, de seus respectivos discursos e universos simbólicos, o que se pretendeu até aqui foi examinar a legitimidade do *caráter participativo* que se atribui às decisões tomadas, principalmente nas oficinas de planejamento ambiental do PPMA. A questão que ainda fica em aberto é: na construção consensual de um PGA de uma determinada área geográfica, quais seriam os possíveis elos de comunicação entre pessoas que pertençam a contextos culturais e sociais distintos ou que sejam de categorias profissionais diferentes?

---

uma relação contraditória" (ORLANDI, E. *As formas do silêncio*. São Paulo: Editora da Unicamp, 1994. p. 49).

[322] SCHMIDT, M. L. S. O passado, o mundo do outro e o outro mundo: tradição oral e memória coletiva. *Revista Imaginário*, São Paulo, n. 2, 1995. p. 98-99.

Mas há também, e creio que não menos importante, o fato das ONGs assumirem, com certa frequência, o papel de intérpretes (ou de intermediários) entre grupos tradicionais e o Poder Público, na elaboração ou na implantação de projetos socioambientais. No caso da Ilha, a ONG CTI foi um importante elo entre os indígenas Guarani e a SMA, defendendo interesses específicos da etnia no local. Também a ONG Gaia Ambiental atuou constantemente ao lado dos caiçaras, desde o início do processo do PPMA.[323] Contudo, o papel de assessoria, prestado por um bom número de ONGs às comunidades tradicionais e outros grupos sociais ligados aos movimentos populares, deve ser questionado. Essa temática nos remete às posições provocadoras de Majid Rahnema apresentadas no início deste trabalho.[324] Entrarei nessa discussão no próximo capítulo.

---

[323] É importante ressaltar que o então diretor do Parque era representante da Gaia Ambiental durante as primeiras reuniões preparatórias de planejamento do PPMA, antes de substituir o ex-diretor, alguns meses mais tarde.

[324] Para lembrar suas colocações: "[...] a mudança da qual esse atores (principalmente membros de Ongs) se dizem agentes, freqüentemente é só uma projeção de um ideal de mudança predefinida, geralmente influenciada pelas suas próprias percepções do mundo e inclinações ideológicas" (RAHNEMA, M. Participation. *In*: SACHS, W. (org.). *The Development Dictionary*. Londres: Zed Books, 1992. p. 127).

CAPÍTULO 7

OFICINAS DE CORPO E ALMA: PARTICIPAÇÃO COMO APRENDIZADO SOCIAL

Fotografia 21 – Em Foles, Ilha do Cardoso

Crédito: a autora

Fotografia 22 – Em Foles, Ilha do Cardoso

Crédito: a autora

O discurso participativo caracterizava boa parte dos projetos de proteção ambiental no final dos anos 1990. Ainda hoje esse discurso está presente no Brasil e também em muitos outros países. Mas até que ponto o caráter participativo limita-se a mera retórica?

Com base em uma abordagem efetivamente participativa, a criação de medidas conservacionistas inovadoras bem como a formulação de novas políticas ambientais e consequente mudança das práticas que provocam a degradação do ambiente resultariam do esforço pactuado entre diferentes atores sociais. Contudo, diante das diferenças individuais e coletivas[325] observadas, de forma geral, nos mais variados fóruns participativos de que se tem notícia, resta saber quais seriam os possíveis elos de comunicação entre pessoas de códigos culturais distintos ou mesmo entre grupos e indivíduos dentro da mesma cultura, mas que pertençam a diferentes contextos sociais, sejam de categorias profissionais diferentes, ou ainda, filiem-se a ideologias distintas.

No caso do projeto estudado (o Projeto de Preservação da Mata Atlântica), se, num primeiro momento, o instrumento participativo utilizado nas oficinas de planejamento do PPMA (o Zopp) mostrou ser completamente inadequado para se levar a cabo uma negociação coletiva, num segundo momento, o contato dos membros dos comitês de gestão durante encontros periódicos — sobretudo no caso exemplar do Comitê da Ilha do Cardoso — revelou uma outra dimensão da participação, até então desconsiderada. Vários fatores, que serão aqui discutidos, resultaram em um diálogo contínuo e frutífero entre os diferentes sujeitos envolvidos naquele Comitê. Esse processo dialógico, iniciado há mais de vinte anos, tem contribuído sensivelmente na busca de soluções ambientalmente sustentáveis para a área protegida e para as pessoas que lá vivem, desde muito tempo. Nesse sentido, a importância do fórum é indiscutível.

O tema central deste capítulo final é *parceria*.

Qual a importância de se estabelecer pontes de comunicação e de negociação coletivas entre o local e o global, e entre o particular e o universal, no ordenamento territorial? E como? Qual seria o papel do Estado, das ONGs e do movimento ambientalista nacional e internacional e das organizações que representam os povos tradicionais na busca de soluções viáveis de sustentabilidade da vida no planeta? Até que ponto as *diferenças,*

---

[325] É bom que fique claro que aqui se diferenciam as populações tradicionais do conjunto da sociedade nacional — também diversificada, mas seguindo praticamente uma mesma lógica societária.

antes apontadas, podem contribuir, de alguma forma, para a criação de novas medidas de proteção do meio ambiente? Onde se insere a interculturalidade e a intersubjetividade nesse processo?

Antes de abordar as questões colocadas, há que se explicitar, ainda que muito brevemente, o que se entende por *modernidade* aqui, já que esta parece ter sido a causa das atuais cisões entre saber(es) e sujeito(s), que ora se busca reconciliar de diferentes maneiras. Para iniciar esta discussão epistemológica melindrosa, recorro a Latour[326], e, às suas ideias instigantes, contraponho as de Rouanet[327]. Além desses autores, para abordar alguns dos temas relevantes deste capítulo, busco as contribuições de Sawaia,[328] Maffesoli[329] e Berger e Luckmann;[330] além de reportar-me novamente a Princen e Finger,[331] Milton,[332] Ferreira[333] e Diegues.[334]

I. DISSENSOS E CONTRASSENSOS: OS DOGMAS DA MODERNIDADE

A ruptura típica da sociedade moderna entre cultura e natureza é apontada, por determinados autores, como a principal causa da inadequação da maioria das propostas para solucionar os atuais problemas ambientais.[335] Bruno Latour[336] indaga de que tipo de repertório moderno deve-se lançar mão ao analisar, por exemplo, os problemas causados pelo buraco na camada de ozônio; as chuvas ácidas na Europa; os desmatamentos nos países tropicais. Aquele que usa a lente das ciências naturais e da técnica? Ou o que

---

[326] LATOUR, B. *Jamais fomos modernos*. São Paulo: Editora 34, 1994.

[327] ROUANET, S. P. *As razões do iluminismo*. São Paulo: Companhia das Letras, 1992.

[328] SAWAIA, B. B. Participação social e subjetividade. *In*: SORRENTINO, M. (coord.). *Ambientalismo e participação na contemporaneidade*. São Paulo: Educ: Fapesp, 2001. p. 115-134.

[329] MAFFESOLI, M. *O tempo das tribos*: o declínio do individualismo nas sociedades de massa. Rio de Janeiro: Forense Universitária, 1998.

[330] BERGER, P.; LUCKMANN, T. *Construção social da realidade*. Petrópolis: Vozes, 1996.

[331] PRINCEN, T.; FINGER, M. *Environmental NGOs in world politics*. Londres: Routledge, 1996.

[332] MILTON, K. *Environmentalism and cultural theory*: exploring the role of anthropology in environmental discourse. Londres: Routledge, 1996.

[333] FERREIRA, L. C. Conflitos sociais contemporâneos: considerações sobre o ambientalismo brasileiro. *Ambiente & Sociedade*, [s. l.], n. 5, p. 35-54, 1999. Disponível em: https://www.scielo.br/j/asoc/a/7bvX3fKYLmzTft9F5CCyMHx/abstract/?lang=pt#. Acesso em: 3 fev. 2001.

[334] DIEGUES, A. C. Saberes tradicionais e etnoconservação. *In*: DIEGUES, A. C.; VIANA, V. M. (org.). *Comunidades tradicionais e manejo dos recursos naturais da Mata Atlântica*. São Paulo: Nupaub/USP; ESALQ/USP, 2000. p. 9-20.

[335] Como exemplo, lembro os seguintes autores antes citados, além do próprio Latour: Diegues (1996), Milton (1996), Finger (1996).

[336] LATOUR, B. *Jamais fomos modernos*. São Paulo: Editora 34, 1994.

analisa preferencialmente o poder, enfocando assim o contexto social? Ou, ainda, o que enfatiza "os efeitos de sentido e dos jogos de linguagem", ou seja, o discurso? Segundo o autor, todas as divisões metodológicas de análise da realidade seriam heranças dos séculos XVII e XVIII, época em que, na Europa, se iniciou a separação da ciência e da política (ou ciência e filosofia). A partir dessa divisão primordial entre sujeito (no polo sociedade/cultura) e objeto (no polo oposto, natureza), sucessivas divisões e diferentes mediações (a linguagem, por exemplo) foram sendo criadas, distanciando cada vez mais cultura de natureza.

> A síntese é impossível enquanto permanecermos realmente modernos, já que a natureza, o discurso, a sociedade, o Ser nos ultrapassam infinitamente, e que estes quatro conjuntos só podem ser definidos através de sua separação, a qual mantém nossas garantias constitucionais [da modernidade].[337]

Uma das consequências imediatas da modernidade foi a laicização do pensamento. Mas a questão principal, segundo Latour — que, diga-se de passagem, não se insere entre os pós-modernos —, seria: "os modernos não pararam de criar *objetos híbridos*, que pertencem à natureza e à cultura ao mesmo tempo".[338] Por essa razão, levanta a hipótese radical: jamais fomos modernos!

Para Rouanet, "a modernização cultural foi um processo de racionalização das visões de mundo e especialmente da religião" a partir do qual separam-se em "três esferas axiológicas autônomas, até então embutidas na religião: a ciência, a moral e a arte". A *razão* teria sido o principal instrumento do Iluminismo para "combater as trevas da superstição e do obscurantismo", e a moral, então desvinculada da religião, adquire um caráter universalista, "distinguindo-se nisso das morais tradicionalistas".[339] Ainda que o autor defenda a mesma tese que Latour (jamais fomos modernos), ele advoga a favor de uma reconstrução da modernidade. Opondo-se veemente à noção de *pós-modernidade*, Rouanet afirma que o projeto da modernidade é incompleto. Assim, forja o termo *neomoderno* ao referir-se ao momento histórico em que estamos vivendo. A modernidade real teria se distanciado da modernidade utópica, ou seja, dos ideais dos iluministas no século XVIII, na Europa. Recolhendo as heranças do século anterior (XVII), a razão, ao

---

[337] *Ibid.*, p. 88.

[338] LATOUR, *op. cit.*, p. 138.

[339] ROUANET, S. P. *As razões do iluminismo*. São Paulo: Companhia das Letras, 1992. p. 231-232.

contrário de libertar o povo do domínio das trevas — como idealizavam Diderot, Voltaire e Montesquieu —, tornou-se um tipo de "razão instrumental" pervertida, uma verdadeira "máscara do poder".[340] Rouanet reafirma, no entanto, a supremacia do racionalismo — segundo ele, concretizado principalmente por Marx e Freud — na busca da autonomia e opõe-se a "qualquer programa irracionalista".[341]

Para enfrentar as várias divisões inauguradas pela modernidade, Latour propõe que se leve em conta, ao mesmo tempo, na análise teórica, o tecido inteiriço das "naturezas-culturas", em que estão presentes as dimensões dos fatos, do social e do discurso conjuntamente. A esse conjunto indissociável chama de *híbridos*.[342]

Quer se concorde ou não com a visão de Latour, seu grande trunfo, ao meu ver, é problematizar as análises que partem de conceitos puros — as obras da natureza de um lado, as obras dos homens de outro. O autor procura desenvolver um método no qual trabalha as várias dimensões da realidade, sobretudo quando volta a atenção para a temática ambiental contemporânea. Essa hibridação aponta para uma necessidade muito atual de se estabelecer um diálogo, ou estabelecer pontes (Heidegger), ou de tecer redes[343] — o que implica a constituição de parcerias múltiplas entre indivíduos e instituições, que transcendem às relações local-global, particular-universal.

---

[340] Este é o ponto de vista de Foucault, muito citado por Rouanet ao longo de seu estudo (ROUANET, S. P. *A verdade e a ilusão do pós-modernismo*. São Paulo: Companhia das Letras, 1987. p. 206-207).

[341] Rouanet parte do pressuposto de que há, no presente, sociedades pré-industriais — ou, nas suas palavras, "paleomodernas", "um mundo dominado por tiranias feudais" e, portanto, o desafio não seria ultrapassar a política tradicional, mas torná-la possível (ROUANET, 1987, p. 271). Sua proposta de *ética neomoderna* pretende restaurar "a unidade pulverizada da razão cujos três fragmentos — a ciência, a moral e a arte — [autonomizados] assinala o advento da modernidade" (ROUANET, 1987, p. 273). Há, no entanto, ao meu ver, uma grande contradição nesse estudo de Rouanet. Se, de um lado, considera a existência de inúmeras sociedades pré-industriais — e insinua que no Brasil, ou em certas áreas de nosso país, isso ainda ocorra —, de outro, propõe algumas medidas que livrariam a razão e a universalidade de seu lado perverso: na esfera da ciência, defende que as prioridades de pesquisa científica devam ser discutidas na sociedade (p. 271), não partilhando assim da hostilidade de certas correntes pós-modernas à ciência; na esfera da moral, para recuperar a universalidade que tinha no início da modernidade do ponto de vista processual "somente serão aceitas como obrigatórias as normas que tenham sido discutidas num processo argumentativo, com a participação de *todos* os interessados" (p. 272, grifo próprio). Ora, mas essas propostas partem do pressuposto de que os preceitos da democracia estejam amplamente garantidos. Se isso ainda não ocorre em muitos lugares, o perigo da perversão da ciência e da universalidade ("uniformitarianismo", como chamava Isaiah Berlin (BERLIN, I. *Limites da utopia*. São Paulo: Companhia das Letras, 1991) ainda permanece ameaçando a humanidade.

[342] Esta visão levada ao extremo pode ser causa de um neonaturalismo. Mas Latour está consciente de que é preciso evitar quatro tipos de reducionismos: o da "naturalização", o da "sociologização", o da "colocação [de tudo] em discurso", o do "esquecimento do Ser" (LATOUR, B. *Jamais fomos modernos*. São Paulo: Editora 34, 1994. p. 66). Moraes e Costa também discutem os limites de uma visão holista na pesquisa ambiental (MORAES, A. C. R.; COSTA, W. M. *Meio ambiente e ciências humanas*. São Paulo: Hucitec, 1994).

[343] LATOUR, B. *Jamais fomos modernos*. São Paulo: Editora 34, 1994. p. 120.

Para discutir o tema parceria, no contexto ambiental, há que se fazer algumas considerações a respeito da globalidade da atual crise ambiental. As contribuições de Princen e Finger,[344] nesse sentido, são bastante relevantes, sobretudo porque enfatizam o papel da sociedade civil na tarefa de engendrar diversos tipos de cooperação entre sujeitos, e de estreitar os laços entre os níveis local e global visando promover a sustentabilidade da vida no planeta.

II. DIÁLOGOS PERTINENTES: ESTABELECENDO PONTES ENTRE O LOCAL E O GLOBAL, ENTRE O UNIVERSAL E O PARTI CULAR

> Sempre, e sempre de modo diferente, a ponte acompanha os caminhos morosos ou apressados dos homens para lá e para cá, de modo que eles possam alcançar outras margens... A ponte *reúne* enquanto passagem que atravessa.[345]

A existência de interesse e de necessidade de ações comuns relacionadas à sustentabilidade da vida no planeta seria um dos exemplos característicos de uma visão globalista do ambientalismo.

O antigo lema "pensar globalmente e agir localmente" modificou-se no período da chamada ECO 92. O mote seria desde então "pensar e agir global e localmente".[346] Entretanto, Milton apontaria três visões divergentes dos ambientalistas a respeito da globalidade das ações ambientais: duas que partem do ponto de vista de meio ambiente como recurso, e uma outra que recusa esse ponto de vista utilitarista. No primeiro grupo, inserem-se aqueles que acreditam que as soluções devam se dar em nível global (através de nações e grupos da sociedade civil em diálogo transnacional) e que o processo de *globalização*[347] contribuiu nesse sentido. Em oposição a

---

[344] PRINCEN, T.; FINGER, M. *Environmental NGOs in world politics*. Londres: Routledge, 1996.

[345] HEIDEGGER, 1951 *apud* BHABHA, 1998, p. 24.

[346] *"Thinking globally and acting locally is not enough. We must act globally as well"* (IUCN *et al.*, 1991 *apud* MILTON, 1996, p. 186).

[347] Para Milton, globalização também pode ser vista sob vários pontos de vista. Ele aponta três modelos que considera predominantes no debate internacional e que, ao mesmo tempo, ressaltam o papel da cultura: o primeiro parte da ideia de que a globalização emerge de um sistema político e econômico mundial — baseado no trabalho de Wallerstein —; o segundo considera a globalização resultado de uma condição social particular sendo consequência direta da modernidade — como afirma Giddens —; o terceiro vê a globalização como um processo dual no qual o mundo torna-se um único lugar — modelo defendido por Robertson (MILTON, K. *Environmentalism and cultural theory*: exploring the role of anthropology in environmental discourse. Londres: Routledge, 1996. p. 143-144).

essa perspectiva, haveria uma outra, *antiglobalista*, que procura reverter o processo de globalização por acreditar que as comunidades devam optar em participar ou não na economia globalizada e que cabe a elas tomar em suas próprias mãos a responsabilidade do manejo dos recursos.[348] A terceira visão seria daqueles que não consideram o meio ambiente um recurso disponível ao uso humano, mas que colocam todos os seres vivos e mesmo as substâncias inanimadas como igualmente importantes e com direitos iguais à preservação. Essa leitura da natureza seria representada, principalmente, pelos defensores da ecologia profunda.[349]

Nesse debate, parece haver um movimento duplo e complementar quando se busca solucionar os problemas ambientais contemporâneos: a descentralização da tomada de decisões, na qual a sociedade civil é fortalecida — o que se evidencia no fenômeno mundial das ONGs e no movimento ambientalista nacional e internacional —, e a busca de alianças transnacionais e multissetoriais.

Para Lúcia Ferreira, inspirada na obra de Matthias Finger, a crescente articulação das ONGs locais com as nacionais e transnacionais indicaria a revitalização da sociedade civil "formando aquilo que genericamente denomina-se *sociedade civil global*". Nesse contexto, o papel central do Estado-Nação é questionado, já que, muitas vezes, as ações das ONGs "passam ao largo da política tradicional do Estado-Nação".[350]

O potencial dessa "sociedade civil global" foi evidenciado nas várias edições do *Fórum Social Mundial*. Na primeira edição, no ano de 2001, agregou 4.000 delegados de 120 nações e reuniu cerca de 1.500 ONGs brasileiras e estrangeiras.[351]

---

[348] Esta visão é problematizada por Princen e Finger, à frente. O tema foi centro de debates no I Fórum Social Mundial em Porto Alegre.

[349] MILTON, *op. cit.*, p. 187.

[350] FERREIRA, L. C. Conflitos sociais contemporâneos: considerações sobre o ambientalismo brasileiro. *Ambiente & Sociedade*, [s. l.], n. 5, p. 35-54, 1999. p. 44. Disponível em: https://www.scielo.br/j/asoc/a/7bvX3fKYLmzTft9F5CCyMHx/abstract/?lang=pt#. Acesso em: 3 fev. 2001. O exemplo comentado antes neste trabalho, que viria comprovar esta argumentação, foi a inclusão da área geográfica da Mata Atlântica no PPG7, por pressão de ONGs transnacionais, coligadas à ONG brasileira SOS Mata Atlântica, sobre os governos dos países centrais. Outro exemplo, citado por Princen e Finger (1996, p. 5), refere-se à forte influência de ONGs internacionais (*International Institute for Environment and Development* [IIED], Greenpeace, WWF e outras) sobre partidos políticos para implementar aspectos de conservação no Acordo Internacional de Madeira Tropical (*International Tropical Timber Agreement*).

[351] Dados estimados pela Abong em artigo publicado por Graciela Selaimen em 1/4/2001, no antigo *site* do Fórum Social Mundial.

O fórum, também conhecido por "anti-Davos", foi impulsionado pela ideia de que *Um Outro Mundo é Possível*. Foi criado originalmente com o propósito de possibilitar à sociedade civil mundial a apresentação e a discussão de suas propostas, tanto no plano técnico como político, para o delineamento de um projeto de desenvolvimento alternativo ao modelo de desenvolvimento hegemônico do qual a globalização seria uma estratégia central.[352]

O Fórum Social Mundial, ao meu ver, representou um amadurecimento de certos setores do movimento ambientalista mundial, que antes se colocavam radicalmente contrários à globalização — os antiglobalistas, como chamou Milton. Não se trata mais de ser contrário à "inserção subordinada na globalização", mas sim, como defende Jean-Pierre Leroy em publicação veiculada em Porto Alegre,[353] "apesar dela, construir outro projeto de desenvolvimento fruto de um conjunto de projetos [próprios] através do mundo". Seria uma proposta de globalização alternativa orientada para solucionar a crise da equidade social, resgatar e garantir os direitos humanos e criar novas medidas de proteção ambiental, que vem sendo então esboçada por grupos civis — muitas vezes, é importante ressaltar, em parceria com setores governamentais e/ou governos mais progressistas, como o caso da prefeitura de Porto Alegre em 2001.[354]

Feitas essas breves considerações a respeito da globalidade da temática ambiental, surge uma pergunta: como se têm constituído as parcerias entre o nível local, nacional e internacional na elaboração de novas medidas de conservação ambiental, e qual a sua importância?

Considerando o contexto contemporâneo, Princen e Finger[355] problematizam tanto as intervenções no setor ambiental que partem "de cima para baixo" (*top-down approaches*) — em que as relações entre os Estados-Nações

---

[352] Esta "globalização neoliberal" (termo de Boaventura de Souza Santos) estaria sendo discutida por executivos, empresários e chefes de governo a portas fechadas, em Davos (Suíça), durante a 30.ª reunião anual do Fórum Econômico Mundial, na mesma época da realização do Fórum em Porto Alegre. Segundo o sociólogo Boaventura de Souza Santos, que esteve presente em Porto Alegre: "Para além da globalização neoliberal do capitalismo que só aceita as regras que ele próprio impõe [...] mostramos aqui que somos a favor da globalização, mas de uma globalização justa que não produza a destruição e a miséria para a maioria da população mundial" (artigo publicado no antigo *site* do Fórum Social Mundial em 23/3/2001).

[353] LEROY, J. P. *Projeto Brasil Sustentável e Democrático*: versão preliminar. [s. l.]: 2001. Mimeografado.

[354] Uma das experiências exitosas foi o *orçamento participativo* da prefeitura petista de Porto Alegre, que renovou a noção de democracia e serviu de subsídio para a discussão de um novo modelo de globalização. Essa experiência de 12 anos, iniciada pelo governo de Olívio Dutra, aclamada nacional e internacionalmente, foi uma das razões de Porto Alegre sediar o Fórum Social Mundial.

[355] PRINCEN, T.; FINGER, M. *Environmental NGOs in world politics*. Londres: Routledge, 1996. p. 29-47.

são enfatizadas — como aquelas que, ao contrário, ocorrem de "baixo para cima" (*bottom-up approaches*) — nas quais se enfatizam o povo, suas formas locais de organização e de autogestão. Nas abordagens de "cima para baixo" os obstáculos principais seriam a burocracia exagerada existente nos altos escalões e o estilo clássico de diplomacia nos grandes fóruns internacionais, que tende a manter o *status quo*, além de enfatizar, demasiadamente, aspectos ligados ao capital e à tecnologia na resolução dos problemas ambientais. O maior limitante desse tipo de aproximação, segundo os autores, seria a inabilidade dos Estados-Nações de lidar com os obstáculos ecológicos do crescimento econômico nacional. No extremo oposto, situariam intervenções muito localizadas, que dificilmente contribuem para mudanças ecológicas em escalas maiores — regionais ou mundiais — e, menos ainda, para o questionamento de políticas econômicas e ambientais insustentáveis. Esse tipo de intervenção, segundo eles, é defendido pelos idealizadores da *Teoria do Terceiro Setor*.[356] Por serem demasiadamente localizadas, são consideradas, por Princen e Finger, efêmeras e desconectadas da arena ambiental onde as tomadas de decisão se dão. Finalmente, os autores responsabilizam as ONGs como as principais responsáveis por criar elos entre os níveis local e global. Sendo independentes dos sistemas políticos nacionais e, ao mesmo tempo, atuando em contato muito direto no nível das comunidades, as ONGs teriam a dupla função de exercer pressão sobre as políticas ambientais (desde as municipais até as internacionais), bem como assessorar grupos locais em seus projetos e aspirações.

Lúcia Ferreira apresenta um panorama animador de diversos projetos socioambientais, conduzidos por ONGs brasileiras, que vêm obtendo claros avanços na resolução de problemas concretos:

> As Ongs ambientalistas com atuação no território nacional têm levado a cabo inúmeros tipos de projetos [...] O público alvo preferencial destes projetos é constituído por indígenas, seringueiros, ribeirinhos, sertanejos, pescadores, pequenos agricultores familiares, artesãos, ex-sem terra assentados, grupos de jovens moradores de Unidades de Conservação de uso indireto, sem alternativas de emprego e de renda, dentre outros.

---

[356] Uma caracterização do chamado *Terceiro Setor* e de seu papel na sociedade brasileira e americana foi tema do estudo de Simone de Castro Tavares Coelho (TAVARES COELHO, S. C. *Terceiro Setor*: um estudo comparado entre o Brasil e Estados Unidos. São Paulo: Editora Senac, 2000). Uma coletânea também muito citada sobre o tema foi organizada por Evelyn Berg Ioschpe (IOSCHPE, E. B. *Terceiro Setor*: desenvolvimento social sustentado. São Paulo: Paz e Terra, 1997).

> Através dessas ações, as Ongs movimentam pessoas, recursos financeiros, conhecimentos e principalmente *códigos culturais* difíceis de serem avaliados em seu impacto. À medida que encontram soluções muitas vezes simples e baratas para problemas que pareciam insolúveis, seus recursos de poder e legitimidade aumentam numa intensidade antes inimagináveis.[357]

É preciso lembrar, entretanto, que o movimento ambientalista brasileiro agrega ONGs muito diferenciadas — conforme alertado antes. Mas, de qualquer forma, como argumenta a autora, as ONGs desempenharam um importante papel na criação de um "campo político especificamente ambiental", pressionando governos, desenvolvendo pesquisas, novos projetos e experiências, bem como apoiando inúmeras iniciativas voltadas à promoção da sustentabilidade estreitando assim as relações entre os níveis local e global.[358]

Francisco de Oliveira, analisando os desafios das ONGs ao final do século XX diante da conjuntura econômica e social brasileira, expressa as seguintes opiniões, aparentemente no mesmo sentido das últimas colocações:

> A política, pois, das Ongs [...] é, sobretudo, fazer política, publicizar conflitos, armar os interlocutores sociais de argumentos, de diagnósticos das carências, de denúncia das graves lacunas e de estudar, com o maior rigor técnico possível, para inscrever-se no próprio terreno da racionalidade instrumental do governo, do empresariado e da mídia [...]. Deve-se pedir-lhes a ativação de todas as suas capacidades de fazer política. Esta é e ainda será por muito tempo a área por excelência das Ongs, que foram uma vez criadas como parte do amplo processo de formação da esfera pública no Brasil.[359]

---

[357] FERREIRA, L. C. Conflitos sociais contemporâneos: considerações sobre o ambientalismo brasileiro. *Ambiente & Sociedade*, [s. l.], n. 5, p. 35-54, 1999. p. 46. (grifo próprio). Disponível em: https://www.scielo.br/j/asoc/a/7bvX3fKYLmzTft9F5CCyMHx/abstract/?lang=pt#. Acesso em: 3 fev. 2001. Tive oportunidade de conhecer de perto alguns desses projetos mencionados por Lúcia Ferreira. O projeto Agrofloresta e os Diagnósticos Participativos Rápidos para áreas rurais, desenvolvidos por ONGs ligadas à Rede PTA, contribuíram, de forma significativa, para a elaboração de políticas públicas mais adequadas para a realidade dos agricultores familiares, em várias regiões do país (por exemplo: pelo Centro Sabiá em Pernambuco; pelo CTA em Minas Gerais, pela AS-PTA no Rio de Janeiro, entre outras ONGs).

[358] FERREIRA, *op. cit.*, p. 45.

[359] OLIVEIRA, F. O Papel das ONGs e desafios atuais. *In*: ASSOCIAÇÃO BRASILEIRA DE ORGANIZAÇÕES NÃO GOVERNAMENTAIS. *Ongs, identidade e desafios atuais*. Campinas: Abong/Autores Associados, 2000. p. 40. (Cadernos da Abong, n. 27).

Divergindo do argumento de Francisco de Oliveira a respeito do papel das ONGs, Matthias Finger[360] — que parte de um arcabouço teórico subjacente à tradição culturalista[361] — afirma que a questão principal para superar a crise global não se resume a participar ou influenciar as estruturas já existentes, e sim criar e inventar novas formas de fazer política. Lúcia Ferreira parece compactuar com essa visão (da qual também sou adepta):

> Apenas uma mudança de perspectiva [...] representada por um longo processo de aprendizado individual e coletivo, horizontal, vertical e interdisciplinar, seria capaz de propiciar uma saída para esta crise.[362]

Essa tarefa de criar espaços de diálogo para fomentar a comunicação intercultural está sendo cumprida por certas ONGs ambientalistas inter e transnacionais nas últimas duas décadas, além de ser internalizada, de forma crescente, por setores governamentais, em muitas áreas. Para além da retórica do *participativo*, estudos de inúmeras iniciativas brasileiras, nas mais variadas áreas de atuação, têm demonstrado que, de fato, onde há uma parceria estreita e continuada entre atores locais e membros de ONGs, aproxima-se mais facilmente de resultados satisfatórios na resolução dos problemas locais.[363] Além disso, boa parte das ONGs ambientalistas também costuma dialogar com seus pares em níveis nacional e internacional, sendo que as agências multilaterais de cooperação representariam um dos cruzamentos dessa vasta rede.

Esse tipo de contato estreito e prolongado de muitas ONGs com a comunidade,[364] raramente, ocorre entre profissionais de órgãos governamentais do setor ambiental. Os "quadros" públicos estão sujeitos a grande mobilidade, permanecendo, no geral, pouco tempo numa mesma área.

---

[360] FINGER, M. NGOs and transformation theory. *In*: PRINCEN, T.; FINGER, M. *Environmental NGOs in world politics*. Londres: Routledge, 1996.

[361] Como esclarece Ferreira, esta tradição compreenderia os movimentos sociais "como resultado de alterações culturais e mudanças de valores". De um outro lado, estaria "a linha estruturalista que compreende o desenvolvimento de ações coletivas ou movimentos sociais como resultado de mudanças sociais e econômicas nas formações sociais contemporâneas" (FERREIRA, 1999, p. 35).

[362] FERREIRA, L. C. Conflitos sociais contemporâneos: considerações sobre o ambientalismo brasileiro. *Ambiente & Sociedade*, [s. l.], n. 5, p. 35-54, 1999. p. 48. Disponível em: https://www.scielo.br/j/asoc/a/7bvX3fKYLmzTft9F5CCyMHx/abstract/?lang=pt#. Acesso em: 3 fev. 2001.

[363] O estudo de Silvio Caccia Bava, elaborado por solicitação da Assembleia Legislativa do Estado de São Paulo, comenta inúmeras iniciativas paulistas (CACCIA BAVA, S. O terceiro setor e os desafios do estado de São Paulo para o século XXI. *In*: ASSOCIAÇÃO BRASILEIRA DE ORGANIZAÇÕES NÃO GOVERNAMENTAIS. *Ongs, identidade e desafios atuais*. Campinas: Abong/Autores Associados, 2000. (Cadernos da Abong, n. 27)).

[364] Refiro-me, neste trabalho, a *comunidade* no sentido genérico, estando ciente das incongruências a que se sujeitam aqueles que tratam de um determinado grupo social como se fosse homogêneo e imutável.

A burocracia interna e os setores compartimentalizados das instituições públicas dificultam o acompanhamento de todas as etapas dos projetos pelos mesmos profissionais. Via de regra, os projetos são elaborados por uma equipe e implantados por outra.[365]

Há que se reconhecer, entretanto, que, no caso do PPMA, a iniciativa governamental teve aspectos inovadores e até resultados positivos em algumas áreas.[366] Quais fatores contribuíram para que resultados tenham sido alcançados, especialmente no Peic?

III. PARTICIPAÇÃO COMO PROCESSO DE APRENDIZADO SOCIAL

A experiência da Ilha do Cardoso foi considerada exemplar em todo o Brasil. Os avanços alcançados pelo comitê de gestão ambiental da Ilha não se restringiram às medidas tomadas coletivamente visando à proteção da biodiversidade e à efetiva implantação do plano de manejo. O grande mérito dessa experiência foi enfrentar boa parte dos conflitos relacionados à ocupação humana na UC e regulamentar o uso dos recursos naturais pelos moradores tradicionais.

Inúmeros fatores contribuíram para que se chegasse a esse resultado positivo. Antes de mais nada, indicaria uma legítima motivação dos primeiros coordenadores dos PGAs, que elaboraram uma metodologia geral de planejamento das áreas protegidas visando a uma mudança efetiva do modelo de gerenciamento até então vigente no estado de São Paulo. Ao contrário da metodologia clássica caracterizada "por sua cientificidade, freqüentemente com estudos produzidos longe da realidade, tanto local como regional", no PPMA se pretendia "possibilitar a participação dos diversos atores sociais interessados nas ações de conservação ambiental", além de "incorporar a dimensão ambiental no processo de desenvolvimento regional".[367]

Nesse sentido, a oficina de planejamento para a elaboração do PGA das UCs, apesar de todos os limites do instrumento utilizado, represen-

---

[365] É o que observou Maria Cecília Wey de Brito (1998a) em sua pesquisa de mestrado sobre UCs, publicada de forma resumida em: BRITO, M. C. W. Unidades de conservação: intenções e resultados. VEIGA, J. E. *Ciência ambiental*: primeiros mestrados. São Paulo: Annablume, 1998b.

[366] Os órgãos públicos, também, tentavam se adequar à realidade mais contemporânea ao promoverem reformas institucionais. Contudo, os resultados na maior parte das vezes eram pouco satisfatórios.

[367] MARETTI, C. C. *et al.* A construção da metodologia dos planos de gestão ambiental para Unidades de Conservação em São Paulo. *In*: CONGRESSO BRASILEIRO DE UNIDADES DE CONSERVAÇÃO, 1., 1997, Curitiba. *Anais* [...]. Curitiba: IAP/UNILIVRE/Rede Nacional Pró Unidade de Conservação, 1997. 2 v. p. 234-247.

tou o início de um longo processo de trocas entre diversos atores sociais na busca de uma política interna de conservação ambiental para as áreas contempladas pelo Projeto. Contudo, caso o grupo de trabalho, formado na ocasião da oficina de planejamento, tivesse sido desmobilizado ou se não houvesse continuidade do processo de diálogo a partir da formação do Comitê e da prática adquirida de se reunir mensalmente, é bem provável que os avanços que na época se observavam no caso da Ilha do Cardoso jamais tivessem sido alcançados.[368]

Como já se admitiu antes, as diferentes visões de mundo, diferentes interesses, aspirações, sonhos, crenças e ideais dos membros que compunham o Comitê, num primeiro momento pareceram um obstáculo intransponível para se traçar um plano comum de gestão para a área. Houve, certamente, dificuldades no início do trabalho do Comitê até que fosse organizado o estatuto e outras regras internas do colegiado. Alguns *representantes* de comunidades caiçaras acabaram se afastando do fórum por motivos tratados aqui. Também houve uma interrupção dos trabalhos quando a deliberação de reformas e construções por moradores tradicionais foi "proibida" pela diretoria do IF, o que causou uma certa desmotivação nos indivíduos do grupo. No entanto, ao longo dos últimos vinte anos, com algumas idas e vindas, pode-se dizer que a prática de negociação foi sendo solidificada durante as reuniões do Comitê.[369]

Destacaria três fatores que, do meu ponto de vista, contribuíram de forma marcante para o êxito das ações do comitê da Ilha do Cardoso:

1. a postura do então diretor do Parque (Marcos Campolin), o qual, desde que assumiu a coordenação do Comitê, passou a delegar a esse colegiado o poder de decidir, coletivamente, os encaminhamentos relacionados à gestão ambiental do Parque. Assim, o diretor teria estendido, efetivamente, a todos os membros do Comitê a tarefa de administrar a área e de deliberar medidas de proteção ambiental considerando, especialmente, os interesses dos moradores locais.

2. o envolvimento dos moradores das comunidades caiçaras também aumentou significativamente a partir do momento em que as reuniões mensais do Comitê deixaram de acontecer na sede do Peic, em Cananeia, tendo sido transferidas para o local das

---

[368] Este foi o caso de várias UCs que fazem parte do PPMA, como, por exemplo, o Parque Estadual de Ilhabela.

[369] Em recente visita ao local (fevereiro de 2001), durante a 38.ª reunião do *Comitê de Gestão da Ilha do Cardoso*, pude perceber que o fórum continua atuante e tem avançado na implantação do Plano de Gestão.

comunidades na Ilha. Assim, seus membros passaram a tomar contato mais direto com a realidade de todas as comunidades e, paralelamente, os moradores tiveram a oportunidade de conhecer de perto o trabalho do grupo — mesmo que o interesse tenha sido desigual quando se comparam as diferentes comunidades caiçaras, ou mesmo grupos e indivíduos dentro de uma mesma comunidade — conforme se destacou antes.

3. o diretor do Peic, assim como os demais indivíduos que representavam as organizações governamentais nesse fórum (Ibama, o Instituto de Pesca, o DEPRN e a prefeitura de Cananeia), bem como os representantes das ONGs SOS Mata Atlântica e Gaia Ambiental, acompanharam o processo de planejamento ambiental da Ilha do Cardoso, de perto, desde o início. Todos possuíam, em certa medida, uma larga inserção profissional na região Iguape/Cananeia e eram sensíveis à problemática dos povos tradicionais que vivem em áreas protegidas.

Ou seja, o que se observou foi um esforço pactuado, especialmente entre os vários indivíduos que compunham o então Comitê, para delinear um PGA que, além da conservação, procurou melhorar efetivamente a qualidade de vida das comunidades locais. Ao longo desse processo, houve transmissão mútua de conhecimentos, de valores, de leituras da realidade, ou seja, de discursos e práticas entre os vários participantes. Tudo me leva a crer que também a intersubjetividade tenha sido um fator primordial para que fosse transposta a barreira inicial das *diferenças*.

A ideia de enfatizar, nestas considerações finais desta obra, a subjetividade no diálogo coletivo pode parecer estranha ao leitor. Contudo, através da leitura de Bader Sawaia, aprendi que a dimensão subjetiva ocuparia um lugar central para se compreenderem as questões sociais e aprimorar a práxis emancipadora. Mais do que isso. Como enfatiza Sawaia, a subjetividade tornou-se uma das ideias-força do espírito de nossa época (*Zeitgeist*). Nas palavras da socióloga:

> Nos anos 80, participação adquire um sentido mais subjetivo e menos estrutural e a objetividade e o coletivo cedem lugar à preocupação com a individualidade e a afetividade. Autonomia; emancipação e diversidade tornam-se os valores éticos mais aplaudidos em substituição à liberdade e à igualdade. O espaço da participação social perde as fronteiras rígidas e a sua temporalidade deixa de ser delimitada pelas ações políticas pontuais, tornando-se o tempo do cotidiano.

> Estas mudanças são positivas, na medida que superam a dicotomia entre razão e emoção, entre o público e o privado e o reducionismo estrutural que vê a participação como algo fora do sujeito.[370]

Ocorre que, como também teria alertado a autora, quando se aborda a participação social do ponto de vista da subjetividade há o perigo de incorrer em um grande equívoco: o do "solipsismo individualista que reduz a participação a uma ação de foro íntimo, contrapondo-se ao coletivo, como se o interior de cada um fosse o reduto exclusivo de exercício da liberdade, justiça e felicidade". Levando ao extremo a vulgarização das emoções, é possível cair num tipo de "dogmatismo subjetivista", muito estimulado pelo mercado através de grupos e terapias superficiais de autoajuda e de toda uma literatura acerca de temas tais como a *inteligência emocional* — "estratégias psis", ação de *coaches*, constelação familiar etc. —, que instrumentaliza a categoria subjetividade, tornando-a um lucrativo objeto de consumo. Nesse sentido, a subjetividade perde toda sua potência libertadora e passa a ser domesticada através de estratégias de "gerenciamento instrumental das emoções".[371]

Creio ser oportuno resgatar, no vasto campo das humanidades, opções metodológicas que, na contracorrente do positivismo, questionam a centralidade da objetividade, sustentando que todo conhecimento tem uma boa parcela de subjetividade. Nesse sentido, diz Maffesoli:

> É preciso insistir nesse ponto: o não racional não é o irracional, ele não se posiciona com relação ao racional, ele aciona uma lógica diferente da lógica que tem prevalecido desde o Iluminismo. Agora se admite cada vez mais que a racionalidade do século XVIII e do século XIX é apenas um dos modelos possíveis da razão que age na vida social, que parâmetros como o afetual ou o simbólico podem ter a sua própria racionalidade. E assim como o não-lógico não é o ilógico, podemos reconhecer que a busca da experiência partilhada [...], a comunicação não-verbal e o gestual corporal se apóiam numa racionalidade que não deixa de ser eficaz, e que, sob vários aspectos, é mais ampla e, no sentido simples

---

[370] SAWAIA, B. B. Participação social e subjetividade. *In*: SORRENTINO, M. (coord.). *Ambientalismo e participação na contemporaneidade*. São Paulo: Educ: Fapesp, 2001. p. 2. Mimeografado. Artigo elaborado para o ciclo de seminários *Ambientalismo e Participação*, do Projeto Avaliação de Processos Participativos em Programas de Educação Ambiental, financiado pela Fapesp e organizado coletivamente pelos palestrantes no primeiro semestre de 2000, na Faculdade de Saúde Pública da USP.

[371] SAWAIA, B. B. Participação social e subjetividade. *In*: SORRENTINO, M. (coord.). *Ambientalismo e participação na contemporaneidade*. São Paulo: Educ: Fapesp, 2001. p. 1-3. Mimeografado.

> 'do termo, mais generosa. [...] A racionalidade que se anuncia agora é principalmente proxêmica, intensiva (in-tensão), se organiza em torno de um eixo [...] que ao mesmo tempo liga as pessoas e as deixa livres.[372]

Quando Sawaia estuda o "ser da participação", afirma que a participação não está fora do indivíduo, independente de sua subjetividade. Assim, para a autora, subjetividade e objetividade se interconstituem. "O que equivale afirmar que não há participação sem subjetividade, nem subjetividade sem participação. Ambas são fenômenos da mesma substância, de forma que, para mudar a qualidade da participação, é preciso mudar a ontologia da subjetividade". E nesse sentido, é claro, há uma valorização do sujeito, não de um sujeito mônada, mas sim um sujeito que "afetado por outros é o sujeito do afeto e da paixão que sente e interpreta o mundo nas diferentes formas de participação".[373]

Críticas às análises puramente estruturais dos fenômenos sociais foram também desenvolvidas por Peter Berger e Thomas Luckmann,[374] em um tratado que chamaram de uma "sociologia do conhecimento". Dizem que a concepção da dialética entre a realidade social e a existência individual não é, de modo algum, nova:

> O homem é biologicamente predestinado a construir e habitar um mundo com os outros. Este mundo torna-se para ele a realidade dominante e definitiva. Seus limites são estabelecidos pela natureza, mas, uma vez construído, este mundo atua de retorno sobre a natureza. Na dialética entre a natureza e o mundo socialmente construído, o organismo humano se transforma. Nesta mesma dialética o homem produz a realidade e com isso se produz a si mesmo.[375]

Dessa forma, a vida social é uma constante *externalização* (ressocialização, ou seja, construção contínua da realidade na vida cotidiana) e, ao mesmo tempo, *internalização*, onde a intersubjetividade adquire sentido vital.[376]

---

[372] MAFFESOLI, M. *O tempo das tribos*: o declínio do individualismo nas sociedades de massa. Rio de Janeiro: Forense Universitária, 1998. p. 201-202.

[373] SAWAIA, *op. cit.*, p. 5-9. A autora analisa a subjetividade, nesse trabalho, com base nas ideias de "potência de ação" de Espinosa e da psicologia de Vygotsky.

[374] BERGER, P.; LUCKMANN, T. *Construção social da realidade*. Petrópolis: Vozes, 1996. p. 244.

[375] BERGER, P.; LUCKMANN, T. *Construção social da realidade*. Petrópolis: Vozes, 1996. p. 241.

[376] Por enfatizar os aspectos positivos da sociabilidade inerente ao sujeito, autores como Maffesoli propõem uma "sacralização das relações sociais" ao estudar nas diferentes "tribos" mais contemporâneas o desejo do estar junto como um mito fundador.

Ao remeter as reflexões anteriores ao estudo empírico realizado, cheguei à seguinte conclusão: foi através de um diálogo intercultural e, principalmente, num diálogo intersubjetivo entre os membros que compõem o Comitê da Ilha do Cardoso que se deu o passo inicial e determinante na superação do modelo clássico de conservação ambiental, sobretudo por aproximar os agentes externos à realidade cotidiana dos moradores locais — a maioria, caiçara. Na verdade, não estava em jogo só a conservação ambiental, mas, também, a conservação dos laços entre os diferentes agentes envolvidos na conservação ambiental de uma determinada área geográfica. Creio que são esses laços sociais, em última instância, que podem assegurar a conservação de uma determinada área.

Concordo com Matthias Finger quando o autor argumenta que a estratégia de emancipação se daria através da negociação entre sujeitos. Essa visão implica o diálogo entre vários setores e diversas esferas da vida social.[377] A participação, nesse sentido, poderia então ser vista como um processo contínuo de aprendizado coletivo entre vários sujeitos, dos quais se requer uma mudança de mentalidade que se dá no processo de negociação/comunicação, ou seja, no desenrolar do próprio processo de aprendizado social.

Paralelamente àqueles que consideram a preservação da biodiversidade condição primordial para a manutenção da vida no planeta, a diversidade cultural é tão importante quanto a primeira para criarem-se soluções viáveis rumo a um futuro viável para todos e todas. Porém, uma dúvida que surge com frequência é se o processo de globalização não estaria ameaçando a diversidade cultural. Para Kay Milton[378] — e também para Michel Serres e Edgar Morin, conforme o que declarava através da grande mídia, citando apenas alguns dos pensadores consagrados que compartilham dessa visão — o que se estaria globalizando no final do século XX não seria a "cultura", mas sim o discurso, que convertido em retórica contribuiu para uma aparente homogeneização. As diferenças culturais e suas fronteiras, não necessariamente físicas, estão constantemente se renovando e, como argumentava Bhabha, aspectos culturais tendem a se combinar cada vez mais criando sujeitos e grupos culturalmente híbridos.

---

[377] FINGER, M. NGOs and transformation theory. *In*: PRINCEN, T.; FINGER, M. *Environmental NGOs in world politics*. Londres: Routledge, 1996. p. 60-65.

[378] MILTON, K. *Environmentalism and cultural theory*: exploring the role of anthropology in environmental discourse. Londres: Routledge, 1996.

Assim, a principal lição da experiência do icônico Comitê de Gestão da Ilha do Cardoso na época do meu estudo foi indicar uma real possibilidade de se formar um grupo de aprendizado coletivo, interdisciplinar e multicultural muito afinado e comprometido com a tarefa de buscar uma melhor forma de conservar a área em questão. A relação dialógica estabelecida para a discussão de problemas concretos enfrentados pela população local envolveu uma linguagem pactuada, bem como a troca de conhecimentos e de visões de mundo. E nesse processo os representantes dos órgãos governamentais tiveram papel igualmente importante comparados aos demais atores sociais.[379]

Isso posto, me parece aqui menos aflitivo discutir as críticas severas de Majid Rahnema, citadas no início deste trabalho, a respeito da ideologia participativa e de seus idealizadores — principalmente agentes de ONGs — que a difundiriam segundo suas visões de mundo particulares. Conforme o autor, grosso modo, a *participação* não teria como trazer a um grupo oprimido a autonomia que nunca possuíram.

De fato, se continuarmos a ver os atores sociais somente como agentes de negociação empenhados em defender seus próprios interesses, e a militância como sendo alvo principal da participação, ou seja, se continuarmos a enfatizar o ponto de vista político sem "eleger a potência de ação como alvo da práxis participativa [...] pelo desejo do sujeito de ser feliz e livre",[380] damos razão de sobra àqueles que interpretam os projetos participativos como parte de uma estratégia muito bem articulada de convalidação social pelo poder hegemônico.

Além disso, há sempre uma imprevisibilidade de resultados quando se criam espaços de encontro entre vários sujeitos reais, complexos, que possuem sua história, seus sonhos e ideais coletivos e individuais. Sujeitos esses que são afetados pelo contato com os outros, que sentem e interpretam o mundo segundo códigos compartilhados por sua cultura, mas também são influenciados por sua vida pessoal impregnada de emotividade.

Assim, se de um lado não se nega a importância da conquista de uma série de direitos humanos, desde o iluminismo europeu, sobretudo através

---

[379] A SMA em parceria com o banco alemão KfW foram responsáveis por dar início ao processo — fornecendo os recursos, criando a metodologia de trabalho, aglutinando pessoas —, no entanto, assim que o Comitê de Gestão organizou-se e foi selada uma relação de confiança e de cooperação entre seus membros, após quase três anos de trabalho coletivo, pode-se dizer que o papel controlador do Estado tornou-se secundário.

[380] SAWAIA, B. B. Participação social e subjetividade. *In*: SORRENTINO, M. (coord.). *Ambientalismo e participação na contemporaneidade*. São Paulo: Educ: Fapesp, 2001. p. 7-8.

da consolidação da democracia ocidental — mesmo que insuficiente, excludente e ultimamente muito ameaçada no Brasil e internacionalmente —, por outro, não acredito que a política e as ciências da natureza, nos moldes que prevalecem na atualidade, possam dar respostas às principais questões que suscitam a crise ambiental contemporânea. Mais especificamente, ao encarar a aparente contradição entre desenvolvimento local e proteção ambiental não me parece que a ciência e a técnica sejam as únicas saídas. Creio sim que o estudo dos modos de viver de povos tradicionais — como o exemplo dos caiçaras, quilombolas e indígenas que vivem na Mata Atlântica — possa apontar, senão caminhos prontos, ao menos aspectos importantes sobre a relação cultura e natureza a serem considerados em novas e mais inovadoras pesquisas sobre a conservação ambiental.[381] Problemas e soluções ambientais são tão culturais quanto físicos e biológicos e a pesquisa cultural poderia fornecer contribuições importantes para ampliar a compreensão dos aspectos culturais da problemática ambiental.

Por mais que minhas opiniões tenham sido, até aqui, abertamente "pró- comunidade tradicional", sinto-me inclinada, por motivos bem pessoais, a, propositalmente, *deixar em aberto* este trabalho com uma última questão — delicada, mas instigante — insinuada na seguinte argumentação do amigo e mestre, o saudoso Carlos Rodrigues Brandão:

> Não estamos mais no tempo de decidirmos como repartiremos entre nós [humanos] os recursos naturais — incluídas todas as outras 'formas de vida' —, mas estamos, sim, na aurora do momento de pensarmos sobre como devemos nos repartir e nos relacionar com a vida no planeta. Assim, o direito arbitrário de manipulação dos recursos reverte em obrigação imposta de preservação de toda a vida [...].[382]

* * *

---

[381] Diegues (2000b), em seu livro a respeito da etnoconservação, discute temas fundamentais sobre a contribuição de comunidades humanas tradicionais para a conservação do mundo natural.

[382] BRANDÃO, C. R. *Somos as águas puras*. São Paulo: Papirus, 1994. p. 85.

REFERÊNCIAS

AGRA FILHO, S. S. *Planos de gestão e programas de monitoramento costeiro*: diretrizes de elaboração. Brasília: Ministério do Meio Ambiente, 1995.

ALCÂNTARA, M. L. B.; SADER, R. Paisagem e cultura. *Revista Imaginário*, São Paulo, n. 5, 1999.

ARRUDA, R. "Populações tradicionais" e a proteção dos recursos Naturais em Unidades de Conservação. *Ambiente & Sociedade*, Campinas, n. 5, p. 79-92, 1999. Disponível em: https://www.scielo.br/j/asoc/a/RfgDyLnkxRnFNqQcWTR6bQG/#. Acesso em: 5 jan. 2001.

BARROS, L. F. A Ilha do Monte de Trigo: impressões de viagens. *In*: DIEGUES, A. C. (coord.). *Ilhas e sociedades insulares*. São Paulo: Nupaub/USP, 1996.

BENJAMIN, W. *Obras escolhidas*. São Paulo: Brasiliense, 1994. (Magia e Técnica, Arte e Política, v. 1).

BERGER, P.; LUCKMANN, T. *Construção social da realidade*. Petrópolis: Vozes, 1996.

BERLIN, I. *Limites da utopia*. São Paulo: Companhia das Letras, 1991.

BHABHA, H. K. *O local da cultura*. Belo Horizonte: Editora da UFMG, 1998.

BORRINI-FEYERABEND, G. *Manejo participativo de áreas protegidas*: adaptando o método ao contexto. Quito: IUCN, 1997. (Temas de Política Social).

BOURDIEU, P. Os doxósofos. *In*: THIOLLENT, M. *Crítica metodológica, investigação social e enquete operária*. 5. ed. São Paulo: Polis, 1987. (Coleção Teoria e História, v. 6).

BOURDIEU, P. *A economia das trocas simbólicas*. Introdução, organização e seleção: Sergio Miceli. São Paulo: Perspectiva, 1998. (Coleção Estudos, n. 20).

BOURDIEU, P. *O poder simbólico*. Rio de Janeiro: Difel/Bertrand, 1989.

BRANDÃO, C. R. *Pesquisa participante*. São Paulo: Brasiliense, 1981.

BRANDÃO, C. R. *Repensando a pesquisa participante*. São Paulo: Brasiliense, 1982.

BRANDÃO, C. R. *Somos as águas puras*. São Paulo: Papirus, 1994.

BRASIL. Constituição da República Federativa do Brasil de 1988. *Diário Oficial [da] República Federativa do Brasil*, Brasília, DF, 1988. Disponível em: http://www. planalto.gov.br/ccivil_03/Constituicao/Constituiçao.htm. Acesso em: 5 jan. 2001.

BRASIL. Lei n.º 4.771, de 15 de setembro de 1965. Institui o novo Código Florestal. *Diário Oficial [da] República Federativa do Brasil*, Brasília, DF, 16 set. 1965. Disponível em: https://www.planalto.gov.br/ccivil_03/leis/l4771.htm. Acesso em: 5 jan. 2001.

BRASIL. Lei n.º 9.985, de 18 de julho de 2000. Regulamenta o art. 225, § 1o, incisos I, II, III e VII da Constituição Federal, institui o Sistema Nacional de Unidades de Conservação da Natureza e dá outras providências. *Diário Oficial [da] República Federativa do Brasil*, Brasília, DF, 16 set. 2000b. Disponível em: https://www.pla-nalto.gov.br/ccivil_03/leis/l9985.htm. Acesso em: 5 jan. 2001.

BRASIL. *Medida Provisória n.º 1.956-50, de 26 de maio de 2000*. Altera os arts. 1º, 4º, 14, 16 e 44, e acresce dispositivos à Lei n.º 4.771, de 15 de setembro de 1965, que institui o Código Florestal, bem como altera o art. 10 da Lei n.º 9.393, de 19 de dezembro de 1996, que dispõe sobre o Imposto Territorial Rural, e dá outras pro-vidências. Brasília, DF: Presidência da República, 2000a. Disponível em: https:// www.planalto.gov.br/ccivil_03/mpv/antigas/1956-50.htm#:~:text=MEDIDA%20 PROVIS%C3%93RIA%20No%201.956,26%20DE%20MAIO%20DE%202000.&tex-t=Altera%20os%20arts.,bem%20como%20altera%20o%20art. Acesso em: 9 jan. 2001.

BRASIL. *Projeto de Lei n.º 2.892, de 1 de janeiro de 1992*. Dispõe sobre os Objetivos Nacionais de Conservação da Natureza, cria o Sistema Nacional de Unidades de Conservação, estabelece medidas de preservação da diversidade biológica e dá outras providências. Brasília, DF: Câmara dos Deputados, 1992. Disponível em: https://www.camara.leg.br/proposicoesWeb/fichadetramitacao?idProposi-cao=38133. Acesso em: 5 jan. 2001.

BRASIL. *Projeto de Lei da Câmara n.º 27, de 1999*. Regulamenta o art. 225, § 1º, incisos I, II, III e VII da Constituição Federal, institui o Sistema Nacional de Unidades de Conservação da Natureza e dá outras providências. (Volume II). Brasília, DF: Câmara dos Deputados, 1999. Disponível em: https://www25.senado.leg.br/web/ atividade/materias/-/materia/40910. Acesso em: 5 jan. 2001.

BRITO, M. C. W. *Unidades de Conservação*: intenções e resultados. 1998. Dissertação (Mestrado em Ciência Ambiental) – Universidade de São Paulo, São Paulo, 1998a.

BRITO. M. C. W. Unidades de conservação: intenções e resultados. *In*: VEIGA, J. E. *Ciência ambiental*: primeiros mestrados. São Paulo: Annablume, 1998b.

BROSE, M. Gerenciamento participativo e o método ZOPP da GTZ. *In*: KLAUS-MEYER, A.; RAMALHO, L. (org.). *Introdução a metodologias participativas*: um guia prático. Recife: SACTES/DED; ABONG, 1995.

CACCIA BAVA, S. O terceiro setor e os desafios do estado de São Paulo para o século XXI. *In*: ASSOCIAÇÃO BRASILEIRA DE ORGANIZAÇÕES NÃO GOVERNAMENTAIS. *Ongs, identidade e desafios atuais*. Campinas: Abong/Autores Associados, 2000. (Cadernos da Abong, n. 27).

CANDIDO, A. *Os parceiros do Rio Bonito*. São Paulo: Livraria Duas Cidades, 1988. Publicação original de 1964.

CARRIL, L. F. B. *Terras de negros no Vale do Ribeira*: territorialidade e resistência. Dissertação (Mestrado em História Social) — Departamento de História, Faculdade de Filosofia, Letras e Ciências Humanas, Universidade de São Paulo, São Paulo, 1995.

CARTIER-BRESSON, H. *À propôs de Paris*. Boston: Bulfinch Press Book, 1998.

CASSIRER, E. *Ensaio sobre o homem*. Lisboa: Guimarães Editores, 1995.

CHAMBERS, R. Paradigm shifts and the practice of participatory research and development. *In*: NELSON, N.; WRIGHT, S. (org.). *Power and participatory development*. Londres: Intermediate Technology Publications, 1995. p. 30-42.

CHAUÍ, M. *Cultura e democracia*. São Paulo: Cortez, 1997.

CHRISTOFOLETTI, A. *Perspectivas da Geografia*. São Paulo: Difel, 1982.

CLAVAL, P. *A geografia cultural*. Florianópolis: Editora da UFSC, 1999. Publicação original de 1995.

CORREA, R. L. A dimensão cultural do espaço: alguns temas. *Espaço e Cultura*, Rio de Janeiro, n. 1, p. 1-22, 1995: Disponível em: https://www.e-publicacoes.uerj.br/espacoecultura/article/view/3479/2409. Acesso em: 5 fev. 2001.

CRESPO, S. Rio 92: cinco anos depois. *In*: CORDANI, U. G.; MARCOVITCH, J.; SALATI, E. (org.). *Avaliação das ações brasileiras em direção ao desenvolvimento sustentável cinco anos após a Rio-92*. São Paulo: Alphagraphics, 1997.

DEMO, P. *Participação e avaliação*: projetos de intervenção e ação. 2000. Mimeografado.

DIEGUES, A. C. *Etnoconservação*: novos rumos para a proteção da natureza nos trópicos. São Paulo: Hucitec, 2000a.

DIEGUES, A. C. *Ilhas e mares*: simbolismo e imaginário. São Paulo: Hucitec, 1998.

DIEGUES, A. C. *O mito moderno da natureza intocada*. São Paulo: Hucitec, 1996.

DIEGUES, A. C. *Pescadores, camponeses e trabalhos do mar*. São Paulo: Ática, 1983. v. 1, 287 p.

DIEGUES, A. C. Saberes tradicionais e etnoconservação. *In*: DIEGUES, A. C.; VIANA, V. M. (org.). *Comunidades tradicionais e manejo dos recursos naturais da Mata Atlântica*. São Paulo: Nupaub/USP; ESALQ/USP, 2000b. p. 9-20.

DIEGUES, A. C. et al. *An inventory of Brazilian Wetlands*. Gland: IUCN, 1994. v. 1, 215 p.

DIEGUES, A. C.; NOGARA, P. J. *Nosso lugar virou parque*: estudo socioambiental do Saco do Mamanguá, Parati, Rio de Janeiro. São Paulo: Nupaub/USP, 1994.

DIEGUES, A. C.; VIANA, V. M. (org.). *Comunidades tradicionais e manejo dos recursos naturais da Mata Atlântica*. São Paulo: Nupaub/USP; ESALQ/USP, 2000.

FALS BORDA, O. Aspectos teóricos da pesquisa participante: considerações sobre o significado e o papel da ciência na participação popular. *In*: BRANDÃO, C. R. *Pesquisa participante*. São Paulo: Brasiliense, 1981.

FERRARA, L. D. As cidades ilegíveis: percepção ambiental e cidadania. *In*: DEL RIO, V.; OLIVEIRA, L. (org.). *Percepção ambiental, a experiência brasileira*. São Paulo: Studio Nobel, 1996.

FERREIRA, L. C. Conflitos sociais contemporâneos: considerações sobre o ambientalismo brasileiro. *Ambiente & Sociedade*, [s. l.], n. 5, p. 35-54, 1999. Disponível em: https://www.scielo.br/j/asoc/a/7bvX3fKYLmzTft9F5CCyMHx/abstract/?lang=pt#. Acesso em: 3 fev. 2001.

FINGER, M. NGOs and transformation theory. *In*: PRINCEN, T.; FINGER, M. *Environmental NGOs in world politics*. Londres: Routledge, 1996.

FOUCAULT, M. *Microfísica do poder*. São Paulo: Graal, 1979.

FRANÇA, A. *A Ilha de São Sebastião*: estudo de geografia humana. *Boletins da Faculdade de Filosofia, Ciências e Letras Universidade de São Paulo*, n. 178, 1954. (Geografia n. 10).

FRANK, R. *The Americans*. Berlin: Scalu Zurich, 1997.

FRANK, R. *Flamingo*: Hasselblad Award 1996. Zurich: Hasselblad Center; Goteborg: Scalo, 1997.

FREIRE, P. Criando métodos de pesquisa alternativa: aprendendo a fazê-la melhor através da ação. *In*: BRANDÃO, C. R. (org.). *Pesquisa participante*. São Paulo: Brasiliense, 1981.

GAJARDO, M. *Pesquisa participante na América Latina*. São Paulo: Brasiliense, 1986.

GEERTZ, C. *Nova luz sobre a antropologia*. Rio de Janeiro: Jorge Zahar, 2001.

GEERTZ, C. *Works and lives*: the anthropologist as author. Stanford: Stanford University Press, 1988.

GUHA, R. O biólogo autoritário e a arrogância do anti-humanismo. *In*: DIEGUES, A. C. (org.). *Etnoconservação*: novos rumos para a proteção da natureza nos trópicos. São Paulo: Hucitec, 2000.

IOSCHPE, E. B. *Terceiro Setor*: desenvolvimento social sustentado. São Paulo: Paz e Terra, 1997.

KANT DE LIMA, R. *Pescadores de Itaipu*: meio ambiente, conflito e ritual no litoral do estado do Rio de Janeiro. Rio de Janeiro: EDUFF, 1997.

KLAUSMEYER, A.; RAMALHO, L. (org.). *Introdução a metodologias participativas*: um guia prático. Recife: SACTES/DED; ABONG, 1995.

KOCH, R. C. A perspectiva da ONG ambientalista. *In*: MARETTI, C. C. *et al*. A participação em planos de gestão ambiental. São Paulo: SMA/PPMA/FF/IF, 1998. Mimeografado.

LADEIRA, M. I. M. Direito dos índios Guarani. *In*: SIMPÓSIO BRASILEIRO DE ETNOBIOLOGIA E ETNOECOLOGIA, 3., 2000, Piracicaba. *Anais* […]. Piracicaba: SBEE, 2000. 1 CD-ROM.

LANGER, P. P. Nomes e significados imputados aos guarani falantes do Rio da Prata e da Cordillera Chiriguana. *Diálogos (Maringá Online)*, Maringá, v. 19, n. 3, p. 1.389-1.423, 2015. Disponível em: https://periodicos.uem.br/ojs/index.php/Dialogos/article/download/33750/pdf/. Acesso em: 7 jan. 2001.

LATOUR, B. *Ciência em ação*: como seguir cientistas e engenheiros sociedade afora. São Paulo: Editora da UNESP, 1988.

LATOUR, B. *Jamais fomos modernos*. São Paulo: Editora 34, 1994.

LEROY, J. P. *Projeto Brasil Sustentável e Democrático*: versão preliminar. [*s. l.*]: 2001. Mimeografado.

LOWENTHAL, D. Geografia, experiência e imaginação: em direção a uma epistemologia geográfica. *In*: CHRISTOFOLETTI, A. *Perspectivas da Geografia*. São Paulo: Difel, 1982.

MAFFESOLI, M. *O tempo das tribos*: o declínio do individualismo nas sociedades de massa. Rio de Janeiro: Forense Universitária, 1998.

MALDONADO, S. C. *Mestres e mares*: espaço e indivisão na pesca marinha. São Paulo: Annablume, 1993.

MARCÍLIO, M. L. *Caiçara*: terra e população: estudo de demografia e da história social de Ubatuba. São Paulo: Paulinas/Cedhal, 1986.

MARETTI, C. C. *et al.* A construção da metodologia dos planos de gestão ambiental para Unidades de Conservação em São Paulo. *In*: CONGRESSO BRASILEIRO DE UNIDADES DE CONSERVAÇÃO, 1., 1997, Curitiba. *Anais* [...]. Curitiba: IAP/UNILIVRE/Rede Nacional Pró Unidade de Conservação, 1997. p. 234-247. 2 v.

MARTINS, J. S. *A chegada do estranho*. São Paulo: Hucitec, 1993.

MARTINS, J. S. *O poder do atraso*: ensaios de sociologia da historia lenta. São Paulo: Hucitec, 1994.

MAUSS, M. Ensaio sobre as variações sazoneiras das sociedades do esquimós. *In*: MAUSS, M. *Sociologia e antropologia*. São Paulo: EDUSP/EPU, 1974.

MICELI, S. Introdução: a força do sentido. *In*: BOURDIEU, P. *A economia das trocas simbólicas*. Introdução, organização e seleção de Sergio Miceli. São Paulo: Perspectiva, 1998. (Coleção Estudos, n. 20).

MILTON, K. *Environmentalism and cultural theory*: exploring the role of anthropology in environmental discourse. Londres: Routledge, 1996.

MORAES, A. C. R. *Bases da formação territorial do Brasil*. 1991. 330 f. Tese (Doutorado em Geografia Humana) — Departamento de Geografia, Faculdade de Filosofia, Letras e Ciências Humanas, Universidade de São Paulo, São Paulo, 1991. Disponível em: https://www.teses.usp.br/teses/disponiveis/8/8136/tde-09122022-112900/publico/1991_AntonioCarlosRobertMoraes.pdf. Acesso em: 9 mar. 2001.

MORAES, A. C. R. *Geografia*: pequena história crítica. São Paulo: Hucitec, 1981.

MORAES, A. C. R. *Ideologias geográficas*. São Paulo: Hucitec, 1988.

MORAES, A. C. R. (org.). *Ratzel*. São Paulo: Ática, 1990. (Coleção Grandes Cientistas Sociais).

MORAES, A. C. R.; COSTA, W. M. *Meio ambiente e ciências humanas*. São Paulo: Hucitec, 1994.

MORIN, E. *Ciência com consciência*. Rio de Janeiro: Bertrand, 1996.

MOURÃO, F. A. A. *Pescadores do litoral sul do estado de São Paulo*: um estudo de sociologia diferencial. 1971. Tese (Doutorado em Sociologia) — Faculdade de Filosofia, Letras e Ciências Humanas, Universidade de São Paulo, São Paulo, 1971. Disponível em: https://repositorio.usp.br/item/000721797. Acesso em: 9 mar. 2001.

MUSSOLINI, G. *Ensaios de antropologia indígena e caiçara*. São Paulo: Paz e Terra, 1980.

NELSON, N.; WRIGHT, S. Participation and power. *In*: NELSON, N.; WRIGHT, S. (org.). *Power and participatory development*. Londres: Intermediate Technology Publications, 1995.

OLIVEIRA, D. Pesquisa Social e Ação Educativa. *In*: BRANDÃO, C. R. *Repensando a pesquisa participante*. São Paulo: Brasiliense, 1982.

OLIVEIRA, E.; RODRIGUES, C. L. A cultura caiçara e turismo no Bairro do Marujá, Ilha do Cardoso. *In*: DIEGUES, A. C.; VIANA, V. M. (org.). *Comunidades tradicionais e manejo dos recursos naturais da Mata Atlântica*. São Paulo: Nupaub/USP; ESALQ/USP, 2000.

OLIVEIRA, L. Percepção e representação do espaço geográfico. *In*: DEL RIO, V.; OLIVEIRA, L. (org.). *Percepção ambiental, a experiência brasileira*. São Paulo: Studio Nobel, 1996.

OLIVEIRA, R.; OLIVEIRA, M. D. Pesquisa Social e Ação Educativa: conhecer a realidade para poder transformá-la. *In*: BRANDÃO, C. R. *Pesquisa participante*. São Paulo: Brasiliense, 1981.

ORLANDI, E. *As formas do silêncio*. São Paulo: Editora da Unicamp, 1994.

PAOLIELLO, R. M. *Conflitos fundiários na Baixada do Ribeira*: a posse como direito e estratégia de apropriação. 1992. 476 f. Dissertação (Mestrado em Antropologia Social) — Instituto de Filosofia e Ciências Humanas, Universidade Estadual de Campinas, Campinas, 1992. 2 v. Disponível em: https://repositorio.unicamp.br/acervo/detalhe/50384. Acesso em: 7 fev. 2001.

PETRONE, P. Baixada do Ribeira: estudos de geografia humana. *Boletim da FFL-CH-USP*, São Paulo, n. 283, 1966. (Geografia, n. 14).

PRADO, A. *Poesia reunida*. São Paulo: Siciliano, 1991.

PRINCEN, T.; FINGER, M. *Environmental NGOs in world politics*. Londres: Routledge, 1996.

O QUE esperamos dos governos municipais. *Jornal da Abong*, São Paulo, v. 16, ago. 1996. Edição especial. Disponível em: http://www.bibliotecadigital.abong.org.br/bitstream/11465/222/1/ABONG_QUE_ESPERAMOS_GOVERNOS_MUNICI-PAIS.pdf. Acesso em: 17 fev. 2001.

RAFFESTIN, C. *Por uma geografia do poder*. Tradução de Maria Cecília França. São Paulo: Ática, 1993. Publicação original de 1980.

RAHNEMA, M. Participation. *In*: SACHS, W. (org.). *The Development Dictionary*. Londres: Zed Books, 1992.

RATTS, A. J. P. *Fronteiras invisíveis*: territórios negros e indígenas no Ceará. Dissertação (Mestrado em Geografia Humana) — Departamento de Geografia, Faculdade de Filosofia, Letras e Ciências Humanas, Universidade de São Paulo, São Paulo, 1996.

RICOEUR, P. *Do texto à ação*. Porto: Éditions du Seul, 1989.

RODRIGUES, Carmem Lúcia. *Limites do Consenso: territórios polissêmicos na Mata Atlântica e gestão ambiental participativa*. Tese (Doutorado em Geografia Humana) Departamento de Geografia, Faculdade de Filosofia, Letras e Ciências Humanas, Universidade de São Paulo. 2001.

RODRIGUES, C. L. ONGs ambientalistas em busca de uma sociedade sustentável no Brasil: limites e possibilidades. *GEOUSP Espaço e Tempo (Online)*, [s. l.], v. 1, n. 2, p. 57-65, 1997. Disponível em: https://www.revistas.usp.br/geousp/article/view/123242. Acesso em: 5 fev. 2001.

ROSA, M. C. *Conservação da natureza, políticas públicas e reordenamento do espaço*: contribuição ao estudo das políticas ambientais no Paraná. 2000. Tese (Doutorado) — Universidade de São Paulo, São Paulo, 2000. Disponível em: https://repositorio.usp.br/item/001121481. Acesso em: 4 fev. 2001.

ROUANET, S. P. *As razões do iluminismo*. São Paulo: Companhia das Letras, 1992.

ROUANET, S. P. *A verdade e a ilusão do pós-modernismo*. São Paulo: Companhia das Letras, 1987.

SÃO PAULO. Decreto n.º 40.319, de 3 de julho de 1962. Dispõe sôbre a criação do Parque Estadual da Ilha do Cardoso, em Cananéia. *Diretoria Geral da Secretaria de Estado dos Negócios do Govêrno*, 3 jul. 1962. Disponível em: https://documentacao. socioambiental.org/ato_normativo/UC/4837_20200527_143915.pdf. Acesso em: 5 fev. 2001.

SÃO PAULO. Secretaria do Meio Ambiente do Estado de São Paulo. Planos de Manejo das Unidades de Conservação. *Diário Oficial do Estado de São Paulo*, 27 mar. 1998. (Série Projeto de Preservação da Mata Atlântica). Mimeografado.

SAWAIA, B. B. Participação social e subjetividade. *In*: SORRENTINO, M. (coord.). *Ambientalismo e participação na contemporaneidade*. São Paulo: Educ: Fapesp, 2001. p. 115-134.

SCHADEN, E. *Aspectos fundamentais da cultura guarani*. São Paulo: EPU/EDUSP, 1974. Publicação original de 1954.

SCHMIDT, M. L. S. O passado, o mundo do outro e o outro mundo: tradição oral e memória coletiva. *Revista Imaginário*, São Paulo, n. 2, p. 63-88, 1995.

SEELAND, K. *Nature is culture*. Londres: Intermediate Technology Publications, 1997.

SEMINÁRIO PRÁTICAS DE SUBSISTÊNCIA E CONDIÇÕES DE SUSTENTA-BILIDADE DAS COMUNIDADES GUARANI NA MATA ATLÂNTICA, 1997, São Paulo. [Documento base]. São Paulo: CTI, set. 1997. Mimeografado.

SILVA, V. C. F. Pesca e uso comunitário do espaço costeiro na Ilha do Cardoso — Litoral Sul de São Paulo — Brasil. *In*: DIEGUES, A. C.; VIANA, V. M. (org.). *Comunidades tradicionais e manejo dos recursos naturais da Mata Atlântica*. São Paulo: Nupaub/USP; ESALQ/USP, 2000.

SIMIELLI, M. E. R. *O mapa como meio de comunicação*. 1986. Tese (Doutorado em Geografia Humana) — Departamento de Geografia, Faculdade de Filosofia, Letras e Ciências Humanas, Universidade de São Paulo, São Paulo, 1986.

TAVARES COELHO, S. C. *Terceiro Setor*: um estudo comparado entre o Brasil e Estados Unidos. São Paulo: Editora Senac, 2000.

TOURRAINE, A. *O que é a democracia?* Petrópolis: Vozes, 1996.

TUAN, Y. F. *Espaço e lugar*: a perspectiva da experiência. São Paulo: Difel, 1983.

TUAN, Y. F. *Topofilia*: um estudo da percepção, atitudes e valores do meio ambiente. São Paulo: Difel, 1980. Publicação original de 1974.

VIEIRA, P. F. *Planejamento, meio ambiente e desenvolvimento*. Florianópolis: [*s. n.*], 1992. Mimeografado.

VIOLA, E. O GEF e o Brasil: institucionalidade e oportunidades de financiamento. *Ambiente & Sociedade*, Campinas, v. 1, n. 1, p. 5-26, 1997.

VIOLA, E.; FERREIRA, L. C. *Incertezas de sustentabilidade na globalização*. Campinas: Editora da Unicamp, 1996.

WIEDMANN, S. M. P. Estatutos jurídicos dos habitantes de parques nacionais brasileiros. *In*: AMEND, S.; AMEND, T. (coord.). *Espacios sin habitantes?*: parques nacionales del Sur. Barcelona: Nueva Sociedad/UICN, 1992.

WORLD BANK. *The World Bank Participation Sourcebook*. Washington, DC: World Bank, 1996. Disponível em: https://documents1.worldbank.org/curated/en/289471468741587739/pdf/multi-page.pdf. Acesso em: 10 jan. 2001.

ZAN, J. R. *Conflito de terra no Vale do Ribeira*: estudo sobre pequenos posseiros em luta pela terra no município de Sete Barras. 181 f. Dissertação (Mestrado em Geografia Humana) — Departamento de Geografia, Faculdade de Filosofia, Letras e Ciências Humanas, Universidade de São Paulo, São Paulo, 1986.